OSHO
V E R L A G

OSHO

KOMM UND FOLGE... ZU DIR!

Band 4

Osho hat den Titel der vierteiligen Serie *Come Follow Me*, die er Ende 1975 in Poona hielt, später umbenannt in: *Come Follow to You*. Auf deutsch waren die ersten drei Bände im Sannyas Verlag erschienen (inzwischen alle vergriffen): *Komm und folge mir*, *Jesus aber schwieg* und *Jesus – der Menschensohn*. Der vorliegende vierte Band erscheint erstmalig auf deutsch.
Als Quelle für die Evangelientexte diente die Einheitsbibel, Herder-Verlag, Freiburg

1. Auflage 1992

Übersetzung: Swami Prem Nirvano
Design und Satz: Swami Prem Visarjan

Druck: Elsnerdruck, Berlin
Printed in Germany

ISBN 3-925205-57-8

Inhalt

Kapitel 1

TUT DIES ZU MEINEM GEDÄCHTNIS

Johannes 13

1 *Es war vor dem Paschafest. Jesus wußte, daß seine Stunde gekommen war, um aus dieser Welt zum Vater hinüberzugehen. Da er die Seinen, die in der Welt waren, liebte, erwies er ihnen seine Liebe bis zur Vollendung.*

Matthäus 26

17 *Am ersten Tag des Festes der Ungesäuerten Brote gingen die Jünger zu Jesus und fragten: Wo sollen wir das Paschamahl für dich vorbereiten?*

18 *Er antwortete: Geht in die Stadt zu dem und dem und sagt zu ihm: Der Meister läßt dir sagen: Meine Zeit ist da; bei dir will ich mit meinen Jüngern das Paschamahl feiern.*

19 *Und die Jünger taten, was Jesus ihnen aufgetragen hatte, und bereiteten das Paschamahl vor.*

Lukas 22

14 *Als die Stunde gekommen war, begab er sich mit den Aposteln zu Tisch.*

15 *Und er sagte zu ihnen: Ich habe mich sehr danach gesehnt, vor meinem Leiden dieses Paschamahl mit euch zu essen.*

16 *Denn ich sage euch: Ich werde es nicht mehr essen, bis das Mahl seine Erfüllung findet im Reich Gottes.*

17 *Und er nahm den Kelch, sprach das Dankgebet und sagte: Nehmt den Wein, und verteilt ihn untereinander!*

18 *Denn ich sage euch: Von nun an werde ich nicht mehr von der Frucht des Weinstocks trinken, bis das Reich Gottes kommt.*

19 *Und er nahm das Brot, sprach das Dankgebet, brach das Brot und reichte es ihnen mit den Worten: Das ist mein Leib, der für euch hingegeben wird. Tut dies zu meinem Gedächtnis!*

20 *Ebenso nahm er nach dem Mahl den Kelch und sagte: Dieser Kelch ist der Neue Bund in meinem Blut, das für euch vergossen wird.*

Komm und folge... zu dir!

Der große deutsche Philosoph Arthur Schopenhauer lag auf dem Sterbebett, in großen Schmerzen und Qualen. Eines Abends, kurz bevor er starb, rief er laut aus: „Ach Gott, mein Gott!“ Der Arzt, der an seiner Seite saß, war überrascht, denn in der Philosophie Arthur Schopenhauers war kein Platz für Gott. Also sagte er: „Verehrtester, was hat Gott denn in Ihrer Philosophie zu suchen?“ Schopenhauer öffnete die Augen und sagte: „Wenn man leidet, ist eine Philosophie ohne Gott unzureichend.“
Das Wort „unzureichend“ ist sehr aufschlußreich. Laßt uns ein wenig dabei verweilen. Selbst auf seinem Sterbebett bleibt Schopenhauer noch Philosoph. Ein Philosoph denkt immerzu über Gott nach, aber allenfalls als Hypothese. Zureichend oder unzureichend? – aber „Gott“ bleibt mehr oder weniger eine hypothetische Sache, „Gott“ ist nicht Wirklichkeit. Vielleicht ist dieser Begriff nötig, weil man ohne ihn so manches nicht erklären kann, aber eine Hypothese ist eine Hypothese und kann jeder Zeit fallengelassen werden. Sobald der Moment kommt, wo wir das Leben ohne ihn erklären können, sind wir bereit, das Leben ohne ihn zu erklären.
„Gott“ ist ihm nicht das Leben, sondern eine Hypothese, um das Mysterium des Lebens zu erklären. Eine Hypothese ist ein Notbehelf aus Unwissenheit. Je wissender der Mensch wird, desto mehr wird das Dunkel der Unwissenheit zurückgedrängt. Dann hat Gott ausgedient, dann muß er abdanken, denn nun wird er nicht mehr gebraucht.
Schopenhauer sagt: „Wenn man leidet, ist eine Philosophie ohne Gott unzureichend.“ Wenn er leidet, empfindet der Mensch seine Hilflosigkeit: Angst, Tod, Schmerzen, und es gibt keine Erklärung dafür. So große Qualen – und unerklärlich. Da schreit man auf vor Angst, Qual und Bedrängnis: „Ach Gott, mein Gott!“ Aber so ein Gott ist Lug und Trug. Es mag ein Bedürfnis menschlicher Schwäche, menschlicher Grenzen sein, es mag ein Bedürfnis menschlichen Kleinmutes, menschlicher Hilflosigkeit sein, aber es ist keine Wirklichkeit. Du bist nicht etwa zur Erkenntnis von der Wahrheit Gottes gelangt. Du *brauchst* ihn allenfalls. Du fühlst dich allzu allein, allzu sehr im Dunkeln ohne ein Gottesbild. Allenfalls ist es ein

Eiapopeia. Es hilft, es tröstet, es gibt dir eine gewisse Beruhigung, wann immer du Beruhigung brauchst. Es ist das, was Marx „das Opium" nennt. Wenn man leidet, braucht man Opium – etwas, das einen das Leiden vergessen läßt –, aber das ist nicht der wahre Gott. Der Gott der Philosphen ist kein wahrer Gott.

Aber es gibt auch noch einen anderen Gott – den wahren Gott. Der wahre Gott ist keine Hypothese; er ist eine Erkenntnis. Und der wahre Gott offenbart sich mehr, wenn du feierst, als wenn du leidest.

Versucht einmal folgendes zu verstehen: Wann immer ihr glücklich seid, braucht ihr Gott nicht. Wer braucht schon Gott, wenn er glücklich ist und das Leben genießt, voller Energie und Kraft? Wenn das Leben eine Erfüllung ist – wer braucht da Gott? Dann ist die Philosophie ohne Gott „zureichend". Im Glück erinnert sich niemand an Gott. Falls ihr euch aber in eurem Glück an Gott erinnert, habt ihr eine größere Chance, ihn zu erkennen, als wenn ihr euch in eurem Leid an ihn erinnert. Denn im Leid an ihn zu denken, das tut jeder. Das liegt dann mehr am Leiden als an einem selbst. Es gehört zur Definition des leidenden Gemüts, daß es sich hilflos fühlt.

Sich aber an Gott erinnern zu können, wenn man feiert, das ist keinesfalls natürlich, das ist übernatürlich. Fühlst du dich absolut glücklich und erfüllt – jeder Moment deines Lebens wird in Wonne gelebt, alles fließt, wie es soll, nichts ist unmöglich, du bekommst, was du willst, nichts scheint dir zu hoch und außer Reichweite, du stehst auf dem Gipfel deines Lebens, jung, quicklebendig –, da ist es unnatürlich, sich an Gott zu erinnern. Aber *wenn* du dich da an ihn erinnerst, hast du größere Chancen, der Wirklichkeit Gottes zu begegnen.

Warum? – erstens weil es praktisch unmöglich ist. Denn wenn du in so einem Moment an Gott zu denken vermagst, dann bist du schon auf bestem Wege, aus den Grenzen des Unbewußten herauszutreten. Du machst jetzt eine bewußte Anstrengung; du wachst bereits auf; du schläfst nicht mehr. Wenn du schläfst, stoßen dir die Dinge einfach nur zu. Wenn du ein wenig wacher wirst, hörst du auf, ein bloßes Opfer zu sein; jetzt kannst du *wählen*.

Merkt euch eines: Der Gott, an den ihr euch im Leid erinnert, ist nur ein Selbstschutz eurer Vorstellungswelt. Der Gott aber, an den ihr euch im Feiern erinnert, ist keine Projektion eures Kopfes mehr. Denn euer Kopf ist völlig zufrieden, wenn ihr glücklich seid. Kopf heißt Philosophie. Seid ihr unglücklich, dann ist der Kopf „unzureichend" – dann braucht ihr jemandes Hilfe, dann braucht ihr jemandes Schulter zur Stütze; dann ruft ihr Gott an. Der Gott Schopenhauers ist falsch.

Ich will euch jetzt noch eine andere Anekdote erzählen.

Sie ist aus dem Leben Pascals... Eines Nachts fühlte er sich ohne jeden ersichtlichen Grund sehr, sehr glücklich...

Und merkt euch: Jedesmal, wenn das Glück zu euch kommt, kommt es ohne jeden Grund. Leid hat einen Grund, Glück hat keinen. Leid wird durch irgendetwas verursacht. Leid gehört der Welt von Ursache und Wirkung an – der mechanischen Welt. Glück wird durch nichts verursacht. Wann immer du offen bist, kommt es von selbst, so als wäre Glück dein Wesen. Wann immer du dich in deinem Wesen zu Hause fühlst, stellt es sich von selbst ein. Unglück ist nicht dein Wesen. Es muß verursacht werden, es muß erzeugt werden.

Denkt daran: Andere können einem Leid verursachen, aber sie können kein Glück verursachen. Hat man das erst einmal verstanden, kann man auch das Leid beenden. Leid gehört in die Kette von Ursache und Wirkung. Glück ist ein spontanes Wachwerden von Leben. Ist keine Ursache für Leid vorhanden, ist es plötzlich da. Es war schon immer da, aber du hattest dein Augenmerk allzu sehr auf das Leid gerichtet.

Genau das sagt Buddha: „Macht euch um das Glück, um die Seligkeit keine Sorgen. Redet nicht von *satchitanand*, redet nicht von der höchsten Glückseligkeit – das ist nicht nötig. Versteht nur, wie man Leiden *nicht* verursacht." Wenn das Leid nicht da ist, dann ist schon die bloße Abwesenheit des Leids Seligkeit; denn Seligkeit ist euer eingeborenes Wesen. Sie ist nicht etwas, das von außen kommt.

Achtet darauf: Jedesmal wenn ihr Leid erfahrt, werdet ihr das Gefühl haben, es kommt von außen; jedesmal aber, wenn ihr Glück erfahrt, werdet ihr einfach spüren, daß das Glück aus eurem Inneren aufsteigt.

Glück ist eine Blüte deines eigenen Bewußtseins. Leid ist ein Dorn, der in dich eingedrungen ist: unzugehörig, fremd, nicht Teil von dir. Darum kommt dir auch jedesmal, wenn du leidest, sehr bald der Gedanke, daß irgendwer irgendwo schuld daran sein muß. Wann immer du glücklich bist, kommst du nie auf den Gedanken, andere dafür verantwortlich zu machen. Wann immer du leidest, willst du wissen, was die Ursache ist. Wann immer du glücklich bist, fragst du nicht einmal danach.

Jemand, der glücklich wäre und fragte: „Warum bin ich nur glücklich?", der würde absurd wirken, würde albern wirken, würde verrückt wirken. Du bist glücklich – was gibt es da zu sagen! Da gibt es kein Warum. Aber wenn jemand leidet und fragt: „Warum leide ich?", sagt kein Mensch, daß die Frage unberechtigt sei. Das „Warum?" macht Sinn, wenn du leidest, aber macht keinen Sinn, wenn du selig bist.

Eines Abends also überkam Pascal dieses Glücksgefühl, plötzlich, ohne ersichtlichen Grund – denn es gibt keinen. Er war glücklich, ruhig und in sich gekehrt; geräuschlos floß der innere Strom dahin, nichts hemmte ihn, sein Fließen war vollkommen. Sich treiben lassend, in tiefer Losgelassenheit, schlief Pascal ein. Mitten in der Nacht wachte er plötzlich auf, und er war so glückselig, daß er es nicht fassen konnte – von allen Seiten überströmte ihn Glück! Er tanzte – er hatte noch nie getanzt! Er fing an zu singen, und er brachte ein paar Zeilen zu Papier. Sie lauten:

Feuer – du Gott Abrahams, Isaaks und Josefs,
du Gott Jesu,
nicht der Philosophen und Wissenschaftler.
Gewißheit, Gewißheit, Gefühl der Freude, des Friedens:
Nie hat die Welt euch gekannt,
ich aber kenne euch.
Freude, Freude, Freude, Tränen der Freude!

Am nächsten Morgen war er ein völlig anderer Mensch. Leute, die ihn sein ganzes Leben lang gekannt hatten, konnten ihn nicht wiedererkennen. Er nähte den Zettel in seinen Mantel ein und trug ihn sein ganzes Leben lang bei sich. Manchmal sah er dann plötzlich nach, las die Zeilen, und sein Gesicht begann wieder zu strahlen: Ja, nun erinnerte er sich wieder. Die bloße Erinnerung an diese Erfahrung brachte ihm die Erfahrung selber zurück. Es war ein tiefer innerer Orgasmus.

Laßt es mich wiederholen: „Du Gott Abrahams, Isaaks und Jakobs" – Gott ganz einfacher Menschen, gewöhnlicher Menschen: Abraham, Isaak, Jakob; Gott Jesu, nicht der Philosophen – nicht Hegels, Kants und Schopenhauers; Gott sehr gewöhnlicher Menschen: von Kabir, von Mira – nicht von Radhakrishna, nicht von Philosophen. Das ist dann ein Feuer, in dem du völlig verbrannt wirst, in dem du dich auflöst und nur Gott zurückbleibt.

Wann immer man sich dem wahren Gott stellt, löst man sich auf. Es gibt ein jüdisches Sprichwort: Niemand kann den lebendigen Gott sehen. Wahr, absolut wahr. Niemand hat je den lebendigen Gott gesehen, denn ehe du die Augen öffnen kannst, bist du vergangen. Es ist Feuer. Es verbrennt dich absolut, und es gibt kein Zurück. Das ist der Punkt ohne Wiederkehr.

Merkt euch: Wann immer Jesus von Gott spricht, spricht er von diesem Feuer.

Man kann sich dem Gott also auf zweierlei Weise nähern. Man kann leidend, dahinsiechend, auf dem Sterbebett *sannyas* nehmen, so wie es in Indien seit Jahrhunderten Sitte ist. Wenn du im Sterben liegst, wenn das Leben dir aus den Fingern gleitet und du dich nicht mehr an ihm festklammern kannst, sagst du schließlich ohnmächtig: „Ich entsage." Seht nur wie absurd: Just wenn das Leben sich von euch lossagt, spielt ihr noch immer das Ego–Spiel weiter und sagt: „Ich entsage!" Wartet doch noch eine Minute, und das Leben sagt sich schon selber von euch los! Ihr liegt bereits auf dem Karren zum Müllplatz!

Es wird überliefert, Diogenes und Alexander hätten einmal zusammen einen Morgenspaziergang vor die Stadt gemacht. Sie kamen an einem Friedhof vorbei, und Diogenes besah sich die Schädel und Knochen, und es gab haufenweise davon. Alexander war angeekelt und sagte: „Was machst du da?"

Er sagte: „Ich suche den Schädel deines Vaters. Er war ein so

großer Herrscher – immerhin *dein* Vater! Komm, ich kann nicht erkennen, welcher Schädel deinem Vater gehört. Du erkennst ihn vielleicht besser, weil er dein Vater war. Und tu nicht so angeekelt, denn früher oder später werden wir ebenfalls auf diesem Haufen liegen, und niemand wird uns erkennen können. Vergiß nicht, Alexander, niemand wird erkennen können, wer du warst, wer ich war."
Wenn ihr im Sterben liegt, schon zum Grab hinausgetragen werdet, fangt ihr an, euch an Gott zu erinnern. Ihr habt eure Chance verpaßt. Als ihr noch jung wart, da hattet ihr ihm was zu bieten. Jetzt habt ihr nichts, habt ihr die Chance vertan. Ihr seid schon leer und hohl. Jetzt ist nichts da, was ihr ihm geben könnt. Wie könnt ihr euch ihm zum Opfer darbieten? – ihr habt nichts zu bieten. Das Lied, das ihr hättet singen können, das habt ihr nie gesungen. Den Tanz, der euer Leben hätte sein können, den habt ihr versäumt. Die Blume, die ihr ihm hättet darbringen können, die habt ihr nie zur Entfaltung gebracht. Ja, ihr habt genau das Gegenteil getan, genau das Entgegengesetzte. Und nun denkt ihr daran, euch loszusagen, nun denkt ihr an Gott, nun denkt ihr ans Beten. Wenn das Herz bereits tot ist, denkt ihr ans Beten...

Merkt euch eines: Solange ihr in Fluß und jung seid, ist das der Moment für *sannyas*, ist das der Moment, euch Gott darzubringen. Schiebt es nicht auf. Jeder Aufschub ist gefährlich, denn kaum ist der Gedanke an Aufschub da, ist kein Ende abzusehen – man schiebt immer weiter auf.

Der „Gott Jesu" ist der Gott der Jugend. Jesus starb sehr jung. Er brachte sich selbst sehr jung zum Opfer dar; er war frisch, er war jung. Er stand genau am Gipfel, war erst dreiunddreißig, als er sich opferte. Und er opferte sich total. Das ist die Bedeutung der Kreuzigung, das ist die Bedeutung von Sannyas. Er war ein Sannyasin. Er brachte sich selber total zum Opfer. Wenn du dich total zum Opfer bringst, bedeutet das Tod.

Bringe dein Leben Gott nur dar, solange du es noch hast. Es wird wie Tod scheinen, aber es wird eine Auferstehung werden. Wenn du dich total darbringst, wird Gott sich total *dir* geben. Du wirst nichts verlieren; du wirst viel gewinnen. Für nichts wirst du das Ganze gewinnen.

Es gibt ein paar Zeilen von T.S. Eliot. Ihr kennt sie sicher. Sie gehören zu den schönsten Gedichten dieses Jahrhunderts:

Zwischen Vorstellung und Wirklichkeit
zwischen Gedanke und Tat
fällt der Schatten.

Zwischen Eingebung und Werk
zwischen Vorgefühl und Ausführung
fällt der Schatten.

Zwischen Begierde und zuckender Entladung
zwischen Latenz und Existenz
zwischen Seele und Niederkunft
fällt der Schatten.

Dieser Schatten ist das Ego. Nichts ist dir im Wege – bis auf die Vorstellung „Ich bin". Je mehr du das Gefühl hast „Ich bin", desto weiter entfernt bist du von Gott. Je mehr du dein „Ich bin" auflöst, desto näher und näher rückst du ihm. Der gekreuzigte Jesus ist nur ein Gleichnis für das gekreuzigte Ego, das aufgelöste Ego. Dann verschwindet der Schatten, und nur dieser Schatten verhüllt die Wirklichkeit.

„Zwischen Vorstellung und Wirklichkeit, zwischen Gedanke und Tat fällt der Schatten" – *dein* Schatten. Je größer du zu sein glaubst, desto größer der Schatten. Je kleiner du zu sein glaubst, desto kleiner der Schatten. Und wenn du meinst, nicht zu sein, verschwindet der Schatten. Ist der Schatten einmal verschwunden, weißt du, was Wirklichkeit ist.

Nun die Sutras:

Es war vor dem Paschafest. Jesus wußte, daß seine Stunde gekommen war, um aus dieser Welt zum Vater hinüberzugehen. Da er die Seinen, die in der Welt waren, liebte, erwies er ihnen seine Liebe bis zur Vollendung.

Wenn der Schatten verschwindet, erkennst du plötzlich die Ewigkeit. Wenn der Schatten verschwindet, verschwindet die Zeitenteilung. Dann gibt es keine Vergangenheit und gibt es keine Zukunft. Dann gibt es auch keine Gegenwart, nur Ewigkeit. Dann siehst du bis auf den Grund. Darum konnte Jesus fühlen, daß seine Stunde gekommen war, seine Zeit gekommen war, und er diese Welt jetzt verlassen würde. Ihr könnt nicht einmal sehen, wenn der Tod an eure Tür klopft; ihr meint, es käme irgendein Gast, ihr meint, es sei vielleicht nur der sausende Wind. Ihr könnt den Tod nicht sehen, weil ihr ja noch nicht einmal das Leben gesehen habt. Ihr könnt nicht in die Zukunft sehen, weil ihr ja sogar die Gegenwart verpaßt. Die Gegenwart ist die Tür.

Vergeßt nicht, daß die Gegenwart alle Vergangenheit enthält, und die Gegenwart alle Zukunft enthält. Ja, der Augenblick der Gegenwart ist ewig: Nichts kommt und nichts geht. Es ist immer da. Nur wir kommen und gehen, nur wir kommen und vergehen. Die Wirklichkeit ist immer da, in Ewigkeit. Die Teilung in Vergangenheit, Gegenwart und Zukunft ist die Teilung unseres eigenen Verstandes, weil wir das Ganze nicht überblicken können. Unsere Augen sind sehr, sehr klein; wir können nicht sehen. Unser Fenster ist zu klein, wir können also nur die Teile sehen.

Habt ihr beobachtet, daß ihr selbst bei einem kleinen Kieselstein nicht seine Gesamtheit betrachten könnt? Sieht man auf die eine Seite, versteckt sich die andere Seite. Du weißt, der ganze Kieselstein ist in deiner Hand – direkt vor dir auf dem Handteller –, aber du kannst ihn nicht sehen. Es ist ein so kleiner Kieselstein, aber seine Gesamtheit kannst du nicht mit einem Blick erfassen. Erst siehst du die eine Seite, dann drehst du ihn um und siehst eine andere Seite, und du wirst nie in der Lage sein, beide Seiten zugleich zu sehen. Dann fügst du nur in deiner Vorstellung beide Seiten zusammen und meinst nun, du würdest den ganzen Kieselstein kennen. Wenn du einen kleinen Kiesel nicht in seiner Ganzheit sehen kannst, wie kannst du dann die Wirklichkeit in ihrer Ganzheit sehen? Du siehst nur Teile von ihr.

Weil eure Sicht so begrenzt ist, wird alles, was bereits vor euren Augen vorbeigezogen ist, zur Vergangenheit. Und das, was noch nicht vorbeigezogen ist und noch vorbeiziehen wird, ist die Zukunft, und das, was genau in der Mitte dazwischen vorbeikommt, ist die Gegenwart.

Wenn es einen Gott gibt – ich sage „wenn“ nur euretwegen, nicht meinetwegen –, wenn es einen Gott gibt, kann es keine Vergangenheit geben, denn nichts wird jemals seinem Blickfeld entschwinden; und dann kann es auch keine Zukunft geben, denn es kann nichts geben, was noch nicht in seinem Blickfeld läge. Für Gott existiert nur Gegenwart. Also ist es falsch, „Gott war“ zu sagen; auch „Gott wird sein“ zu sagen ist falsch. Ja, sogar „Gott ist“ zu sagen, ist doppelt gemoppelt, denn „Gott“ heißt „das, was ist“. Wer „Gott ist“ sagt, sagt zweimal dasselbe. So als würde man sagen: „Das, was ist, ist.“

Ein Mensch wie Jesus, dessen Schatten sich aufgelöst hat – und von nichts anderem muß man sich lösen außer dem Schatten –, kann erkennen, wann seine Stunde gekommen ist: daß er jetzt davongehen wird. Aber das ist nicht der Tod. Er weiß, daß er die Erde verlassen wird, aber dieser Abschied wird eine Begegnung mit dem Vater sein.

Jesus benutzt immerzu dieses schöne Wort „Vater“, wieder und wieder. Verweilen wir einen Augenblick dabei. Im gleichen Augenblick, wo man „Vater“ sagt, wird Gott zum Gott Abrahams, Isaaks und Jakobs. Sagt man „Gott“, ist das bereits euer philosophischer Begriff. Sagt man „Vater“, entsteht eine unmittelbare, persönliche Beziehung. Dann bist du nicht weit von ihm. Du magst vom Wege abgekommen sein, aber du bleibst der Sohn. Selbst wenn einer absolut verdorben ist, bleibt er nach wie vor der Sohn. Selbst wenn einer gesündigt hat, sich weit entfernt hat und seinen Vater vergessen hat, bleibt er trotzdem der Sohn – weil du dein Sohnsein unmöglich widerrufen kannst: Sohn bleibt Sohn. Und wenn man „Vater“ sagt, ist Gott kein Begriff mehr, sondern wird zu einer Beziehung; nicht ein Wort, sondern etwas, worin Leben pulsiert. Jetzt ist ein Herz da. Sobald du „Vater“ sagst, hast du plötzlich das Gefühl, daß die ganze Existenz tief mit dir empfindet, genau wie ein Vater. Du kannst sündigen und du kannst um Vergebung bitten – das ist das Schöne an Jesus.

Wir in Indien haben uns das entgehen lassen. Wir in Indien sind sehr berechnend und philosophisch gewesen. Wir sagen: „Wenn du gesündigt hast, wenn du schlechtes *karma* angesammelt hast, dann mußt du gutes *karma* ansammeln, um es wieder wettzumachen." Denn unser Gott ist mehr oder weniger ein philosophischer Begriff. Er ist gerecht. Was immer du getan hast, das bekommst du in gleicher Münze zurückgezahlt. Was immer du gesät hast, das wirst du auch mähen und ernten müssen.

Gott ist gerecht – höchste Gerechtigkeit. Aber wenn Jesus „Vater" sagt, ist Gott eher Barmherzigkeit und Liebe denn Gerechtigkeit. Vergeßt nicht, daß Gott, wenn er Barmherzigkeit ist, manchmal vergeben kann. Ist er einfach nur gerecht, kann er nicht vergeben, könnt ihr ihn nicht einfach um Gnade bitten. Und Jesus sagt, daß der Mensch so unwissend ist und der Mensch so viele Sünden begangen hat, daß es praktisch unmöglich wäre, wenn der Mensch sie durch gute Taten wettmachen müßte. Wenn Jesus „Vater" sagt, schwingt das alles mit.

Das einfache Wort „Vater" beinhaltet vieles. Es ist eine Beziehung, eine Liebesbeziehung. Du kannst um Vergebung bitten, und er wird dir vergeben müssen. Ja, er ist kein Fremder. Du brauchst nicht schüchtern zu sein; du kannst beichten, du kannst dich auf ihn verlassen, und du kannst darauf vertrauen, daß er dich liebt. Und seine Liebe ist größer als deine Sünde, sein Mitgefühl größer als deine Fehler, als deine Irrtümer. Er ist größer als deine Unwissenheit; sein Licht ist mehr als deine Dunkelheit. Wenn Jesus „Vater" sagt, schafft er damit die Möglichkeit zum Gebet. Wie kann man, wenn Gott nur ein bloßer Begriff ist, zu einem bloßen Begriff beten? Man kann nicht zum Absoluten beten, man kann nicht zum *brahman* beten, denn Beten wäre absurd. Du kannst zum Vater beten; du kannst bitten wie ein kleines Kind. Ja, du kannst *fordern*, daß dir vergeben werde, und dich drauf verlassen. Beten bringt Früchte, weil die Existenz mit dir *verwandt* ist. Die Existenz setzt auf dich, du bist nur ihre Fortsetzung. Das ist die Bedeutung von „Sohn" und „Vater".

Was ist ein Sohn? – eine Fortsetzung des Vaters. Der Vater setzt sich im Sohn fort; es ist ein Kontinuum, eine Kontinuität, ein Replikat, ein Spiegelbild. Bei Jesus ist Beten möglich. Bei Shankara ist kein Beten möglich – da ist der Gott das absolute Brahman, und du mußt dein Leben ändern, um durch deine Transformation zu ihm gelangen zu können. Jesus dagegen sagt: „Betet, und die Transformation wird die Folge sein. Die Transformation kann nicht ausbleiben. Betet nur. Tragt die Last nicht länger mit euch. Sagt ihm einfach: Vergib uns!"

Es war vor dem Paschafest. Jesus wußte, daß seine Stunde gekommen war, um aus dieser Welt zum Vater hinüberzugehen. Da er die Seinen, die in der Welt waren, liebte, erwies er ihnen seine Liebe bis zur Vollendung.

Tatsächlich ist Liebe immer bis „zum Ende". Wenn du liebst, liebst du auf immer. Nur wenn du nicht liebst, verändert sich die Liebe. Liebe ist ewig. Sobald du liebst, kannst du dich unmöglich mehr zurückziehen. Ein solches Phänomen ist Liebe – sie verschluckt dich, sie läßt dich nicht draußen vor. Du kannst sie nicht rückgängig machen. Du kannst nicht sagen: „Ich hab's mir anders überlegt." Es führt kein Weg zurück. Liebe verschreibt sich ganz und gar. Und wenn es nicht ganz und gar ist, dann mag es sein, was es will, Falschgeld vielleicht – aber Liebe ist es nicht.

Da er die Seinen, die in der Welt waren, liebte...

Wer sind diese „Seinen"? – die Jünger. Diejenigen, die ihr Herz seinem Licht geöffnet haben, diejenigen, die ihr Sein seinem Sein geöffnet haben, die ihn geliebt haben, und zwar so gewaltig geliebt haben, daß sie ihm vertrauten.
Vertrauen ist das Größte, was einem Menschen auf der Welt widerfahren kann, denn es ist das Unmöglichste. Einem andern zu vertrauen ist fast unmöglich, weil der Zweifel weitergeht. Wem immer du vertraust – der andere ist der andere. Wer weiß? Wie kannst du den anderen durchschauen? Du kannst allenfalls etwas *über* ihn wissen. Du kannst seine Biographie kennen, aber die Biographie ist immer weniger als der Mensch, und der Mensch ist noch da und lebt. Das Buch ist noch nicht abgeschlossen, es kommt noch vieles hinzu. Wer weiß?
Und der Mensch ist Freiheit. Dieser Mann mag bis jetzt gut gewesen

sein, aber was ist mit dem nächsten Augenblick? Im nächsten Augenblick kann er sich ändern, kann er sich plötzlich ändern. Er kann seine ganze Vergangenheit hinwerfen und eine neue Richtung einschlagen. Wer weiß? Wie kann man dem anderen trauen? Es ist das Absurdeste und Unmöglichste von der Welt. Aber die unmöglichsten Dinge geschehen, und sobald sie geschehen, geben sie dir ein vollkommen neues Dasein.

Ich will euch eine Geschichte erzählen, wo ein Maler beschreibt, woran er seine Berufung erkannte. Jemand fragte ihn: „Wie wurden Sie Maler?" Der Mann war bis zu seinem fünfzigsten Lebensjahr kein Maler gewesen. Er hatte als Makler gelebt, und man kann sich nicht vorstellen, wie aus einem Makler ein Maler werden kann, die Berufe sind so verschieden. Der Makler lebt in der Welt des Kalküls, der Mathematik, der Logik, er lebt in einer sehr weltlichen Welt – und der Maler ist sehr unweltlich. Er lebt in irgendeiner unbekannten Dimension. Er wirkt wie ein Narr. Er hat keine Logik, er führt ein unlogisches Leben, unwirtschaftlich, unweltlich. Jemand fragte: „Wie ist das passiert?"

Der Maler beschrieb seine Berufung mit einem Gleichnis: „Das Gleichnis von den Enten", so nannte er es. Er sagte: „In diesem Gleichnis steckt die ganze Geschichte meiner Transformation."

Er lebte in einer bestimmten Gegend Frankreichs; es war Herbst, die Zeit, wo die Enten und die Wildgänse gen Süden fliegen.

„Zur Zeit des Abfluges ist in Gegenden, wo es große Mengen von Enten und Gänsen gibt, eine seltsame Beobachtung zu machen. Die zahmen Vögel werden von den großartigen Dreiecksformationen der wilden Vögel geradezu magnetisch angezogen und versuchen nun selbst, auf linkische Weise mitzufliegen, geben aber schon nach wenigen Metern auf. Wenn die Zugvögel kommen, sind die Haustiere von deren dreieckigen Formationen am Himmel fasziniert – von ihrem Flug, von ihrer Freiheit. Die Haustiere werden magnetisiert und versuchen ebenfalls, natürlich linkisch, zu fliegen. Der Ruf der Wildnis hat sie aufs stärkste aufgescheucht. Er hat in den zahmen Tieren noch einen seltsamen Widerhall. Etwas ist passiert – etwas in ihrem Unbewußten wird plötzlich wachgerüttelt, etwas tief in ihrem

Herzen Verborgenes wird durch die Wildvögel angerührt. Einen Moment lang verwandeln sich die Enten auf dem Bauerntümpel in Zugvögel. In ihren kleinen harten Köpfen, wo sonst nur winzige Vorstellungen von Gezeiten, Würmern und Ameisen herumpurzeln, tauchen plötzlich kontinentale Entfernungen auf. Der Durst nach den Winden der Meere und der riesigen Weite der Ozeane – und die Ente taumelt von links nach rechts in ihrem eingezäunten Gehege, berauscht von dieser plötzlichen Leidenschaft, ohne zu wissen, wohin es sie lockt, entbrannt in unendlicher Liebe zu einem Ziel, das ihr unbekannt ist.
Genauso stößt der Mensch, wenn ihn der Beweis von etwas packt, dessen Existenz ihm bisher ungewiß war, auf diese unvermittelte Wahrheit der Freiheit.
Genau wie die zahme Ente ist auch er sich nicht bewußt, daß sein winziger Kopf groß genug ist, Ozeane zu umspannen."
Wann immer ein Jesus vorbeigeht – du magst eine zahme Ente sein, aber nun kommt ein Wildvogel! –, wird plötzlich etwas in dir berührt. Plötzlich bist du nicht mehr der zahme Vogel, nicht mehr in Fesseln, nicht mehr ein *grastha*, nicht mehr ein Familienvater und Biedermann. Für einen Augenblick bist auch du zum Sannyasin geworden. Einfach nur die Gegenwart eines Jesus oder eines Buddhas – und etwas erwacht, das immer schon in dir geschlummert hat. Er hat an dein Sein gerührt, und damit an das tiefe Verlangen nach Freiheit, und an ein tiefes Verlangen, dich in den Himmel zu schwingen, dich auf die Suche zu machen nach dem Unbekannten. Das ist Vertrauen. Du kannst dir nicht sicher sein, was passiert ist, du kannst dir nicht sicher sein, was dein Herz berührt hat. Du *bist* unsicher, aber eines ist sicher: daß etwas berührt wurde – etwas so Wichtiges, daß du bereit bist, dein ganzes Leben dafür aufs Spiel zu setzen.
Das ist Vertrauen: der Mut, dein sicheres Leben für ein unbekanntes Ziel aufs Spiel zu setzen. Niemand weiß, ob du es wirst erreichen können oder nicht. Niemand weiß, ob jemand es je erreicht hat oder nicht. Aber jetzt ist alles egal. Jetzt bist du kein Kalkulierer mehr, jetzt wagst du den Sprung. Jetzt hat nur dies Abenteuer Bedeutung und sonst nichts. Und du bist bereit, alles dafür zu opfern. Das ist es, was Jesus

meint, wenn er sagt, daß er „die Seinen, die in der Welt waren, liebte". Ihr seid die Meinen. Wenn ich dein Herz berührt und das Verlangen, das absolut unmögliche Verlangen nach Freiheit, freigesetzt habe, wenn ich für dich ein Wildvogel war und die Fesseln deiner zahmen Gewohnheiten gesprengt habe und du nun bereit bist, und sei es auch nur auf linkische Weise bereit bist, zu fliegen, dann bist du der Meine. Jesus sagt wieder und wieder: „Wer ist meine Familie? – die, die mich verstanden haben. Die, die mich erkannt haben, das sind meine Brüder und Schwestern, das ist meine Familie." Er hat sie bis zur Vollendung geliebt, und nur ein Jesus *kann* lieben.

Kahlil Gibran hat eine Parabel geschrieben. Sie wird nicht in den Evangelien überliefert. Sie mag nicht wirklich passiert sein, aber sie scheint absolut wahr zu sein. Wenn sie nicht passiert ist, dann hätte sie passieren sollen. Aber sie *ist* wahr.

Eines Tages war Jesus unterwegs, zu Fuß von einer Stadt zur anderen. Er kam an einem großen Garten vorbei, und unter einem Baum ruhte er sich aus. Der Garten gehörte Maria Magdalena. Auf diese Weise wurde Maria Magdalena zum ersten Mal auf diesen Mann Jesus aufmerksam: Sie sah aus dem Fenster. Sie war eine berühmte Prostituierte, reich, und viele reiche Männer klopften an ihre Türe. Es war nicht so leicht, ihre Liebe zu gewinnen; es gab viele Bewerber. Und sie war eine der schönsten Frauen, die je gelebt haben. Plötzlich sah sie Jesus an – und sie vergaß, wer sie war. Sie trat aus dem Hause wie magnetisiert – der wilde Vogel hatte den zahmen Vogel aus seinen Fesseln befreit. Sie kam angerannt, sie vergaß, wer sie war. Und der Mann war nur ein Wanderer, ein Landstreicher! Er muß wie ein Hippie ausgesehen haben; er war arm und lebte von der Hand in den Mund. Sie weckte ihn auf und sagte zu ihm: „Junger Mann, was ruhst du dich hier aus? Komm in mein Haus." Sie fühlte sich zu ihm hingezogen. Sie verliebte sich.

Jesus sagte: „Wenn ich das nächste Mal auf dieser Straße vorbeikomme, will ich in dein Haus einkehren, aber jetzt bin ich ausgeruht und habe noch weit zu gehen, einen langen Weg vor mir. Dank dir. Das nächste Mal, wenn ich vorbeikomme, gern."

Sie war beleidigt. Sie sagte: „Weißt du etwa nicht, wer ich bin? Hast du je den Namen Maria Magdalena gehört?"
Jesus sagte: „Ich kenne dich, ich habe deinen Namen gehört, ich habe dich angeschaut, ich erkenne dich wohl. Dank dir, aber sollte mein Weg wieder vorbeiführen, komm ich gern in dein Haus."
Maria Magdalena muß außer sich gewesen sein. Sie sagte: „Ich biete dir mein Haus an, ich biete dir mein Herz und meine Liebe an. Kannst du nicht ein wenig höflich, ein wenig lieb, ein wenig mitfühlend sein?"
Und Jesus sagte: „Nur ich kann dich lieben, sonst keiner."
Hier endet Kahlil Gibrans Parabel.
Jesus sagt: „Nur ich kann dich lieben, sonst keiner." Und das stimmt, denn um lieben zu können, muß man Liebe *sein*. Wie kannst du lieben, wenn du selbst noch nicht zu Liebe geworden bist, wenn du den Zustand der Liebe noch nicht erreicht hast? Wie kannst du sie geben, wenn du sie nicht hast?
Ihr seid wie zwei Bettler, die sich bettelnd gegenüber stehen. Beide sind Bettler, und beide hoffen, daß der andere etwas geben wird! Das ist das Elend aller Liebenden: zwei Bettler, die um Liebe bitten. Und wenn sie sie nicht bekommen, fühlen sie sich frustriert, fühlen sie sich betrogen, fühlen sie, daß der andere knausert. Werdet ein wenig wacher – der andere hat es nicht, ebensowenig wie du es hast. Jesus hat recht, wenn er sagt: „Nur ich kann dich lieben, und *nur* ich kann dich lieben." Um lieben zu können, muß man Liebe werden. Um zu geben, muß man erst einmal haben. „Er erwies ihnen seine Liebe bis zur Vollendung" – und Liebe weiß nur von einem Anfang, sie weiß von keinem Ende. Komme, was da kommen will – sie liebt immerfort weiter. Sie ist bedingungslos – ihr ganzes Wesen ist es, bedingungslos zu sein.
Eine bedingte Liebe ist eine Form von Haß. Eine bedingte Liebe ist eine Form von Ausbeutung. Eine bedingte Liebe ist nichts als Verliebtheit, als Sexualität. Bedingungslos – das ist das einzige, was Liebe sein kann. Wo immer sich eine Bedingung einschleicht, verschwindet die Liebe. Sie kann nicht in Fesseln leben, und eine Bedingung macht sie zur Gefangenen. Liebe kann nur leben wie der endlose Himmel. Liebe kennt keine Grenzen.

Am ersten Tag des Festes der Ungesäuerten Brote gingen die Jünger zu Jesus und fragten: Wo sollen wir das Paschamahl für dich vorbereiten?

Er war nirgends zu Hause. Jesus sagt einmal zu seinen Jüngern: „Selbst Füchse haben Löcher, wo sie Obdach finden, Vögel haben ihre Nester, aber ich habe keines." Genau das heißt es, ein Sannyasin zu sein: ein Wanderer, heimatlos, nicht von dieser Welt, wohlwissend, daß es nur eine Reise ist. Vorübergehend kannst du hier zwar irgendeine Karawanserei finden, aber du kannst hier nicht dein Zuhause finden.

In Indien haben wir zwei Wörter: *grasth* – das Wort „grasth" heißt der „Haus-Besessene", der die Welt für sein Zuhause hält; und *sannyasth* – einer, der begriffen hat, daß unsere ganze Existenz hier eine Heimatlosigkeit ist. Ob man ein Dach überm Kopf hat oder nicht, das spielt keine Rolle; Hauptsache du begreifst, daß du hier nur ein Fremder bist, nur über Nacht verweilst und am Morgen weiterziehst.

Er hatte kein Zuhause, und das Osterfest war gekommen. Die Jünger fragten: „Wo sollen wir hin, um es zu feiern?"

Er antwortete: Geht in die Stadt zu dem und dem und sagt zu ihm: Der Meister läßt dir sagen: Meine Zeit ist da; bei dir will ich mit meinen Jüngern das Paschamahl feiern.

„Der Meister läßt dir sagen..." Nur ein Meister kann sagen, daß seine Zeit gekommen ist, denn nur ein Meister kann die Zukunft sehen. Nur für einen Meister ist die Zukunft keine Zukunft mehr, sondern bereits hier und jetzt. Es mag noch ein wenig dauern, bis sie sich enthüllt, aber sie ist bereits hier und jetzt, sie ist bereits angekommen. Die Zukunft ist gegenwärtig. Je intensiver dein Bewußtsein, desto mehr wird die Zukunft gegenwärtig. Wenn die Intensität total ist, verschwindet die Zukunft, verschwindet die Vergangenheit, gibt es nur Gegenwart.

Und die Jünger taten, was Jesus ihnen aufgetragen hatte, und bereiteten das Paschamahl vor.
Als die Stunde gekommen war, begab er sich mit den Aposteln zu Tisch. Und er sagte zu ihnen: Ich habe mich sehr danach gesehnt, vor meinem Leiden dieses Paschamahl mit euch zu essen.

Ungeheuer schöne Worte, ungeheuer poetisch! Hierin ist Jesus ganz einmalig. Selbst ein Buddha würde zögern, solche Worte zu gebrauchen. Buddha würde zögern, das Wort „sehnen" zu gebrauchen, und Jesus sagt: „Ich habe mich sehr danach gesehnt, vor meinem Leiden dieses Paschamahl mit euch zu essen." Jesus ist eine einmalige Synthese von Wunsch und Wunschlosigkeit. Ein gewöhnlicher Mensch besteht einfach aus Wünschen. Ein außergewöhnlicher Mensch, der der Welt entsagt hat, wird Wunschlosigkeit. Jesus ist beides; er ist eine Brücke. Er lebt in Sehnsucht, aber lebt auch in Wunschlosigkeit. Er geht durch die Welt, aber die Welt geht nicht durch ihn hindurch. Er hat der Welt nie entsagt, er hat keiner einzigen Freude entsagt, die diese Welt zu geben hat. Im Gegenteil, er hat jede Wonne dieser Welt zu einer Feier Gottes gemacht. Wo immer er Freude finden kann, kann er immer auch eine tiefe Dankbarkeit gegenüber Gott finden.
„Ich habe mich sehr danach gesehnt, vor meinem Leiden dieses Paschamahl mit euch zu essen." Und das ist sein Menschsein – der Menschensohn. Er ist nicht nur der Gottessohn, er ist auch der Menschensohn. Jesus ist menschlicher als Buddha oder Mahavir – die sind übermenschlich, fast unmenschlich übermenschlich. Sie sind eher wie Mamorstatuen.
Jesus sagt: „Ich werde leiden." Das ist das Schöne an ihm: Er kennt die Todlosigkeit, aber er kennt auch die Seite, die leiden wird. Er weiß, daß sein innerstes Wesen unsterblich ist, aber er weiß auch, daß sein Körper sterblich ist. Am Kreuz ruft er, betet er, schreit er fast zu Gott: „Was machst du mit mir? Hast du mich verlassen? Warum muß ich so leiden?" Doch sofort darauf sagt er: „Aber dein Wille, nicht mein Wille geschehe."
Das sind die beiden Gegenpole in ihm. Am einen Ende ist er so

menschlich wie nur irgendein menschliches Geschöpf: gebrechlich, schwach, hilflos. Am anderen Ende ist er so übermenschlich wie nur irgendein Buddha. Das macht Jesus so überaus anziehend. Ihr könnt Buddha anbeten, aber ihr könnt nicht mit ihm ziehen. Bei Jesus ist das anders: Ihr könnt ihn bei der Hand nehmen, ihr könnt mit ihm ziehen. Jesus kann euer Freund sein, Buddha kann nur euer Meister sein. Buddha hat gesagt, daß seine nächste Inkarnation, irgendwann in der Zukunft, „Maitreya“ heißen wird – der Freund. Jesus kam nach Buddha, fünfhundert Jahre nach ihm. Vielleicht galt Buddhas Fingerzeig Jesus: *maitreya*, der Freund. Jesus hat eine andere Qualität; man kann mit ihm Freund sein, man kann im selben Zimmer mit ihm schlafen, man kann am selben Tisch mit ihm essen, man kann aus dem selben Krug mit ihm trinken. Er ist der Freund, nicht nur ein Wegführer. Er ist ein freundlicher Wegführer. Er ist fast wie ihr, und diese Sätze, diese Sutras, werden es euch beweisen.
Und er sagte zu ihnen: Ich habe mich sehr danach gesehnt, vor meinem Leiden dieses Paschamahl mit euch zu essen... „Denn bald werde ich fort sein. Dies wird unser letztes Fest zusammen sein. Und wie sehr habe ich mich danach gesehnt, dieses Paschamahl, dieses Fest mit euch zu feiern.“
Bei Mahavir, bei Buddha wäre das Wort „Fest“ fehl am Platz; „Fasten“ ja, aber nicht „Fest“. Bei Jesus heißt es Fest, nicht Fasten. Alles ist Feier, eine Feier der *kleinen* Dinge, ein Feiern von Kleinigkeiten. Er macht es einem nicht unnötig schwer, er zwingt euch nicht, ein steiniges, trockenes Leben zu führen. Er möchte euch grün und blühend und lebendig haben, im ganz gewöhnlichen Leben. Das, was die Zen-Leute nennen: außergewöhnlich sein im Gewöhnlichen.

Ich habe mich sehr danach gesehnt, vor meinem Leiden dieses Paschamahl mit euch zu essen.

Jedes Leiden sollte mit Feiern begonnen werden. Dann verändert man die Beschaffenheit des Leidens selbst.
Jedes Leiden sollte durch Feiern willkommen geheißen werden, dann ist das Leiden kein Leiden mehr.

Denn ich sage euch: Ich werde es nicht mehr essen, bis das Mahl seine Erfüllung findet im Reich Gottes.

„Dies wird mein letztes Essen sein, dies wird mein letztes Festmahl auf dieser Erde sein."

Und er nahm den Kelch, sprach das Dankgebet und sagte: Nehmt den Wein, und verteilt ihn untereinander!
Denn ich sage euch: Von nun an werde ich nicht mehr von der Frucht des Weinstocks trinken, bis das Reich Gottes kommt.

Man kann sich Buddha nicht vorstellen, wie er Wein trinkt – unmöglich! Aber man kann sich vorstellen, wie Jesus es tut. Jesus ist auf superbe Art menschlich. Er akzeptiert alles, was das Leben gibt, *plus* mehr. Der Gott von Jesus ist ein Plus; der Gott von Buddha ist ein Minus. Buddha sagt: „Gott minus die Welt"; Jesus sagt: „Gott plus die Welt". Die Abkehr eines Buddhas ist negativ; die Abkehr eines Jesus ist positiv. Und wenn du wählen mußt, dann wähle Jesus, weil es *dort* mehr Leben gibt. Außer du fühlst dich mit Buddha in Einklang, außer du fühlst dich vom Typ her mehr zum Fasten als zum Feiern gehörig – dann freilich ist Buddha das richtige für dich. Ansonsten erzwinge nichts, ansonsten versuche nicht, dein Leben zu verstümmeln. Statt dein Leben zu verstümmeln, genieße es im Namen Gottes. Mach aus jedem Genuß eine tiefe Dankbarkeit, ein tiefes Danksagen.

Und er nahm das Brot, sprach das Dankgebet, brach das Brot und reichte es ihnen mit den Worten: Das ist mein Leib, der für euch hingegeben wird. Tut dies zu meinem Gedächtnis!

Er sagt: „Das hier ist mein Leib." Der Leib ist die Erde, der Leib ist Brot, der Leib ist Speise; der Leib ist nur das. Du ißt, und es wird in Leib umgewandelt. Dann stirbst du, und der Leib versinkt in die Erde. Er wird zu Erde, steigt dann wieder auf und trägt Früchte, in Bäumen, in Weizen, in tausendundeiner Form, und wird wieder gegessen. Der Leib ist Speise. Jesus macht eine wunderschöne symbolische Botschaft daraus, seine letzte Botschaft. „Nehmt dieses Brot; dies ist mein Leib, der für euch hingegeben wird, und ich gebe ihn euch." Symbolisch sagt er damit: „Bald werde ich meinen Leib für euch hingeben, damit ihr erkennen könnt, was jenseits des Leibes ist. Bald wird der Leib gekreuzigt sein, aber erinnert euch, daß ich jenseits von ihm bin. Und was immer ich euch gesagt habe und was immer ich mit euch gelebt habe, das laßt euch wie Speise sein – tief verdaut, umgewandelt in euer eigenes Blut, in euer eigenes Mark und euer eigenes Bein. Laßt mich nicht nur in euren Köpfen da sein, laßt mich tief in euren Leib eindringen, so daß ich Teil von euch werden kann."

Dies gilt es zu verstehen. Ich sage euch gewisse Dinge... nun gibt es dafür in euch zwei verschiedene Möglichkeiten. Die eine ist, daß alles im Kopf bleibt – dann mögt ihr gescheiter werden, dann mag aus euch ein Rabbi, ein Pandit, ein Gelehrter werden. So war es aber nicht gemeint; dann habt ihr mißverstanden. Laßt es tief in das Tal eures Körpers einsinken. Laßt es zu eurem Blut werden, laßt es kreisen, laßt es zu euren Knochen werden, laßt es zu eurem Atem werden, laßt es zu eurem innersten Mark werden, damit ihr es leben könnt. Jetzt wird es zu eurem Leben. Nicht, daß es eure Beschlagenheit vermehrte – es vermehrt euer *Sein*. Laßt mich Teil eures Seins werden, nicht Teil eures Wissens. Eßt mich, trinkt mich, nehmt mich auf, verdaut mich.

Und Jesus sagt: *Das ist mein Leib, der für euch hingegeben wird. Tut dies zu meinem Gedächtnis!*

– und tut es weiterhin zu meinem Gedächtnis. Nehmt mich weiterhin tief in euer Wesen auf.

Ebenso nahm er nach dem Mahl den Kelch und sagte: Dieser Kelch ist der Neue Bund in meinem Blut, das für euch vergossen wird.

Und das gleiche tat er mit dem Wein, dem roten Wein. Er sagte: *Dieser Kelch ist der Neue Bund in meinem Blut...*

Von Bündnissen, Bündnissen in Worten, habt ihr schon gehört, aber in Blut? Ihr habt von Verträgen gehört, die mit Tinte geschrieben wurden – aber mit Blut? Was meint Jesus damit? Er meint damit: Wenn ich nicht zu eurem Leben werde, so wie euer Blut, war mein Weilen unter euch umsonst. Umsonst war dann euer Weilen bei mir

– fruchtlos. Es war reine Vergeudung. Laßt mich zu eurem Leben werden. Laßt mich so tief in euch ein, daß ich nicht mehr zu trennen bin, daß ich euer innerstes Herz werden und in euch schlagen kann.
Solange ein Meister noch nicht zu deinem innersten Herzen wird, bist du noch kein Jünger. Du magst dann ein Schüler sein, aber nicht ein Jünger. Du magst durch ihn lernen, aber du gewinnst kein Sein.
An jenem letzten Abend sagte Jesus nicht viel, aber alles, was er sagte, war voll unerhörter Bedeutung. Es muß sich noch sehr viel mehr schweigend abgespielt haben. Allein durch seine Präsenz, und die unmittelbare Nähe von Tod und Kreuzigung – vieles muß sich da abgespielt haben, vieles muß sich da durch Schweigen mitgeteilt haben.
Laßt mich euch eine Geschichte erzählen.
Der Heilige Ludwig, König von Frankreich, erfuhr, in welch hohem Ansehen ein gewisser Mystiker bei vielen im Volke stand. Der Name des Mystikers war Bruder Igidio. Der König hatte so viel von ihm gehört, daß er in das Gebirge reiste, wo der Mystiker lebte.
Der König suchte den Heiligen auf, gekleidet wie ein armer Pilger; denn es schickt sich nicht, wie ein König zu einem Mystiker zu gehen. Wenn du zu einem Mystiker gehst, gehst du wie ein Bettler, gehst du mit deinem Herzen als Bettlerschale. Wenn du wie ein König daherkommst, entgeht dir das Wesentliche, weil dann genau dieses Ego – der Schatten – zwischen dich und den Mystiker fällt.
Wie ein armer Bettler kam er zu ihm, klopfte an die Tür und bat darum, ihn zu sehen. Der Torhüter ging zum Mystiker und sagte ihm, ein Fremder begehre Einlaß. Außer sich vor Freude eilte er aus seiner Zelle zum Tor, und dort fielen sich die zwei in die Arme und begrüßten einander mit einem frommen Kuß. Sie fielen einander zu Füßen, als wären sie alte Freunde, und gaben einander Zeichen hingebungsvoller Liebe. Aber keiner von beiden sagte ein Wort. So verharrten sie in völligem Schweigen, bis sie wieder Abschied voneinander nahmen.
Aber als die anderen Brüder erfuhren, daß der Fremde niemand anders gewesen war als der König von Frankreich, empörten sie sich und sagten zu Igidio: „Wie konntest du so dumm sein, kein

Wort an einen so großen König zu richten, der extra gekommen war, um dich zu sehen und sprechen zu hören?"
„Meine lieben Brüder", antwortete er, „wundert euch nicht darüber, daß weder er noch ich dem anderen etwas zu sagen hatten. Denn kaum hatten wir uns umarmt, da stand mir sein Herz offen, so wie meins ihm offenstand, und wir sahen alles im Spiegel der Ewigkeit. Unser Schweigen sagte alles, was gesagt werden kann, und auch alles, was nicht gesagt werden kann."
Bei jener letzten Zusammenkunft mit den Jüngern war dies alles, was gesagt wurde; aber es gab vieles, was gesagt wurde, ohne daß es gesagt wurde. Die bloße *Präsenz* teilte sich mit. Tatsächlich war der letzte Tag mit den Jüngern der größte Tag. An jenem Tage, als sie sahen, daß der Tod herankam, konnten sie nicht mehr aufschieben, konnten sie nicht mehr „Morgen!" sagen. Jetzt gab es kein Morgen mehr. Der Meister war morgen schon fort. Jetzt gibt es keine Zukunft, in die man es aufschieben kann. Sie mußten an jenem Abend *da* sein mit Jesus, alle miteinander. Sie fragten nicht viel, denn wenn der Tod naht, wie kann man da Fragen stellen? Das wäre profan, lästerlich. Sie waren still. In Stille müssen sie da gegessen und getrunken haben. Das Brot wurde zu Jesus, der Wein wurde zu seinem Blut.
An jenem Abend übertrug Jesus sich auf sie. Das gleiche, was zwischen Mahakashyap und Buddha mit der Blume geschah, das passierte zwischen Jesus und den Jüngern mit Brot und Wein. Und seht ihr? – eine Blume ist etwas, das nicht von dieser Welt ist. Buddha überreichte die Blume – eine Blume ist fast etwas Jenseitiges. Jesus reichte Brot und Wein; er ist sehr irdisch, hat Boden unter den Füßen. Brot und Wein ist etwas zu essen. Eine Blume kann man nicht essen, man kann sie bewundern. Eine Blume kann man nicht trinken. Sie bleibt weit entrückt; da ist ein Abstand.
Aber Brot wird zu deinem Leib. Und Wein? – zu jener Trunkenheit, die die eigentliche Lehre von Jesus ist: Sei trunken von Gott. Brot und Wein, diese geringen, gewöhnlichen, alltäglichen Dinge – er hat sie an jenem Abend geheiligt. Diese unsere Erde hat er in ein Paradies umgewandelt. „Tut dies", sagt Jesus, „zu meinem Gedächtnis."

Und jeder wahre Christ, der seit jenem Tag existiert hat – und es gibt viele Christen, fast die halbe Erde voll, aber ich rede von einem *wahren* Christen –, hat jeden Tag, wann immer er aß oder trank, Jesus gegessen und Jesus getrunken. Die geringste, die gewöhnlichste Sache ist zu einem Sakrament geworden.

Kapitel 2

KOMM UND FOLGE MIR... ZU DIR!

Die erste Frage:

Führt uns Gott in dem Gebet von Jesus, dem „Vaterunser", in Versuchung?

Das ist eine sehr subtile Frage, und ihr werdet haarscharf aufpassen müssen, um sie zu verstehen.

Gott ist gut. Er kann dich nicht in Versuchung führen, aber genau seine Güte führt dich in Versuchung. Die Güte Gottes ist etwas, das bereits vorhanden ist. Sie existiert; du brauchst nichts zu tun, um sie zu erzeugen. Du öffnest dich ihr einfach, und sie überschüttet dich. Wenn du gut wirst, hast du nichts getan: Du wirst gut durch Gott. Aber wenn du schlecht wirst, hast du etwas getan; du wirst schlecht durch dich selbst. Wenn du also gut bist, kann das Ego nicht existieren. Es ist ein *prasad*, ein Geschenk von Gott.

Wenn du „ja" sagst, kann das Ego nicht existieren; du verschwindest. Im gleichen Moment, wo du „ja" sagst, bist du nicht da; da liegt die Versuchung. Nur indem du schlecht bist, kannst du da sein. Wann immer du Böses tust, bist du da; wann immer du Gutes tust, bist du nicht da – das Gute fließt durch dich hindurch, das Böse tust du. Durch das Böse bist du da, durch das Gute verschwindest du – das ist die Versuchung. Adam heißt Nein; Jesus heißt Ja. Zwischen Adam und Jesus erstreckt sich die ganze Geschichte des menschlichen Bewußtseins.

Was war die Versuchung Adams? Warum gehorchte er nicht? Gott war gut, aber Adam war nicht da. Durch seinen Ungehorsam erschuf er sich – das ist die Versuchung. Im Garten Eden war Gott da, überall. Adam war nicht da; er war ein Nichts, ein Teil des Ganzen. Durch Selbstbehauptung, durch „Nein"-Sagen, durch Ungehorsam, durch Abkehr von Gott, durch unrechtes Tun wurde er er selbst.

Adam war der erste Mensch nicht darum, weil er der erste Mensch war – es mag viele andere vor ihm gegeben haben –, aber niemand hatte je „nein" gesagt, also kann uns die Geschichte nichts von ihnen berichten: Sie hatten kein Ego. Und das ist mein Gefühl: Wie kann Adam der erste Mensch gewesen sein? Es mag Millionen vor ihm gegeben haben, aber niemand hatte je „nein" gesagt. Sie konnten nicht zu Menschen werden, sie konnten nicht zu Egos werden.

Adam sagte „nein“. Natürlich büßte er dafür, daß er es sagte; er wurde aus dem Garten der Glückseligkeit geworfen.

Das Böse führt euch zum Leiden, aber es hat seine Versuchung: Es erschafft das „Ich“, es läßt dich fühlen, daß du bist. Jesus, Buddha – die sind nicht. Hitler, Dschingis Khan – die sind. Je mehr Böses du tust, desto mehr wird dein Ego gestärkt. Je mehr du dagegen bist, gegen den Wind, gegen den Strom angehst, desto mehr hast du das Gefühl, daß du bist. Gehst du mit dem Fluß, wo bleibst dann du? Der Fluß ist, und der Fluß fließt immer auch durch dich hindurch. Gott ist gut – *das* ist die Versuchung.

Erst neulich Abend las ich eine Zeile von Baudelaire. Sie ist einfach unglaublich wahr. Baudelaire sagt: „Die Wahrheit ist; die Wahrheit ist schön; die Wahrheit ist gut; die Wahrheit ist Gott. Ich glaube an sie. Genau darum werde ich gegen sie opponieren.“ Woher kommt diese Opposition? Baudelaire sagt: „Wenn ich nicht gegen sie opponiere, dann bin ich nicht. Ich muß nein sagen; nur dann kann ich sein.“ Andernfalls ist die Wahrheit übermächtig: Sie hüllt dich ein, sie deckt dich zu. Du verschwindest einfach in ihr, du verschmilzt mit ihr.

Du kannst sagen, du hättest Böses getan, aber du kannst nicht sagen, du hättest Gutes getan. Das Gute wird immer von Gott getan. Das Gute ist bereits da, du bist nicht nötig, um es zu erschaffen. Das Böse muß erschaffen werden. Das Gute kann nur entdeckt werden; das Böse muß erschaffen werden. Die Wirklichkeit ist da, der Traum muß erschaffen werden. Du kannst nur für deine Träume als Autor auftreten; du kannst nicht der Autor der Wirklichkeit sein – da liegt die Versuchung. „Nein“ ist sehr verführerisch. Gerade die Güte Gottes verführt dich zum Widerstand gegen ihn. Du mußt gegen ihn opponieren, du mußt gegen den Stachel löcken, du mußt ihn verraten, andernfalls bist du verloren. Adam sagt „nein“, Jesus sagt „ja“, und ich sage, das ist die ganze Geschichte der Menschheit. Adam ist der erste Menschensohn, und Jesus ist der erste Gottessohn. Durch Jasagen, durch Hingabe verschwindet er. Nur dann bleibt Gott übrig.

Führt uns Gott im Vaterunser in Versuchung?

Gott kann das nicht, aber du wirst von deinem eigenen Kopf in Versuchung geführt. Die Versuchung kommt daher, daß Gott dich zu zerstören scheint. Täglich begegnen mir Leute, die gern ja zu mir sagen würden, die sich gern hingeben würden, aber es einfach nicht können – es ist zu riskant, es ist gefährlich. Ich kann spüren, daß sie durch etwas in ihrem Inneren versucht werden, sich nicht hinzugeben. Etwas in ihnen sagt: „Bloß weg hier, du darfst hier nicht sein. Es ist gefährlich, hier zu sein." Das liegt nicht etwa daran, daß *ich* sie in Versuchung führe, vielmehr *sind* sie versucht. Wo immer du siehst, daß etwas bereits da ist, braucht du nichts mehr zu machen, brauchst du es nur anzuerkennen. Aber wo bleibst dann du? – da liegt die Versuchung. Das Ego ist die Versuchung.

Die zweite Frage:

Gestern erfuhr ich, daß mein Freund gestorben ist. Aber noch während ich weinte, sah ich mich Dank sagen für die Süße des Lebens. Gibt es einen Platz für Trauer?

Wenn du jemanden geliebt hast, wirklich geliebt, und du hast dir keine Gelegenheit zu lieben entgehen lassen, dann gibt es keinen Platz für Trauer, denn dann gibt es keine Reue. Du schiebst nie etwas auf, so kann der Tod nichts zerstören. Wenn du aufschiebst, nur dann zerstört der Tod. Zum Beispiel liebst du jemanden, aber du sagst: „Morgen will ich lieben", und das sagst du dir immer wieder. Du stellst dir immerzu vor: morgen, morgen, morgen. Immer schiebst du es auf. Heute streitest du, morgen wirst du lieben. Hier und jetzt bist du wütend, morgen wirst du lieben. Immer schiebst du es auf.

Dann eines Tages kommt der Tod, und er kommt immer plötzlich. Er gibt keinen Wink, daß er kommt. Er kommt auf leisen Sohlen, seine Tritte ahnt man nie. Er kommt immer plötzlich, total überraschend, und schon ist der Freund fort, ist der Geliebte fort, ist die Geliebte fort, ist die Mutter, der Vater, der Bruder fort. Dann kommt die Trauer, denn der Tod zerstört jedesmal das Morgen, und du hattest dich so auf morgen verlassen! Jetzt wird es kein Morgen mehr geben. Jetzt kannst du nicht mehr aufschieben, und der andere ist fort. Jetzt fühlst du eine tiefe Reue; aus dieser Reue

kommt die Trauer. Du weinst nicht um den Freund, der fort ist, du weinst um dich, um die versäumte Gelegenheit.
Wenn du wirklich liebst, und zwar hier-jetzt liebst, kann der Tod dir nichts nehmen. Ich sage dir: Der Tod kann sogar eine Chance, eine Öffnung, eine neue Tür werden.
Du hattest den Freund geliebt, als er sichtbar war, und ihn so tief geliebt, daß du durch deine Liebe hindurch das Unsichtbare an ihm zu spüren begonnen hattest. Und nun nimmt der Tod den Körper weg. Nun steht in dieser grobstofflichen Materienwelt nicht mehr der Körper im Wege. Nun kann die Liebe total fließen. Vielleicht bist du nun dem Tod sogar dankbar. Du hattest bereits die spirituelle Dimension deines Geliebten, deines Freundes, deiner Freundin entdeckt, und jetzt hat der Tod das letzte Hindernis weggenommen. Nun kannst du bis auf den Grund sehen. Der Tod hat es dir möglich gemacht zu sehen, ob du wirklich geliebt hast oder nicht: Denn wenn die Augen der Liebe nicht tief genug dringen können, daß du auch das sehen kannst, was nicht Körper ist, was jenseits der Materie ist, was unsichtbar ist, dann ist es keine Liebe. Dann mögen es die Augen von sonstwas sein, aber nicht der Liebe. Liebe offenbart immer den Gott im anderen, das ist die Definition von Liebe. Sie offenbart nur dann den Gott im anderen, wenn es Liebe ist – andernfalls ist es keine. Du wirst weinen und schluchzen und trauern. Und dann glaubst du vielleicht, daß du um den Freund weinst, der nicht mehr ist. Nein, du weinst um dich selbst, du schluchzst um deiner selbst willen.
Ich möchte euch eine sehr berühmte Geschichte erzählen.
König Pyrrhus von Epirus wurde von seinem Freund Cyneas gefragt: „Herr, wenn Ihr Rom erobert habt, was werdet Ihr dann tun?"
Pyrrhus antwortete: „Sizilien liegt nicht weit davon entfernt und wird leicht zu nehmen sein."
„Und was wollt Ihr nach Sizilien tun?" fragte Cyneas.
„Dann werde ich nach Afrika übersetzen und Karthago plündern."
„Und nach Karthago, Herr?"
„Griechenland." Cyneas fragte:
„Und was versprecht Ihr Euch als Lohn von all diesen Siegen?"

„Danach“, sagte Pyrrhus, „können wir uns hinsetzen und genießen.“ „Können wir“, schlug Cyneas vor, „denn nicht jetzt schon genießen?“ Wenn du schon jetzt genießen kannst, wird es kein Trauern geben, nie und nimmer. Ich will damit nicht sagen, daß du nicht traurig sein wirst, wenn ein Freund scheidet, aber es wird kein Nachtrauern sein. Und dieses Traurigsein hat seine eigene Schönheit, eine Tiefe und Stille, die immer dann kommt, wenn du dem Tod begegnest. Dieses Traurigsein wird sehr meditativ sein. Es wird dir etwas in deinem Inneren offenbaren, das dir das Leben nicht offenbaren konnte. Das Leben bleibt oberflächlich; genauso wie das Lachen bleibt es an der Oberfläche. Der Tod ist sehr tief, so wie dieses Traurigsein. Aber dieses Traurigsein ist kein Nachtrauern. Traurigsein hat seine eigene Freude; Traurigsein ist nicht Kummer, Traurigsein ist einfach Tiefe. Traurigsein heißt, daß das Denken innehält. Wie kannst du angesichts des Todes denken? Das Denken mag im Leben nützlich sein; das Leben mag dein Denken erfordern, weil es Schlauheit und Klugheit erfordert; aber was soll das Denken angesichts des Todes? Wenn du traurig bist, heißt das lediglich, daß urplötzlich das Denken innehält. Der Tod ist als Schock gekommen – du wirst bis ins Tiefste entblößt. Du kannst nicht lachen, aber es ist ein unmerkliches Entzücken darin, eine Stille, eine heilige Stille. Die Vulgarität des Lebens ist fort, und der Tod hat eine neue Tür aufgetan. Die Tür führt zum Jenseits. Du wirst dem Tod dankbar sein! Aber das ist nur möglich, wenn du jetzt lebst. Wenn der jetzige Augenblick in seiner ganzen Intensität, in seiner absoluten Fülle gelebt wird, nur dann ist es möglich.

Schiebe nicht weiter auf. Morgen, morgen – streiche das Wort aus deinem Vokabular! Morgen existiert nicht, es *kann nicht* existieren; es liegt nicht in der Natur der Dinge. Nur der heutige Tag existiert. Genau darum sagt Jesus in seinem Gebet: „Gott, unser tägliches Brot gib uns heute.“ Der Sinn ist: Heute genügt, wir bitten nicht für morgen. „Unser tägliches Brot gib uns heute“ hat nichts mit Brot zu tun; es hat etwas mit der Gegenwart zu tun und wie sie zu leben ist: Gib uns die Fähigkeit, hier und jetzt zu leben. Dann gibt es kein Trauern. Traurigkeit wird da sein, aber so soll es auch sein. Wenn

jemand davongeht, fühlst du dich traurig, aber in dieser Traurigkeit wirst du schon bald eine Tür entdecken: Du bist in deine eigene Tiefe gefallen.
Das ist es, was dir passiert ist. *Gestern erfuhr ich, daß mein Freund gestorben ist. Aber noch während ich weinte, sah ich, wie ich Dank sagte für die Süße des Lebens. Gibt es einen Platz für die Trauer?*
Hab keine Schuldgefühle. Im Gegenteil – genau so sollte es sein. Wenn du den Freund geliebt hast, wirst du eine tiefe Dankbarkeit empfinden; keine Klage gegen den Tod, sondern nur eine Dankbarkeit für das Leben, für seine Süße. Daß dies überhaupt möglich ist, ist fast unmöglich – daß man existiert!
Hast du je darüber nachgedacht – daß du existierst? Es scheint so unmöglich! Es gibt einfach keinen Grund. Aber du schaust es dir gar nicht an, weil du es als Geschenk erhalten hast. Du hast nicht dafür bezahlt. Das ist der Grund, warum du gar nicht merkst, nicht registrierst, was für ein ungeheurer Reichtum es ist, daß du bist, daß du in diesem Augenblick bewußt und lebendig bist und die Blumen sehen kannst und du den Duft einatmen kannst und du das Vogelgezwitscher hören kannst und du sogar einem Jesus oder Buddha begegnen kannst. Wie schier unmöglich das ist – überleg doch mal! Es gibt keinen Grund, warum du bist; es kommt einfach aus blauem Himmel. Genau das heißt „Gnade Gottes". Wenn du nicht hier wärest, gäbe es keine Möglichkeit zu sein. Wenn du nicht hier wärst, könntest du dich nirgends beschweren; es gibt keine Berufungsinstanz. Wenn du nicht hier wärst, wärst du einfach nicht hier; du könntest nichts daran ändern.
Du *bist*, und du bist bewußt, und du bist voller Liebe, und du machst nichts damit – ein großes Geschenk wird vergeudet sein. Du machst keinen Gebrauch davon, du nutzt nicht die Chance zu wachsen. Je mehr du wächst, desto größer die Geschenke, die sich dir bieten werden. Das hier ist erst der Anfang, das hier ist erst das Alpha; du weißt nicht, was das Omega ist. Christus ist der Omega-Punkt. Aber wenn du immerzu weiter *jetzt* lebst, tief dem Leben verpflichtet, ohne Aufschub, jeden Augenblick tiefer und tiefer und tiefer eindringend, ein Leben ohne Rückhalt, dann wirst du beim

Omega-Punkt ankommen. Schon am Alpha-Punkt ist das Leben ungeheuer schön; was soll man da erst vom Omega-Punkt sagen? Und einen Punkt für Trauer wirst du nie finden.
Wenn du es lebst, ist das Leben immer eine einzige Dankbarkeit. Wenn du es nicht lebst, wird alles sauer, wird alles bitter: Man trauert allem hinterher, man beklagt sich, man kann nicht mehr dankbar sein. Alles Gebet verschwindet, und dann führst du ein verärgertes Leben oder ein vertrauertes Leben – was einfach heißt, daß du es verfehlt hast. Niemand anders ist daran schuld, nur du. *Nur du* – niemand anders ist schuld. Die Verantwortung liegt total bei dir, weil du frei bist zu wählen – zu sterben oder langsam Selbstmord zu begehen.
So wie ich es sehe, begehen Millionen von Leuten einfach nur langsam Selbstmord. Sie vergiften sich immer mehr. Durch Aufschub vergiftest du dich. Dann wird dir selbst das, was dir gegeben wurde, wieder genommen werden müssen. Und Jesus hat vollkommen recht, wenn er sagt – und das ist eines der fundamentalsten Gesetze des Lebens –: „Wenn du hast, wird dir immer mehr gegeben; wenn du nicht hast, wird dir selbst das, was du hast, genommen werden." Das heißt Nachtrauern.
Pflücke den Tag! Sei kreativ! Laß das Leben ein großes Abenteuer sein. Es gibt nur eine einzige Sünde, und zwar wenn dein Leben kein Abenteuer ist. *Dann* bist du ein Sünder.

Die dritte Frage:

Erst jetzt wird mir klar, was Sannyas eigentlich heißt. Deine Macht über uns wird allmählich ehrfurchtgebietend. Du kannst uns weit über die Grenzen unserer Persönlichkeit hinaustreiben.

Ja, was Sannyas eigentlich heißt, das wird einem erst klar, wenn man Sannyasin ist, niemals vorher. Es gibt viele Leute, die gern Sannyas nehmen würden, die sich gern in den Weg einweihen lassen würden, aber sie wollen wissen, was es heißt, ehe sie den Sprung wagen. Das ist nicht möglich. Man kann ihnen nichts sagen. Sie wollen überzeugt werden, ehe sie sich entscheiden. Nein, da gibt es nichts zu überzeugen, weil es nicht eine Frage des Intellekts ist; es ist etwas, das man erfahren muß. Man erfährt es erst, indem man es *ist*, und es gibt keinen anderen Weg.

Diejenigen also, die meinen, erst eine intellektuelle Überzeugung haben zu müssen, werden ihre Chance hier verpassen. Sie werden die Tür verpassen. Sannyas ist nur für die, die mutig genug sind, ins Dunkel zu gehen, ins Unbekannte zu gehen. Ja, die Nacht ist sehr dunkel, und der Punkt, wo ihr steht, ist so beschaffen, daß ihr von dort keinen einzigen Lichtstrahl sehen könnt. Genauer gesagt steht ihr mit geschlossenen Augen da und sagt: „Überzeuge uns erst intellektuell, daß es Licht gibt. Eher machen wir die Augen nicht auf." Wie soll das geschehen? – denn Licht ist nur erfahrbar, wenn man die Augen aufmacht. Wie kann man einem Menschen beweisen, daß Licht existiert, wenn er dasteht mit geschlossenen Augen und behauptet – logisch behauptet –: „Warum soll ich die Augen aufmachen, wenn es kein Licht gibt? Warum soll ich mir die Mühe machen? Beweise mir erst, daß es Licht gibt, dann will ich meine Augen öffnen." Der einzige Beweis ist, es zu *sehen*. Der Beweis des Puddings liegt im Essen.

Erst jetzt wird mir klar, was Sannyas eigentlich heißt.

Wenn du erst einmal Sannyasin bist, wird dir mit der Zeit immer klarer, was das heißt, und es geht immer weiter. Je weiter du wächst, desto klarer wird es dir. Aber das wird dann keine intellektuelle Überzeugung sein, sondern eine existentielle „Bekehrung" – von daher die Angst.

Deine Macht über uns wird allmählich ehrfurchtgebietend.

Das ist eine der Grundängste. Denn wann immer du jemanden liebst, wird die Macht des anderen ehrfurchtgebietend. Und *dies hier* ist keine gewöhnliche Liebe; es ist keine körperliche Liebe, sondern die höchste Liebe überhaupt. Wenn du dich erst einmal in mich verliebt hast, fängst du schon an zu verschwinden. Die Angst packt dich: Was wird werden? Wirst du dich völlig auflösen? Du wirst versucht sein davonzulaufen, du wirst versucht sein, „nein" zu mir zu sagen, du wirst versucht sein, dich gegen mich zu wehren. Aber dies ist das Paradox: Wenn du dich gegen mich wehrst, zerstörst du dich selbst, denn dann wirst du das Alte bleiben – die alte Leier, das Morsche. Wenn du dich nicht gegen mich wehrst, wenn du die Türen aufmachst, wird es anfangs vielleicht zerstörerisch aussehen, aber bald wirst du erkennen, daß die Zerstörung nur eine Vorbereitung war, um etwas zu erschaffen. Jede Schöpfung muß mit Zerstörung begonnen werden; es gehört ein gleiches Maß an Zerstörung dazu. Wenn ich dich erschaffen soll, total neu, dann werde ich dich *total* zerstören müssen.

Im Augenblick bist du nur eine Maschine. Du wiederholst dich immer nur selbst, wie eine Schallplatte, die irgendwo feststeckt und dieselbe Zeile immer wieder von vorn wiederholt. Beobachte einfach dein Leben: Bist du etwa nicht zu einer Schallplatte geworden? Steckst du nicht fest? – und die Nadel läuft immer weiter dieselbe Rille entlang und wiederholt jeden Tag das gleiche: die gleiche Wut, der gleiche Sex, die gleiche Eifersucht, der gleiche Haß, die gleichen Besitzansprüche, die gleiche Gier. Hast du je etwas Neues gemacht?

Gestern las ich einen Limerick. Er gefiel mir.

There was a young man who said: "Damn!
I have just realized that I am
a being that moves
in predictable grooves.
Not even a bus – I'm a tram!"

(Es gab mal einen jungen Mann, der sagte: „Verdammt! Grad wird mir klar, daß ich jemand bin, der sich in voraussagbaren Rillen bewegt. Nichtmal ein Bus – ich bin eine Straßenbahn!")

Beobachte dich, und du wirst feststellen, daß du noch nicht einmal ein Bus bist, sondern eine Straßenbahn: feste Rillen, ausgetretene Trampelpfade, wieder und wieder. Und du wirst immer besser darin. Du vergißt vollkommen, wie man lebt. Es ist, als *würdest* du von einem mechanischen Leben gelebt – *leben* tust du es nicht, weil du es nicht bewußt tust.

Folgendes passierte einmal einem Mann, der mit der Bahn reiste: Er bemerkte, daß ein anderer Mann, sein einziger Reisegefährte im Abteil, sich ungewöhnlich benahm. Mal schien er fröhlich in sich hinein zu kichern, mal kam plötzlich ein ernster Ausdruck über sein Gesicht, dann machte er wieder eine Geste der Ungeduld und fing dann bald erneut mit seinem Kichern an. Nach einer Weile konnte es der erstere nicht mehr aushalten und sagte: „Entschuldigen Sie meine Frage, mein Herr, aber was amüsiert Sie denn so?"

„Lustige Geschichten, natürlich", antwortete er prompt, „ich erzähle mir selber lustige Geschichten."

„Höchst interessant", murmelte der erstere nachsichtig, und dann fragte er noch: „Aber ab und zu sehen Sie sehr ernst drein. Warum das?"

„Das passiert, wenn es eine Geschichte ist, die ich schon einmal gehört habe."

Ja, so geht das immerzu. Wenn du selber die Geschichte erzählst, wo soll dann die neue Geschichte herkommen? Alle Geschichten hat man schon einmal gehört; man kann sie nur wiederholen. Dein Leben kann kein Leben der Neuheit, der Frische, des Morgentaus sein. Dein Leben ist zwangsläufig abgestanden, ausgestopft mit lauter Wiederholungen; allenfalls eine gut funktionierende Maschine, aber ohne Bewußtsein.

Wann immer du also bereit bist, die Reise ins Unbekannte, die Pilgerfahrt zum Göttlichen anzutreten, kommt Angst auf, die Angst, zu verlieren, was du nie hattest, die Angst, das Leben zu verlieren – Leben hast du nie gehabt, nur etwas Mechanisches –, die Angst, eine routinierte Funktionstüchtigkeit zu verlieren, die Angst, deine alte Schablone zu verlieren. Sie mag bequem und angenehm sein, aber sie ist nicht lebendig. Das ist das Unschätzbare am Tod, denn der Tod ist das bequemste Dasein – komfortabel. In einem Grab hast du's total bequem und angenehm, und da gibt's keine Probleme. Das Leben schafft immer neue Probleme. Diese Probleme sind in Wirklichkeit keine Probleme; wenn du genau hinschaust, sind es Wachstumsherausforderungen.

Ich bin eine Herausforderung. Nur Feiglinge können sich hier davonstehlen. Diejenigen, die mutig sind, müssen sich wohl oder übel entschließen, ins Unbekannte zu gehen, sich auf die Suche nach etwas zu machen, das sie nicht kennen. Aber man spürt einen tiefen

Drang. Man spürt, daß irgendwie Freiheit möglich ist. Es ist jetzt nur ein vages Gefühl, aber wenn du ins Unbekannte gehst, ist es bald schon die Wirklichkeit.

Deine Macht über uns wird allmählich ehrfurchtgebietend. Du kannst uns weit über die Grenzen unserer Persönlichkeit hinaustreiben.

Um nichts anderes geht es mir: euch in Wirklichkeit aus eurer Persönlichkeit zu *ver*treiben, damit eure Persönlichkeit abfällt. Die Persönlichkeit ist nur eine Maske, eine *persona*. Sie ist falsch. Sie ist nur etwas künstlich Geschaffenes, sie ist nicht eure Realität, sie ist nicht euer Wesen. Sie ist nur etwas um euch her Kultiviertes, nur eine Außendekoration. Das seid nicht ihr. Sie verbirgt euch, und um ihretwegen seid ihr nicht in der Lage, euch selber zu kennen, zu wissen wer ihr seid. Sie ist jetzt das einzige Hindernis: Schichten über Schichten von *persona*, von Persönlichkeit. Und ihr habt vollkommen vergessen, wer ihr seid, das ursprüngliche Gesicht. Ihr könnt euch nicht einmal entsinnen, daß ihr je ein ursprüngliches Gesicht gehabt hättet.

Mir hier geht es einzig und allein darum, euch aus eurer Persönlichkeit zu vertreiben. Wenn die Persönlichkeit auch nur für einen einzigen Augenblick abfällt und ihr aus ihr herausgeschlüpft seid, so als stündet ihr nackt da, ohne Kleider, dann wird dieser Moment ungeheure Folgen haben für euer Leben. Ihr werdet nie wieder dieselben sein, denn jetzt kennt ihr euer ursprüngliches Gesicht, jetzt wißt ihr, wer ihr seid.

Und wenn du erst einmal weißt, wer du bist, bist du totale Freiheit. Persönlichkeit ist Hörigkeit. Es ist so, als wärst du darauf fixiert, nur etwas ganz Bestimmtes zu sein, während du alles hättest sein können. Persönlichkeit ist eine fixierte, routinierte Art zu sein. Du hättest alles sein können, und du bist nur ein Krämer geworden. Du hättest auch ein Maler, auch ein Dichter, auch ein Mystiker sein können, und du bist Krämer geworden! Jeder wird mit unendlichen Möglichkeiten geboren, und fast jeder stirbt daran, daß er Krämer wird. Überlegt doch nur einmal: Das ist genau der Grund, warum ihr so unglücklich ausseht – weil ihr unendlich wart und nun beschränkt und begrenzt seid.

Aber trotzdem bleibt unsere Persönlichkeit noch, und ich sehe mich Dinge tun, die mich erschrecken, weil sie nicht zu meinem Charakter zu passen scheinen.

Ich bin gegen Charakter, weil Charakter etwas Fixiertes ist. Charakter hat etwas Unbewegliches, er ist steinhart. Charakter heißt Wiederholung des Immergleichen: Du wiederholst dich immer nur selbst – das ist dein „Charakter". Wenn jemand sagt, daß du ein guter Kerl bist, was sagt er damit? Er sagt damit, daß du vorhersagbar bist. Früher warst du auch immer gut, in Zukunft wirst du dasselbe wiederholen. Wenn jemand sagt, daß du ein übler Bursche bist, was sagt er damit? Er sagt damit, daß du vorhersagbar bist – daß du auch in Zukunft das gleiche Lied wiederholen wirst, die gleiche Geschichte erzählen wirst.

Ein echter Mensch ist immer unvorhersagbar. Er ist Freiheit. Er hat keinen Charakter, denn jeden Moment findet er eine neue Herausforderung, jeden Moment tritt er in eine neue Dimension ein und schaut jeden Moment mit frischen Augen hin. Jeden Moment antwortet er auf alles mit einer immer neuen Sicht der Dinge. Er ist nie alt. Er ist immerzu jung.

In Indien haben wir Buddha, Mahavir oder Krischna nie als alte Männer dargestellt. Nicht, daß sie etwa nie alt geworden wären; sie *wurden* alt, aber das haben wir nicht dargestellt. Es existiert kein einziges Bild Buddhas, das ihn alt zeigte. Nicht daß er nicht alt geworden wäre, er *wurde* alt, aber wir wissen, daß er nie *alt* wurde. Tief drinnen blieb er immer frisch, unvorhersagbar, jung, unendlich jung. Selbst am letzten Tag, in den letzten Momenten seines Lebens, war er jung und frisch. Alles was er sagte – noch die letzten Worte, die er von sich gab –, waren so taufrisch wie eh und je; kein Alter, keine Wiederholung.

Merkt euch: Charakter ist Fixierung, so als wärst du schon tot. In einem Theaterstück haben die Leute einen Charakter, aber im Leben sollten sie keinen haben; denn ein Theaterstück ist prädestiniert – da liegt alles schon fest: wer was ist und wie alles ausgeht. Nichts Neues ist erlaubt: Genau das ist ein Drama. In einem Drama gibt es Charaktere: Ein Jesus hat ein Jesus zu sein. Er kann sich nicht mittendrin umdrehen und sagen: „Ich bin's gar nicht!" Er muß einfach folgen, wie eine Straßenbahn. Er muß einer bestimmten Routine folgen. Der Mann, der das Stück schrieb, hat jede Rolle festgelegt. Jetzt sind keine Änderungen mehr möglich. Im Leben gibt es keine Charaktere.

Überall auf der Welt entsteht heute ein neuer Dramentypus, der ohne Charaktere auskommt. Er hält sich mehr ans Leben. Es ist eine neue Art Drama – man könnte es fast Nicht-Drama nennen: Niemand weiß, was passieren wird. Die Leute fangen einfach irgendwo an, aus heiterem Himmel, und es gibt keinen Unterschied zwischen Publikum und Bühne. Es sollte auch gar keinen geben, denn im Leben gibt es auch kein Publikum und keine Bühne, gibt es keine Trennung zwischen den Schauspielern und den Zuschauern. Das neue Drama muß so gespielt werden, daß jeder aus dem Publikum, der mitmachen möchte, sofort reinspringen kann. Und einfach durch dieses Reinspringen verändert sich das Drama. Er wird etwas mitbringen. Niemand weiß, was, und niemand weiß, wo es enden wird.

Es ist genau wie das Leben – es beginnt, es endet, aber in Wirklichkeit gibt es weder Anfang noch Ende. Es ist immer in der Mitte. Du kamst auf die Welt, die Welt fing nicht erst mit dir an. Du wurdest an einem bestimmten Datum geboren; das Stück lief schon, alles war schon in Gang. Du kamst nur auf die Bühne, hast selber alles mögliche auf die Bühne gestellt und den ganzen Charakter des Weltdramas völlig verändert. Und dann, irgendwann mittendrin, stirbst du eines Tages, und durch deinen Tod änderst du wieder den Gang der Dinge: Deine Frau mag nun jemanden anders heiraten, deine Kinder werden nicht so sein, wie du es dir gewünscht hattest – die ganze Geschichte wird anders laufen.

Das Leben ist wie ein Ozean – wild. Welle auf Welle kommt und geht, und niemand weiß Bescheid. Und das ist das Schöne. Ein echter Mensch ist wild, er hat keinen Charakter. Ich sage damit nicht, daß er nicht gut ist. Wenn ich sage, daß er charakterlos ist, sage ich damit nicht, daß er böse ist. Ihr nennt einen Menschen charakterlos, wenn er unmoralisch ist; das stimmt nicht. Er hat sehr wohl einen

Charakter – einen unmoralischen Charakter. Nennt ihn nicht charakterlos. „Charakterlos" ist ein ungeheuer schönes Wort – nur auf einen Buddha oder einen Jesus oder einen Krischna könnt ihr es anwenden. Wendet es nicht auf gewöhnliche Leute an. Ganz gewöhnliche Leute nennt ihr „charakterlos"? Sie haben durchaus ihren Charakter, sie haben ihre Fixierung, sie haben ihre Lebensroutine. Sie mögen schlecht sein, ihr Charakter mag schlecht sein, aber charakter*los* sind sie nicht. Nur ein Buddha ist charakterlos. Charakterlosigkeit ist die tiefste Schönheit, die es überhaupt geben kann, denn sie bedeutet: völlig frisch auf jeden Moment eingehen. Jeden Moment stellt sich ein Buddha dem Leben, stellt sich ein Jesus dem Leben. Er schleppt keine vorgefertigten Antworten mit. Was er sagen wird – niemand weiß es; was er tun wird – niemand weiß es; wie er handeln wird – niemand weiß es, nicht einmal er selbst. Wüßte er es selbst, dann würde er sich nur Witzgeschichtchen erzählen. Dann würde alles albern.

Ich weiß nicht, welcher Satz auf meinen jetzigen folgen wird, ich weiß nicht, was ich als nächstes tun werde: Das heißt Freiheit. Nur so bin ich nicht eingeschränkt.

Ich kann deine Schwierigkeit verstehen. Ich tue hier nichts anderes, als euren Charakter zu zerstören. Genau dafür hat man Sokrates verurteilt. Das Gericht von Athen befand, er verderbe den Charakter der Jugend. Das war absolut wahr! Genau dasselbe warf man auch Christus vor: daß er den Charakter der Jugend verderbe. So ist es seit eh und je: Ein Sokrates, ein Jesus, das sind Charakterzerstörer. Nicht, daß sie Stifter von Unmoral wären – sie stiften die höchste Moral, die es überhaupt gibt, die Moral der Freiheit, die Moral der Spontaneität. Der einzig moralische Akt ist der Akt, der spontan ist, der aus deiner Spontaneität heraus kommt und nicht nur aus deinem Kopf.

Ich werde deinen Charakter zerstören.

Mir werfen die Leute dasselbe vor – daß ich ein gefährlicher Mann bin. Bin ich! Sie haben völlig recht. Mir geht es hier nur um eines: wie ich euren Charakter zerstören kann, damit ihr wenigstens wie ein Bus werden könnt, damit ihr nicht wie eine Straßenbahn auf Schienen laufen müßt, damit ihr ein wenig Freiheit habt.

Deine Angst ist natürlich. Ich sage nicht, daß du diese Angst abstellen kannst. Aber da gibt es eines, was ich dir gern sagen möchte:
Du kannst trotz der Angst mit mir kommen. Und anders geht es gar nicht. Wenn du warten willst und erst mitkommen willst, wenn du irgendwann mal die Angst los bist, dann wirst du es nie tun. Folge, trotz der Angst. Laß die Angst da sein, sie ist natürlich; aber folge nicht ihr, folge mir. Die Angst ist da – menschlich, natürlich –, aber komm und folge mir... zu *dir*! Nach und nach, je mehr du dich auf die innere Freiheit, den inneren Himmel eingestimmt hast, läßt die Angst nach, denn je mehr du deinen „Charakter" los bist, desto erwachsener, desto reifer wirst du.

Jetzt wird dir deine Moral nicht mehr von außen aufgezwängt, jetzt quillt sie aus deinem Inneren. Sie wird dein Innenleben sein, als deine eigene Erkenntnis und dein eigenes Bewußtsein. Sie wird kein Gewissen mehr sein. Dein Gewissen bekommst du von der Gesellschaft mit; dein Bewußtsein mußt *du* leisten. Die Gesellschaft schreibt dir unentwegt vor: „Dies ist richtig, das ist falsch." Das ist Gewissen. Es wird dir eingeimpft, eingepflanzt, und dann hältst du dich immer daran. Das ist wertlos, das ist nicht das Wahre. Das Wahre ist dein eigenes Bewußtsein. Es kommt nicht mit fertigen Urteilen daher, was richtig und was falsch ist – nein, sondern es spendet dir in jeder konkreten Situation sofort Licht: Noch im selben Augenblick weißt du, was du zu tun hast. Und dann ist dein Handeln total. Nur solch ein Handeln ist total, denn das Motiv ist hier nicht, daß die Gesellschaft es so will, sondern daß du es so *weißt*. Augenblicklich nimmt die Entscheidung Gestalt an. Sie kommt aus deinem innersten Kern.

Das ist Freiheit, und diese Freiheit ist das Ziel. Halt nicht eher an, als bis du sie erreicht hast.

Die Angst wird da sein. Es gibt viele Gefahren am Wege. Viele Male wirst du dich verlaufen, viele Male fühlst du dich müde, erschöpft, viele Male findest du eine Ausrede, dich an den Wegrand zu setzen. Aber erinnere dich wieder und wieder daran, daß du deine Bestimmung nicht eher erfüllt hast, als bis du jenes Bewußtsein erlangst, das spontan zu handeln vermag; daß du sonst Gott verrätst, daß du das Ganze verrätst. Und wie kannst du glücklich sein, wie kannst du selig sein, wenn du die ursprüngliche Quelle verrätst? Dann wirst du unglücklich bleiben. Dein Unglück ist nur ein Indiz, daß du nicht das Rechte tust; und das Rechte ist nicht, was die Gesellschaft richtig nennt. Das Rechte ist genau da, wo du durch deine eigene Erkenntnis hingelangst. Sei dir selbst ein Licht – *das* ist das Rechte.

Die vierte Frage:

Wenn ich dich richtig verstehe, wirst du nicht mehr allzu lange bei uns auf der Erde weilen. Gestern im Darshan hast du jemandem erklärt, daß dein Körper dich nicht fassen kann, daß du dich auflösen wirst und daß du uns danach keine Hilfe mehr sein kannst. Das geht mir jetzt ständig im Kopf herum. Früher habe ich mich immer mit den Worten von Jesus getröstet: „Ich werde mit dir sein bis ans Ende aller Tage." Kannst du mir das bitte etwas klarer machen?

Jesus hat recht, aber ich habe *rechter* als Jesus. Jesus hat recht, aber gerade weil er das gesagt hat, konnten die Leute die Chance nicht nutzen, solange sie da war. Sie haben sich vertröstet. Er sagt die Wahrheit. Selbst jetzt ist er noch bei euch, selbst in diesem Moment kann er euch helfen. Aber wenn ihr Jesus verpaßt, während er da ist, wie könnt ihr dann irgendwelchen Nutzen von ihm haben, wenn er nicht mehr da ist?
Seht ihr nicht das Absurde daran? Ihr sagt: „Ja, wir werden deine Hilfe in Anspruch nehmen, sobald du weg bist", aber könnt die Hilfe nicht annehmen, während er da ist. Nur diejenigen, die seine Hilfe annehmen können, während er da ist, werden seine Hilfe annehmen können, während er nicht mehr da ist. Und ihr laßt euch nur allzu gern vertrösten. Ich möchte euch nicht vertrösten, denn jeder Trost führt zu Aufschub.
Ja, ich wiederhole, was Jesus gesagt hat: Auch ich werde mit dir sein bis ans Ende aller Tage – aber ich möchte nicht, daß du dich damit vertröstest. Ich kann nur dann mit dir sein, wenn du jetzt mit mir bist. Wenn du jetzt mit mir bist, kann ich bis ans Ende aller Zeiten mit dir sein, aber dazu mußt du ein gewisses Wachstum in dir

zulassen. Andernfalls wirst du sagen: „Okay, wenn du mit uns sein wirst bis ans Ende der Zeit, dann ist ja keine Eile nötig; wir können ein bißchen rumtrödeln. Und sollten wir dich dann brauchen, bist du ja da." Nein, so wird es nicht sein. Eben darum sage ich: Jesus hat recht, aber ich habe *rechter* als er.

Versuche zu begreifen: Ich bin nicht hier, um dich zu trösten. Wenn es etwas gibt, wozu ich hier bin, dann dazu, um dich zu transformieren.

Trost ist wertlos. Es ist ein Trick des Verstandes. Laß dich nicht erst darauf ein. Es ist wie eine Mutter, die dem Kind nicht die Brust geben will, und so schiebt sie dem Kind irgendwas, einfach nur seinen eigenen Daumen, in den Mund, um es zu trösten. Das gibt einen gewissen Trost, aber keine Nahrung. Das Kind wird einfach betrogen. Oder man kann ein paar Schnuller vom Markt holen und dem Kind einen Schnuller geben. Einfach eine Gummibrust – es saugt dran in der Meinung und in dem Glauben, daß irgendwas rauskommen wird. Nichts kommt raus.

Trost ist ein Schnuller, er ist keine echte Nahrung. Ich bin hier; nährt euch an mir. Eßt mich, trinkt mich; werdet von mir genährt. Laßt mich Teil eures Daseins werden, dann werde ich für immer und ewig für euch da sein. Es gibt keinen anderen Weg.

Die fünfte Frage:

Mein kleiner Sohn ist nie getauft worden. Wird das einmal von Bedeutung sein?

Von größter Bedeutung! Es ist gut, daß er nie getauft wurde. Denn die Taufe ist etwas sehr Wichtiges – sie kann niemandem aufgezwungen werden. Wenn ihr sie einem Kind aufzwingt, pflanzt ihr ihm eine künstliche Religion ein, und wenn es bei dieser künstlichen Religion bleibt, kommt es vielleicht nie auf den Gedanken, daß es auch eine wahre Religion gibt. Es mag ein Christ werden, aber es wird Christus verfehlen.

Gut so, dein Sohn hat Glück. Gesegnet der, der nicht von seinen Eltern getauft wurde – dann ist er offen, sauber und klar. So kann

er, sobald er reif genug dazu ist, sobald er bewußt ist, seine eigene Religion suchen.
Eine Religion muß man suchen. Eine Religion muß man bewußt wählen. Niemand sollte von Geburt an zu einem Christen oder einem Hindu oder einem Mohammedaner oder einem Jain gemacht werden. Geburt hat mit Religion nichts zu tun. Nur weil man Religion mit Geburt verknüpft hat, erweckt die ganze Welt den Eindruck, als wäre sie religiös. Dabei ist kein Mensch religiös. Alle Welt ist religiös: Der eine ist ein Hindu, der andere ist ein Christ... kein Mensch ist ein Hindu, und kein Mensch ist ein Christ! Man hat die Menschen an der Nase herumgeführt.
Laßt Kinder in Ruhe. Zwingt ihnen niemals eine Religion auf. Konditioniert nicht ihr Denken. Sorgt dafür, daß sie frei forschen können. Helft ihnen, daß sie nachforschen können, aber gebt ihnen keine Antworten mit. Helft ihnen, daß ihr Fragen sehr nachdrücklich wird, helft ihnen, daß sie intensiv fragen lernen, helft ihnen, eines Tages so inbrünstig zu fragen, daß ihre Inbrunst selber zur Transformation wird – nur gebt ihnen niemals Antworten. Vorgefertigte Antworten sind großer Betrug. Religion will gelebt werden, Religion will gewählt sein. Sie ist eine Verpflichtung – wie kannst du irgendwelche Verpflichtungen für dein Kind eingehen? Hilf deinem Sohn zu wachsen, liebe ihn tief, und gib ihm keine Antworten, die du selber nicht kennst. Wenn er fragt: „Gibt es einen Gott?“, dann sag ihm die Wahrheit – daß du es nicht weißt! Sag ihm die Wahrheit, daß du noch auf der Suche bist! Sag ihm die Wahrheit, daß er selber suchen muß. Und sag ihm, wenn er eines Tages fündig werden sollte, dann solle er es dich wissen lassen. Sei bescheiden.
Vor den Kindern sind Eltern immer sehr versucht, über alles Bescheid zu wissen – das ist Dummheit. Man hat keine Ahnung von Gott, und doch belehrt man ständig sein Kind, konditioniert ständig sein Denken! Konditioniert nie das Denken eines anderen! Laß deinen Jungen – intakt, unberührt, jungfräulich. Eines Tages... Und weil Religion ein so tiefer Drang ist, braucht sie nicht erst gelehrt zu werden. Durch fromme Lehren wird der Drang korrumpiert. Sie braucht nicht gelehrt zu werden. Überlaß ihn sich selbst. Liebe ihn.

Durch deine Liebe werden sich in ihm die Voraussetzungen entfalten, eines Tages zu verstehen, was Beten ist. Liebe ihn, und durch deine Liebe wird ihm bewußt werden, daß die Existenz ihm offenbar eine Mutter ist, ihm ein Vater ist. Aber erzähl ihm nichts von einem Vater im Himmel; sei ihm einfach ein Vater, und dadurch, daß du ihm ein Vater warst, wird er einen ersten Schimmer davon mitbekommen haben, daß die Existenz nicht fremd ist, daß jemand sich kümmert, daß jemand liebt. Liebe ihn, bemuttere ihn, damit er fühlen lernt, daß die Existenz eine Mutter ist. Laß ihn durch deine Pflege, durch deine Liebe, durch dein Bemuttern gewisse Eigenschaften der Existenz spüren. Erzähl nichts von Theologie – das ist Quatsch. Schreib ihm nicht immer vor: „Bete!" Warte, laß den richtigen Augenblick kommen, aber verhilf ihm zu einer Situation, wo er wird beten können. Sag ihm nicht die Worte des Gebetes vor.

Führt einfach die Situation in der Familie herbei: die Atmosphäre der Andacht. Der Vater betet, die Mutter betet, und wenn das Kind den Vater beten sieht, kann es das Entzücken sehen, das über sein Gesicht kommt. Es kann sehen, daß er in eine andere Welt versetzt wird. Es kann sehen, daß er noch Stunden nach seinem Gebet ein vollkommen anderer Mensch ist – liebevoller, weicher, zarter. Es kann sehen, daß nach dem Beten ein Nachglanz da ist, der den Vater den ganzen Tag über begleitet.

Man braucht dem Kind nichts beizubringen. Eines Tages wirst du beim Augenaufschlagen nach dem Beten entdecken, daß euer Kind neben euch sitzt – tief versunken, weit weg, mit geschlossenen Augen. Es kennt die Worte nicht, aber jetzt versteht es das Gefühl. Und das ist *wirkliche* Taufe.

Zwingt es nicht, zur Kirche zu gehen, weil die Kirche es korrumpieren wird und es dann das Gefühl bekommt, Religion sei nichts anderes als Geschäft. Es wird nach und nach begreifen, daß Religion nichts anderes ist als Politik.

Alle Mystiker ohne Ausnahme wissen, daß alle Religionen wahr sind; alle Philosophen ohne Ausnahme wissen, daß alle Religionen falsch sind; und alle Politiker ohne Ausnahme wissen, daß alle Religionen nützlich sind.

Lehre das Kind nicht die Politik der Religion. Laß es unverdorben, laß es in Ruhe, aber biete ihm eine Chance – ein Milieu, eine Atmosphäre, ein Klima –, wo es in Kontakt kommen kann mit dem, was Religion ist. Dann wird es religiös sein. Es mag kein Christ sein, aber das ist egal, das ist ohne Belang. Es mag kein Hindu sein, aber es wird religiös sein. Aber Eltern wollen lieber, daß ihr Kind ein Christ wird – es soll den gleichen Dummheiten folgen, denen sie selbst gefolgt sind. Das Kind soll ein Hindu werden – es soll auf die gleiche Weise korrumpiert werden, wie sie korrumpiert wurden. Das Kind soll eine Identität haben und irgendeiner Organisation angehören – der gleichen, der sie selbst angehören. Das ist die Politik der Religion. Mit Religion hat das nichts zu tun.

Wenn du wirklich dein Kind liebst, wie kannst du dann wollen, daß es ein Christ oder ein Hindu oder ein Mohammedaner wird? – nein, niemals! Wenn du dein Kind liebst, wirst du niemals wollen, daß es ein Christ wird. Was hat das Christentum dieser Welt alles zugefügt! – es ist eine häßliche Krankheit. Du wirst nicht wollen, daß es ein Mohammedaner wird. Was hat der Islam dieser Welt alles zugefügt! – er war reine Gewalt. Du wirst nicht wollen, daß es ein Hindu wird, denn was hat der Hinduismus getan? – er ist nichts weiter als ein fossilierter Tod: morsch, seit Jahrhunderten tot, eine Leiche; er stinkt. Nein, wenn du dein Kind liebst, wirst du es davor warnen, in eine Falle zu gehen, sich einfangen zu lassen, denn überall lauern Feinde: der Priester, der Missionar, der Tempel, die Kirche. Du wirst ihm bewußt machen: „Laß dich von niemandem einfangen. Bleib frei, bleib liebevoll. Suche und forsche nach deinem eigenen Gott. Der Gott, den *du* findest, ist der einzige Gott. Der Gott, der gelehrt wird, ist nicht Gott, sondern nur ein Wort. Und wenn du *deine* Religion gefunden hast, ist sie nicht vom Leben zu trennen, ist sie eins mit ihm. Sie ist das Leben selber!“

Und vergeßt nicht – wenn ich sage „das Leben ist Gott“, dann meine ich nicht „Das“ mit großem D, sondern „das“ mit kleinem d – das einfache, gewöhnliche Leben ist Gott.

Ein Journalist hat erst vor wenigen Tagen Jean-Paul Sartre gefragt: „Was ist für Sie heute das Wichtigste im Leben?“ Sartre hat geantwortet: „Ich weiß nicht. Alles: zu leben, zu lieben, zu rauchen." Das ist eine Art Zen-Antwort. Sartre ist kein religiöser Mann, aber die Antwort ist sehr religiös. Er hat nie einer Kirche angehört, er glaubt nicht an Gott, aber die Antwort ist religiös. „Ich weiß nicht" – das ist das erste religiöse Element, denn nur dumme Theologen wissen Bescheid. Ein religiöser Mensch ist sich einfach nur seiner ungeheuren Unwissenheit bewußt. Das Leben ist ein Mysterium. Wie kannst du darüber Bescheid wissen? Er weiß nur eines – daß er es nicht weiß: „Ich weiß nicht!" Fragt jeden Priester: Der könnte so etwas nicht sagen. Er wird sofort seine Bibel aufschlagen und sagen: „Hier ist die Antwort. Ich weiß es." Dabei wiederholt er einfach nur geborgtes Wissen. Er ist ein Papagei.

Einmal kam ich nach Benares, und ein großer Gelehrter der Veden lud mich in sein Haus ein. Er freute sich sehr, mir seinen Papagei vorführen zu können, denn der Papagei konnte viele Stellen der Veden, der Gita, der Upanischaden auswendig hersagen. Ich lachte. Der Pandit sagte: „Was ist? Warum lachen Sie?" Ich sagte: „Ich lache, weil ich keinen Unterschied sehe zwischen dem Vogel und Ihnen. Der Papagei ist ein Gelehrter, und Sie sind ein Papagei." Er hat es mir bis heute nicht verziehen.

Nein, ein Theologe kann niemals sagen: „Ich weiß nicht." Es gehört Mut dazu, so etwas zu sagen. Man braucht richtig Mumm, um „Ich weiß nicht" zu sagen. Man braucht eine gewisse Erkenntnis, um zu sagen, daß man nicht weiß. Und wenn man ein religiöses Leben führt, ist alles schön, ist alles wichtig. Es gibt keine Schubladen, es gibt keine Kategorien. Du kannst nicht sagen, daß das eine wichtiger ist als das andere. Wenn du eine gewisse Religiosität lebst, sind alle Dinge gleich wichtig: Ob *dog* oder *god* – ein Hund ist um kein Haar weniger wichtig als Gott.

Jemand fragte Joshu – einen Zen-Meister, einen ganz einzigartigen Menschen; und der Frager muß ein Skeptiker gewesen sein –, und er fragte: „Joshu, ich habe gehört, du behauptest, Gott sei in allem. Was ist mit einem Hund?" So hat noch niemand geantwortet: Joshu fiel auf alle Viere und fing an zu bellen! Er sagte: „Ich bin ein Hund und auch ein Gott." Wenn ein Joshu bellt, bellt Gott. Dann ist da kein Unterschied, ist nichts klein und ist nichts groß, steckt das Kleinste im Größten und das Größte im Kleinsten. Dann ist das Niederste das Höchste, und das Höchste das Niederste; dann geht das Tal zum Gipfel, und der Gipfel kommt zum Tal. Das ist gemeint, wenn ich sage: „Sex ist Samadhi, und Samadhi ist Sex." Dann gibt es keinen Unterschied zwischen Höher und Nieder. Alles! Zu leben, einfach heute zu leben, ist das Allerwichtigste! Zu lieben und zu rauchen... Etwas so Gewöhnliches – zu rauchen! Aber wenn ein religiöser Mensch raucht, raucht er religiös. Es geht gar nicht anders.

Einmal kam ein Mann zu mir; ich war in Kalkutta. Der Mann war ein Anhänger von Paramhansa Ramakrishna, aber eines machte ihm zu schaffen: Ramakrishna benutzte sehr ordinäre Wörter, etwa „Arschloch" oder dergleichen. Also war er sehr betrübt. Er sagte: „Alles ist in Ordnung, aber Ramakrishna scheint ein bißchen... vulgär zu sein. Was meinen Sie, Sir?" Ich sagte: „Seine Vulgarität ist religiös. Selbst wenn ein Ramakrishna ‚Arschloch' sagt, ist es eine Segnung. Ja, es ist eine Segnung, denn was immer er sagt, wird dadurch geläutert, daß *er* es sagt. Selbst ein vulgäres Wort wird geheiligt; die Berührung durch einen Ramakrishna heiligt es." Also sagte ich ihm: „Machen Sie sich keine Sorgen. Wo immer Ramakrishna seinen Fuß hinsetzt, wird der Boden heilig. Wenn er ins Haus einer Prostituierten geht, wird es ein Tempel." Denn es geht nicht um ein äußeres Haus oder eine äußere Welt, sondern um die Qualität, die du hineinträgst. „Zu rauchen", sagt Sartre, „ist heute das Wichtigste." Ja, auch ich sage, daß Rauchen so schön und so heilig sein kann wie ein religiöser Gesang. Es ist ein Gesang in Rauch. Es kommt auf dich an.

In Zen-Klöstern gibt es immer ein kleines Teehaus, wie ein Tempel. Wenn jemand das Teehaus betritt, muß er sich bewußt sein, daß hier die Göttin des Tees waltet. Die Göttin des Tees – warum also nicht die Göttin des Rauchs? Der Nikotin im Rauch und das Thein im Tee sind so ziemlich dasselbe.

Ich habe soeben Laxmi angewiesen, hier im Aschram einen kleinen

Rauchertempel einzurichten. Aber ihr müßt sehr wach, bewußt und meditativ hingehen! Wenn du meditativ rauchen kannst, ist es wunderbar. Wenn das Rauchen dadurch aufhört, daß du meditativ bist, ist es auch wunderbar. Das Leben ist heilig.
Bringt also keinem Kind das Christentum, den Hinduismus, den Jainismus bei. Gebt ihm höchstens, wenn ihr es liebt, ein Milieu, worin es eine Empfänglichkeit für das entwickeln kann, was Religion wirklich ist; worin nichts *über* Religion ausgesagt wird, sondern das spüren läßt, was Religion in ihrer Essenz, in ihrer reinen Form ist. Bringt ihm nicht bei, wie alle möglichen Blumen *heißen*, sondern macht es einfach empfänglich für deren *Duft* – das ist genug. *Das* ist Taufe.

Die letzte Frage, und die wichtigste – sie ist von Amitabh:

Bla, bla, bla, bla, bla, bla.

Was soll ich da sagen? – Bla, bla, bla, bla, bla, bla.

Kapitel 3

SO WIE ICH EUCH GELIEBT HABE

Johannes 13

2 *Es fand ein Mahl statt...*

5 *Dann goß er Wasser in eine Schüssel und begann, den Jüngern die Füße zu waschen und mit dem Leinentuch abzutrocknen, mit dem er umgürtet war.*

6 *Als er zu Simon Petrus kam, sagte dieser zu ihm: Du, Herr, willst mir die Füße waschen?*

7 *Jesus antwortete ihm: Was ich tue, verstehst du jetzt noch nicht; doch später wirst du es begreifen.*

8 *Petrus entgegnete ihm: Niemals sollst du mir die Füße waschen! Jesus erwiderte ihm: Wenn ich dich nicht wasche, hast du keinen Anteil an mir.*

12 *Als er ihnen die Füße gewaschen, sein Gewand wieder angelegt und Platz genommen hatte, sagte er zu ihnen: Begreift ihr, was ich an euch getan habe?*

13 *Ihr sagt zu mir Meister und Herr, und ihr nennt mich mit Recht so, denn ich bin es.*

14 *Wenn nun ich, der Herr und Meister, euch die Füße gewaschen habe, dann müßt auch ihr einander die Füße waschen.*

15 *Ich habe euch ein Beispiel gegeben, damit auch ihr so handelt, wie ich an euch gehandelt habe.*

21 *Nach diesen Worten war Jesus im innersten erschüttert und bekräftigte: Amen, Amen, das sage ich euch: Einer von euch wird mich verraten.*

27 *...Jesus sagte zu ihm: Was du tun willst, das tu bald!*

28 *Aber keiner der Anwesenden verstand, warum er ihm das sagte.*

31 *Als Judas hinausgegangen war, sagte Jesus: Jetzt ist der Menschensohn verherrlicht, und Gott ist in ihm verherrlicht.*

34 *Ein neues Gebot gebe ich euch: Liebt einander! Wie ich euch geliebt habe, so sollt ihr einander lieben.*

35 *Daran werden alle erkennen, daß ihr meine Jünger seid: wenn ihr einander liebt.*

Der essentielle Kern der Religion ist paradox – Gegensätze treffen sich dort und verlieren ihre Gegensätzlichkeit. Widersprüche ergänzen sich dort plötzlich und verlieren ihre Widersprüchlichkeit. Tag und Nacht sind dort nicht getrennt, so wenig wie Leben und Tod oder das Höhere und das Niedere. Die Erde ist dort der Himmel, und der Himmel ist die Erde. Dem logischen Verstand, dem Verstand als solchem – schließlich ist jeder Verstand logisch –, ist das sehr schwer begreiflich.

Ich möchte ein paar Worte von A.N. Whitehead vorlesen, einem sehr scharfsichtigen Mann: „Religion ist das Sehen von etwas, das sich jenseits, hinter und in dem vergänglichen Strom der unmittelbar greifbaren Dinge befindet; etwas, das real ist, aber erst darauf wartet, realisiert zu werden; etwas, das eine entfernte Möglichkeit ist und zugleich die wichtigste aller konkreten Gegebenheiten; etwas, das allem Vergänglichen Sinn gibt und sich dennoch dem Zugriff entzieht; etwas, das zu besitzen das höchste Gut ausmacht und das dennoch außer Reichweite ist; etwas, das das letztmögliche Ideal ist und zugleich die hoffnungslose Suche."

Whitehead versteht richtig das Paradoxe der Religion, aber er versucht, es durch den Verstand zu sehen, und so kommt er am Ende zu dem Schluß, daß es eine „hoffnungslose Suche" sei; hoffnungslos – denn wie sind die Gegensätze zu vereinbaren? Jean-Paul Sartre sagt, daß Gott unmöglich sei, denn um Gott möglich zu machen, müßten die Gegensätze verschwinden. Tod und Leben müßten eins werden; nur dann könnte Gott existieren. Und wie soll sich der Verstand vorstellen, daß Leben und Tod eins werden, Winter und Sommer eins werden, Anfang und Ende eins werden? Für den Verstand wird die Suche hoffnungslos.

Der moderne Verstand ist grundsätzlich ohne Religion, weil der moderne Verstand die Fähigkeit, die Geschmeidigkeit verloren hat, unlogisch zu sein. Unlogisch sein heißt in der gewöhnlichen Welt wahnsinnig sein; im Religiösen ist unlogisch sein die Methode. Gerade der Wahnsinn ist die Methode, Gott zu erkennen. Wenn du nicht wahnsinnig genug bist, um die Kategorien des Verstandes beiseite zu schieben und unvermittelt hinzuschauen, ohne irgendwelche

Begriffe, die zwischen dich und die Realität treten, dann kannst du höchstens die Materie erkennen, die tote Seite, das Vergangene; du kannst aber nicht das Reale erkennen, das Lebendige, den Gott. Essentielle Religion wird dem Verstand immer ungreifbar erscheinen. Ja, sie sieht aus wie eine Art von Verrücktheit.

Erst vor ein paar Tagen las ich die Bücher von R.C. Zaehner. Dieser Mann hat versucht, Zen zu begreifen – auch Krishnamurti –, aber ohne Erfolg. Und am Ende hat er ein kleines Gedichtchen geschrieben, um sie alle lächerlich zu machen. Dieses kleine Gedicht macht sich nicht nur über Krishnamurti und Zen lustig, sondern macht sich auch über Jesus und Krishna lustig, es macht sich über jede Religion lustig. Das Gedicht von R.C. Zaehner – das er in der Absicht schreibt, euch die irrwitzige Essenz von diesem Zen zu vermitteln – geht so:

Kicher-ti-kich,
du und ich,
ich bin du,
du bist ich.
Leben ist Tod,
tot ist das Leben,
Ich bin mein Mann,
du deine Frau.
Wir keine Gott-Kinder,
sie nicht Gott-Wir,
hei, wie glücklich wir sind,
was soll das Tam-Tam,
Tam-tam-tam-teram,
verdamm, verdamm, verdammteram.
Erfahrung total?
Genau das sind wir, alle, alle.

Er bildet sich ein, sie lächerlich zu machen, dabei macht er sich nur selber lächerlich. Aber was bleibt dem Verstand auch anderes übrig. Jesus sagt ständig: „Ich und mein Vater sind eins." Mit anderen Worten, der Sohn ist der Vater. Das Umgekehrte ist zwar nie gesagt worden, muß aber auch gesagt werden. Nur dann wird die Wahrheit

klar – daß der Vater auch der Sohn ist. Wenn der Sohn der Vater ist, dann ist der Vater auch der Sohn, aber dann wird alles unfaßbar.
An jenem letzten Abend mit seinen Jüngern bringt er dieses Zusammentreffen der Gegensätze, diese Begegnung des Fernen und des Nahen, zum Höhepunkt, zur Klimax. Indem er die Füße seiner Jünger berührt, sagt er, daß der Jünger der Meister und der Meister der Jünger ist. Dies ist ein Zen-Akt. Ohne ein Wort zu sprechen, spricht er die innerste Essenz aller Religionen aus. Er sagt damit: „Ich und du sind nicht zwei." Er sagt damit: „Du bist ich, ich bin du" – jetzt schließt er den Kreis. Daß der Meister die Füße der Jünger berührt, ist etwas sehr Seltenes. Durch diesen symbolischen Akt nimmt Jesus Abschied von seinen Jüngern, zeigt er ihnen den innersten Kern von Religion: wo der Sohn zum Vater wird und der Vater zum Sohn wird, wo die Nacht zum Tage wird und der Tag zur Nacht wird, wo die Gegensätze ineinander tauchen und verschwinden.
Das kann ein R.C. Zaehner nur schwer begreifen. In seinem Buch nennt er Aristoteles mehrfach „unseren Vater Aristoteles". Das muß er auch; Aristoteles muß zwangsläufig sein Vater sein – nicht Gott. Aristoteles ist der logische Verstand. Der innerste Kernpunkt des logischen Verstandes ist, daß Tag und Nacht getrennt sind und sich nie begegnen können. Ost und West sind zweierlei – „Ost ist Ost, West ist West, und nimmer werden sich die zwei begegnen!" sagt Rudyard Kipling. Aber ich sage euch, sie begegnen sich *hier*, sie begegnen sich *überall*. Wo immer Leben existiert, begegnen sich Ost und West; wo immer Leben existiert, begegnen sich Männer und Frauen; wo immer Leben existiert, begegnen sich der Meister und der Jünger; wo immer Leben existiert, begegnen sich die Seele und die Materie. In dir und überall – in einer Blume, in einem Baum, in einem Fels, in einem Menschen – treffen sich die Seele und die Materie. Und trotzdem trennt ihr alles immerzu weiter. Könnt ihr genau den Trennstrich ziehen, wo euer Körper aufhört und euer Geist beginnt, wo euer Geist aufhört und euer Körper beginnt? Sie sind *eins*: Der Körper wäscht die Füße des Geistes, und der Geist wäscht die Füße des Körpers. Es ist ein Kreis.
Jesus sagt vieles, ohne es zu sagen. Er zeigt mehr, als er sagt. Er ist

ein einfacher Mann. Die Zen-Leute können verstehen, was er da tat, die Christen können es nicht verstehen. Sie sagen immerfort: „Vater unser, der du bist im Himmel..." – aber das stimmt überhaupt nicht. „Aristoteles, Vater unser" sollten sie sagen. *Aristoteles* ist ihr Vater: der Verstand, der trennt, der Verstand, der scharf umrissene Unterschiede macht, der Verstand, der kategorisiert, der für alles eine Schublade hat. Eine sehr saubere und korrekte Angelegenheit hat Aristoteles aus dem Leben gemacht! Er hat klassifiziert. Er ist der größte Klassifizierer aller Zeiten. Aber wo immer getrennt wird, fällt etwas, das sich nicht trennen läßt, unter den Tisch. Ihr könnt eine Blume sezieren und ihr könnt herausfinden, woraus sie besteht – die stoffliche Seite –, aber die geistige Seite wird verfliegen. Ihr werdet ihre Schönheit nie zu fassen kriegen. Beim Sezieren wird die Schönheit verschwinden. Ihr könnt einen Mann auf dem Operationstisch sezieren, könnt ihn bis ins kleinste zerlegen, könnt beim Sezieren und beim Analysieren die äußerste Sorgfalt walten lassen, aber was ihr dann in den Händen halten werdet, wird nur Körper sein. Die Seele wird verschwinden, weil die Seele in Wirklichkeit aus einer ganz tiefen Synthese besteht, in der sich die Gegensätze begegnen.
Das Leben ist ein dialektischer Prozeß, wo sich immer wieder Gegensätze begegnen und eine höhere Synthese, eine Symphonie, eine Harmonie herbeiführen. Und das geschieht in jedem Augenblick – der Tag wird jeden Abend zur Nacht, und jeden Morgen wird die Nacht wieder zum Tage. Aber ihr seid blind und könnt es nicht sehen. Überall könnt ihr sehen, wie sich Gegensätze begegnen: In den Bäumen reckt sich die Erde dem Himmel entgegen und berührt ihn, bohrt sich der Himmel jeden Augenblick in die Erde und durchdringt sie. Diese große Liebesgeschichte zwischen Himmel und Erde hört nie auf; sie liegen sich immerzu tief in den Armen, unendlich vereint. Die Trennung ist nur an der Oberfläche.

Jetzt die Sutras:

Es fand ein Mahl statt...

Es ist das letzte Abendmahl mit Jesus, aber nur Jesus weiß, daß es

das letzte ist. Die Jünger haben nicht die geringste Ahnung. Sie können noch nicht einmal spüren, was sich da anbahnt, sie können die Tritte der Zukunft nicht hören. Jesus ist bereits auf dem Weg zu seiner Kreuzigung, Jesus ist schon bereit, schon aufgebrochen. Der Augenblick, der entscheidende Augenblick ist gleich da, kommt jeden Augenblick näher, aber sie wiegen sich sozusagen in seliger Unwissenheit. Vergeßt nicht: Genau so ergeht es jedem. Der Tod kommt immer näher, und ihr wiegt euch in seliger Unwissenheit. Ihr richtet euch ständig so ein, als würdet ihr ewig leben. Euer Kopf plant immer schon für die Zukunft und weiß nicht, daß der Tod sich schon nähert. Der Tod versteckt sich hinter jedem Busch; der Tod kann euch von überall her anspringen.
Wer hätte an jenem Abend der Festlichkeit, jenem letzten Abendmahl mit dem Meister gedacht, daß es das letzte sein würde? Wer hätte gedacht, daß Jesus am nächsten Tag fort sein würde, dieser einmalige Mann nicht mehr da sein würde? Daß diese einmalige Chance vorbei sein würde, Gott auf Erden zu berühren? Daß die Chance vorbei sein würde, einen Blick durch diese Tür zu werfen, einen Blick durch sein Fenster auf das Göttliche zu werfen? Sie aßen und tranken und waren zufrieden. Genau so verstreicht das Leben: mit Essen und Trinken; und jeden Augenblick kommt der Tod näher, aber ihr richtet euch auf das Leben ein, als würdet ihr ewig leben.
Der Mensch, der sich den Tod bewußt macht, wird ein völlig anderer. Dann vertut er nicht laufend seine Zeit damit, sich auf die Zukunft vorzubereiten, sondern fängt an, in der Gegenwart zu leben. Schade, die Jünger wußten von nichts. Später würden sie es bereuen und sich die Augen und Herzen ausweinen. Wieder und wieder würden sie daran zurückdenken müssen, würden sie zurück in die Nostalgie der Vergangenheit wandern: Jesus war so nah, und dennoch verfehlten sie ihn immerzu.

Es fand ein Mahl statt...
Dann goß er Wasser in eine Schüssel und begann, den Jüngern die Füße zu waschen und mit dem Leinentuch abzutrocknen, mit dem er umgürtet war.

Das nenne ich den Zen-Akt. Was ist ein Zen-Akt? – ein Zen-Akt ist ein Akt, mit dem du das sagst, was anders nicht gesagt werden kann. Es gibt Dinge, die gesagt werden können, es gibt Dinge, die nicht gesagt werden können, und es gibt Dinge, die nur ausagiert werden können. Sie lassen sich durch Aktion, durch totales Ausagieren sagen; sie lassen sich einfach nicht anders sagen. Im Zen gibt der Meister immer ein gewisses Denkrätsel auf, auf das der Jünger dann die Antwort finden muß. Man nennt es einen Koan. Der Jünger sucht nun immerzu neue Antworten und kommt ständig, jeden Morgen, zum Meister gelaufen und bringt ihm seine Antwort. Aber der Meister sagt immer nur: „Nein, das ist es nicht." Manchmal kommt es vor, daß der Meister, noch ehe der Jünger den Mund aufgemacht hat, sagt: „Nein, das ist es nicht." Manchmal kommt auch folgendes vor: Der Jünger kommt angerannt, ist noch draußen vor der Tür, und der Meister brüllt schon von drinnen: „Nein, das ist es nicht!" Erst später, wenn der Jünger erleuchtet ist, versteht er, worum es da ging – der Meister hatte ihm eine Aufgabe gestellt, die sich verbal nicht beantworten ließ. Sie läßt sich nur durch Handeln beantworten. Nur Handeln kann die Antwort geben, sonst nichts; denn nur Handeln kann total sein.

Habt ihr je ein kleines Kind bei einem Wutanfall beobachtet? Das ist totales Handeln; die Wut ist nicht nur im Kopf. Jede Faser seines Leibes zittert vor Wut – bereit zu explodieren, rot im Gesicht, so als könnte es die ganze Welt zerstören... so winzig, und doch so voller Atomenergie! Beobachtet ein Kind in Wut, dann seht ihr, was totales Handeln ist. Oder beobachtet einen Liebhaber, völlig weggetreten vor Verliebtheit: Sein Denken steht still. Einfach nur dadurch, daß er die Hand seiner Geliebten hält, sagt er etwas, das sich nicht sagen läßt. Die bloße Berührung zeigt etwas – etwas, das jenseits der Worte ist –, und ist ein totaler Akt. Aus Wut, aus Liebe, aus Trauer, aus Seligkeit kann es sein, daß das Handeln total wird. Im Tanzen – wenn der Tänzer verschwindet und nur noch der Tanz zurückbleibt – wird das Handeln total. Und ein totales Handeln ist schön, weil ein totales Handeln nicht mehr von *dir* kommt. *Im selben Moment*, da du total bist, strömt Gott durch dich.

An jenem Tag, dem letzten Tag, den Jesus bei seinen Jüngern war, vollzog er einen Zen-Akt: Er wusch seinen Jüngern die Füße, er berührte seinen Jüngern in tiefer Ehrfurcht die Füße. Jünger berühren die Füße des Meisters, aber nie kann ihre Ehrfurcht total sein. Für die meisten ist es nur ein Manierismus, den man befolgen muß. Es ist eine Art Pflicht; sie tun es ohne Bewußtsein. Was sich gehört, das muß man tun, aber sie selber sind *da*. Wenn sie sich verbeugen, verbeugt sich nichts in ihrem Innern, nur der Körper. Es ist eine tote Geste. Für ein paar andere mag sie weniger tot sein. Vielleicht flackert ein wenig Leben in ihr, aber es ist keine Flamme der Totalität.

Die Jünger müssen dem Meister viele Male, tausendmal die Füße berührt haben. Diesmal aber war es der Meister, der den Jüngern die Füße berührte – um ihnen zu zeigen, was Ehrfurcht ist, in aller Totalität. Das war ein Moment, wo niemand *da* war, der sich niederbeugte und wusch. Es war wohl ein Niederbeugen da, es war ein Waschen da, aber sonst war niemand da – denn wann immer du total bist, verschwindet das Ego. Das Ego existiert nur, solange du halb bist.

Wenn du es irgendwann, irgendwo einmal erlebt hast... Und ich sehe, *jeder* hat es irgendwann, irgendwo einmal erlebt. Aber weil es nicht in deinen Lebensstil paßt, hast du es vergessen; weil es dir nicht in den Kram paßt, achtest du nicht weiter darauf; und weil es nicht paßt, vergißt du es nach und nach, wirfst du's ins Unbewußte, in den Gedankenkeller. Ansonsten ist es jedem schon mal passiert, unwissentlich, unbemerkt. Manchmal... du schwimmst einfach nur, und plötzlich wirst du von einer unbekannten Seligkeit erfüllt. Sie kommt nur, wenn das Schwimmen total wird. Wenn der Schwimmer verschwindet, dann verschwindet die Ursache allen Leidens, und plötzlich ist Gott da.

Wann immer du total bist, ist Gott da. Wann immer du gespalten bist, ist Gott nicht zu sprechen. Laßt es mich einmal so sagen: Deine Totalität ist Gott. Gott ist keine Person, sondern eine Erfahrung. Es ist nichts, was irgendwo auf dich wartet – du mußt es in dir erzeugen. Gott ist nicht wie ein Ding, wie ein Stein, den du eines Tages findest und mit nach Hause nimmst – nein. Gott ist eine innere Harmonie: Du mußt sie erzeugen, um sie zu finden. Es ist keine Suche nach einem toten Objekt. Es ist Kreativität, es ist ungeheure Kreativität; und es gibt keine höhere Kreativität als diese. Ein Maler malt ein Bild, ein Sänger singt ein Lied, ein Bildhauer formt eine Gestalt, ein religiöser Sucher erschafft Gott! Und es gibt nur einen Weg, Gott zu erschaffen: total zu werden, so daß dein Tun ganz wird.

Jesus zeigte es ihnen; das war sein Lebewohl. Er hätte ihnen kein größeres Geschenk machen können. Er zeigte ihnen, was Ehrfurcht ist, was Liebe ist, wie man sich total hingeben kann. Sie meinten, sich total hingegeben zu haben, aber die Hingabe eines Jüngers ist die Hingabe eines Jüngers. Ein Jünger ist gespalten, er ist ein Mob; nur ein Teil von ihm gibt sich hin. Dieser Teil mag noch nicht einmal die Mehrheit sein, und die vielen anderen Teile leisten weiterhin Widerstand. Er gibt sich nur widerstrebend hin. Der eine Teil zerrt immer vom Meister weg, will sich verziehen, ein anderer Teil sagt immerzu „nein". Der eine Teil sagt „ja", der andere Teil sagt „nein". Der Jünger ist immer ein „Ja plus Nein". Als Jesus ihnen die Füße berührte, war nur das Ja da. Er machte ihnen das größte Geschenk, das er machen konnte – das Geschenk der Ehrfurcht.

Ich habe einmal von einer Frage gehört, die man dem Rabbi Joshua Ben Karha gestellt hatte: „Warum sprach der Große Geheiligte, gesegnet sei er, auf dem Berge Horeb ausgerechnet aus einem Dornbusch zu Moses?" Gute Frage: Warum mußte Gott ausgerechnet aus einem Dornengestrüpp zu Moses sprechen? Konnte er keine bessere Stelle finden? – ein Dornbusch?! Hätte er nicht wenigstens einen Rosenbusch finden können. Warum mußte es ausgerechnet ein Dornbusch sein? Die Frage ist seit Jahrhunderten gestellt worden, aber niemand hat eine so schöne Antwort darauf gegeben wie Rabbi Joshua. Rabbi Joshua antwortete: „Um uns zu lehren, daß es keinen Flecken auf dieser Erde gibt, der frei ist von der Präsenz Gottes. Gott ist überall, sogar im Niedrigsten, sogar in einem Dornbusch. Die ganze Erde ist heilig."

Warum hat Jesus ihnen die Füße berührt? Er hätte sie auch am Kopf berühren können – warum also die Füße? Füße sind Symbol des Niedrigen. Sie sind der unterste Teil deines Körpers. Jesus berührte ihnen die Füße, um ihnen zu zeigen, daß Gott auch dort ist; selbst in einem Dornbusch, im Niedrigsten, in der *untersten* Tiefe ist Gott anwesend, denn Gott ist überall. Im dunkelsten Tal ist er anwesend. Er ist nicht nur auf den Gipfeln, denkt daran; in den Tälern ist er ebenso. Er ist nicht nur in den Heiligen, auch in den Sündern ist er. Wenn du deine Ehrfurcht bezeugen willst, dann frag nicht viel, wem du sie bezeugen sollst, denn Er ist überall. Du kannst einem Sünder die Füße berühren, und du hast Seine Füße berührt – weil es keine anderen Füße gibt. Alle Füße, *alle* Füße sind Seine. Jesus berührte die Füße der Jünger, um ihnen zu zeigen, daß es nichts Niedriges gibt. Alles ist hoch, alles ist unübertroffen großartig, und alles ist heilig. Wo immer du hintrittst – du trittst auf Gott. Was immer du tust – du tust es Gott an. Wem immer du deine Achtung bezeugst, über wen immer du dich erbost – du tust es Gott an.

Dann goß er Wasser in eine Schüssel und begann, den Jüngern die Füße zu waschen...

Die Füße symbolisieren die Erde, sie berühren die Erde; der Kopf symbolisiert den Himmel, er berührt den Himmel. Der Kopf und die Füße – das Höchste und das Niederste, das Obere und das Untere – sind gleich, denn nur Eines fließt. Du bist ebenso sehr in deinen Füßen wie in deinem Kopf. Vergiß die Erde nicht. Du bist darin verwurzelt. Denke daran. Jesus berührte ihre Füße, wusch diese Füße.

Als er zu Simon Petrus kam, sagte dieser zu ihm: Du, Herr, willst mir die Füße waschen?

Es wirkt unangemessen: „Du willst mir die Füße waschen, Herr? Es wäre okay, wenn ich dir deine waschen würde; du bist der Herr, unser Meister." Eine Frage stellt sich im Kopf des Jüngers Simon Petrus – eines Mannes, der liebt, eines Mannes, der ein wenig mehr Vertrauen hat als die anderen; aber selbst ihm kommt eine Frage, eine einfache Frage: „Ist es recht, daß der Meister *mir* die Füße berührt?" Die anderen sagten überhaupt nichts. Sie mögen nicht einmal die ganze Bedeutung erfaßt haben, es kam alles so schnell.

Es mag ihnen sogar völlig entgangen sein. Sie waren vielleicht ganz woanders, sie waren vielleicht gar nicht in der Lage zu begreifen, was da vor sich ging. Nur Simon Petrus, der Mann, den Jesus zum Fels seiner Kirche machen sollte, stellte die Frage: „Was wäschst du mir die Füße!“ Er hatte Jesus geliebt, er hatte ihn verehrt, aber sein Vertrauen war noch nicht total. „Du Kleingläubiger“ hatte ihn Jesus einmal genannt. Er hatte Vertrauen, aber ganz wenig. Wäre das Vertrauen total gewesen, dann wäre der Jünger nicht mehr vom Meister zu unterscheiden gewesen.
Im Zen gibt es Geschichten, wie manchmal der Jünger den Meister schlug und wie der Meister dann lachte. Das sind Geschichten von großer Liebe, das sind Geschichten von großem Mut und Vertrauen. Sie zeigen, daß da jetzt kein Unterschied mehr ist; jetzt weiß niemand mehr, wer wer ist. Der Meister ist die Abwesenheit des Egos, und wenn auch das Ego des Jüngers abhanden kommt, kann es nicht zwei Abwesenheiten geben.
Ein Beispiel: In deinem Zimmer stehen zwei Stühle; zwei Stühle sind anwesend, zwei Anwesenheiten. Jetzt nimm die zwei Stühle weg – kannst du jetzt sagen, daß zwei Abwesenheiten da seien, weil es zwei Stühle waren, die weggenommen wurden? Nein, es ist nur *eine* Abwesenheit da – einfach Abwesenheit. Du kannst tausend Stühle wegnehmen, aber die Abwesenheit wird nicht die Abwesenheit von tausend Stühlen sein, es wird einfach Abwesenheit sein. Ein Meister ist eine Abwesenheit, eine Leere; es ist kein Ego darin. Nur von der Seite des Jüngers scheinen sie zwei zu sein. Von der Seite des Meisters kann – da er selbst nicht da ist – der andere auch nicht da sein. Wenn das „Ich“ verschwindet, verschwindet auch das „Du“.
Petrus liebte ihn, verehrte ihn, aber seine Liebe war noch nicht total. Er war dort immer noch anwesend. Der Jünger war noch nicht verschwunden. Der Jünger fragte: „Warum? – *Du*, und meine Füße berühren?“ Es sah unangemessen aus. Vergeßt nicht: Wo Liebe ist, gibt es nichts Angemessenes und nichts Unangemessenes. Wo Liebe ist, lösen sich alle Unterschiede auf.
Erst neulich hat jemand gefragt: „Kann ein Erleuchteter einen Unerleuchteten lieben?“ Er hat eine sehr triftige Frage gestellt. Er sagte,

von Ramakrishna erzähle man, er habe bittere Tränen um Vivekananda vergossen. Manchmal sei Vivekananda tagelang nicht zu Besuch erschienen, also habe er sich auf den Weg gemacht und versucht, ihn irgendwo zu finden. „Kann es denn sein", wollte der Frager wissen, „daß ein Mann wie Ramakrishna vor lauter Liebe – so großer Liebe, daß er bittere Tränen vergoß, wenn Vivekananda ihn nicht besuchen kam – nach ihm suchte oder überglücklich war, wenn Vivekananda zu ihm kam?"

Der Frager wollte wissen: „Osho, weinst du um andere?" Ich habe so viele Vivekanandas, daß ich zu nichts anderem mehr käme, wenn ich anfangen würde zu weinen. Das ist mein Problem. Ich darf keine Tränen vergießen; aber trotzdem vergieße ich bittere Tränen um euch, weil ihr für mich erst nur die Potentiale ungeheurer Möglichkeiten seid – Saatkörner. Ja, Ramakrishna liebte zutiefst. Und ich sage euch, nur ein Ramakrishna kann zutiefst lieben, *nur* ein Ramakrishna! Der unerleuchtete Mensch kann nur so tun, als würde er lieben, kann nur sich selber und anderen vormachen, daß er liebt, aber *lieben* kann er nicht. Liebe ist die Eigenschaft der Erleuchtung. Sie ist das Licht, das aus jener inneren Leuchte kommt, jener inneren Lampe der Erleuchtung. Brennt diese Flamme im Innern, dann strömt das Licht nach außen. Und wo immer es hinfällt, ist es Liebe. Jesus liebte diese Jünger. Zu sagen, daß Jesus liebte oder daß Ramakrishna liebte, ist eigentlich nicht der richtige Ausdruck, denn Jesus *ist gar nicht da*, Ramakrishna *ist gar nicht da* – nur Liebe ist da. Als Jesus die Füße seiner Jünger berührte, war es die Liebe, die ihre Füße berührte. Ramakrishna lief überall hin und suchte nach Vivekananda, und doch lief Ramakrishna nirgends hin. Es gab ihn nicht mehr; wo sollte er hinlaufen? wie sollte er laufen? wer sollte laufen? – die Liebe lief und war auf der Suche. Als Ramakrishna weinte und die Tränen flossen, war es die Liebe, die weinte. Selbst Vivekananda wurde jedesmal verlegen, wenn Ramakrishna aufstand und zu tanzen begann, wenn er zu ihm kam oder wenn er ihm dann um den Hals fiel. Selbst er wurde immer verlegen dabei. Irgendwie wirkte es ein wenig befremdlich, exzentrisch.

Und dieser alte Mann schien verrückt. Wären Psychotherapeuten dabei gewesen, hätten sie vielleicht Verdacht auf Homosexualität geschöpft. Denn die Psychoanalyse bestimmt die Blüte immer nach dem Dünger – was Wunder, daß dann sogar die Blüte zu stinken beginnt; jetzt riecht sie nach Dünger. Aber wenn ihr mit solchen Fragen zu mir kommt, bestimme ich den Dünger nach der Blüte. Dann bekommt sogar der Dünger einen gewissen Duft. Jesus berührte die Füße nicht des Düngers, sondern der Blüte – ihres Potentials.

Ramakrishna suchte überall. Für gewöhnliche Leute war Vivekananda ganz gewöhnlich, aber nicht für Ramakrishna: Dort bereitete sich etwas Außerordentliches vor, und es brauchte Hege und Pflege, es brauchte Behutsamkeit, es brauchte Liebe, damit es aufplatzen und ins Dasein kommen konnte.

Jesus berührte die Füße jener Jünger in tiefer Ehrfurcht, in großer Hoffnung. Er berührte ihnen die Füße, um ihnen damit zu zeigen: „Ihr seid nicht das, wofür ihr euch haltet. Ihr seid das, wonach ihr sucht; ihr seid – mein Gott." Sie waren bloße Saatkörner, aber Jesus konnte die Blüte erkennen. Er berührte ihnen die Füße, weil die Blüte möglich war – eines Tages würden sie aufplatzen und wunderschöne Blumen werden, würden sie aufblühen. Er liebte sie dafür, ehrte sie dafür. Für ihn war das alles schon Gegenwart. Sie wußten es nicht, sie ahnten es nicht, sie schliefen fest. Das Saatkorn ist nichts weiter als eine Blüte – im Tiefschlaf schnarchend. Und was ist eine Blüte? – ein Saatkorn, das sich selbst entdeckt hat, ein Saatkorn, das zu sich selbst gefunden hat. Das, und nichts anderes, ist eine Blüte. Selbst ein Unkraut ist kein Unkraut; ein Unkraut ist jemand, der auf dem Wege ist, sich selbst zu entdecken. Selbst ein Unkraut hat enorme Möglichkeiten. Ihr wißt es vielleicht nicht, aber selbst Weizen hielt man einst für Unkraut – sogar Weizen! Die Menschheit kam erst nach und nach dahinter, daß es ein Nahrungsmittel war. Heute könnt ihr euch Weizen nicht als Unkraut vorstellen. Und wenn ihr im Garten irgendwelches Unkraut findet, dann wißt es stets zu ehren! – wer weiß? Es ist auf dem Wege; eines Tages werden seine Fähigkeiten und Möglichkeiten zutage treten.

Sie sind gewöhnliches Unkraut, diese Jünger, ganz gewöhnliche

Menschen, aber nicht für Jesus. Jesus konnte in ihre Zukunft sehen. Ihre Zukunft war für Jesus Gegenwart, und er berührte die Füße jener Zukunft. Selbst ein Mann wie Petrus konnte nicht daran glauben, konnte nicht das Angemessene daran erkennen. Aber in der Liebe gibt es nichts Angemessenes und Unangemessenes. In der Liebe gewinnt alles einen völlig neuen Geschmack. Dort ist alles heilig.

Als er zu Simon Petrus kam, sagte dieser zu ihm: Du, Herr, willst mir die Füße waschen?
Jesus antwortete ihm: Was ich tue, verstehst du jetzt noch nicht; doch später wirst du es begreifen.

Mag sein, daß es viele Leben dauern wird, bis er erkennt, was Jesus an jenem Tag tat. Aber er wird es erst später erkennen können, denn man müßte in seiner Totalität hier und jetzt anwesend sein, um es auf Anhieb zu erkennen. Nur wäre dann etwas völlig anderes passiert. Dann hätte sich Petrus nicht ein wenig unwohl dabei gefühlt. Er hätte vielleicht gelacht, er hätte vielleicht sogar Jesus gesegnet.
Genau das hätte zum Beispiel Mahakashyap getan, wenn Buddha ihm die Füße berührt hätte: Er hätte aufgelacht, gelächelt, und ihn gesegnet. Dieser kleine Scherz – ein Mahakashyap legt einem Buddha die Hand auf und segnet ihn! – hätte durch die ganze Menschheitsgeschichte widergehallt. Genau das hat er ja tatsächlich getan, als er lachte. Sein Lächeln war eine Segnung, die von Seiten des Jüngers ausging. Aber das ist nur möglich, wenn der Jünger nicht da ist. Alles ist nur möglich, wenn du nicht da bist.
Aber Petrus war da. Er war ein kleinmütiger Mann.

Was ich tue, verstehst du jetzt noch nicht; doch später wirst du es begreifen.

Petrus vertraute; er wendet danach nichts darauf ein. Wenn Jesus sagt „später wirst du es begreifen“, dann glaubt er ihm das – daß er begreifen wird.

Petrus entgegnete ihm: Niemals sollst du mir die Füße waschen! Jesus erwiderte ihm: Wenn ich dich nicht wasche, hast du keinen Anteil an mir.

Die Seite, die an Jesus glaubt, ist nicht die einzige Seite in Petrus; es gibt daneben noch viele andere Seiten. Was er jetzt fragt, kommt nicht von der Seite, die Jesus liebt und vertraut. Die erste Frage kam von der Seite, die Vertrauen hatte; es war eine einfache Frage. Wie ich auf diesen Unterschied komme? – versucht mir einmal genau zu folgen:
Erst sagte Petrus zu ihm: *Du, Herr, willst mir die Füße waschen?* – das war eine einfache Frage, es steckte kein Nein darin. Es war zwar kein Ja, aber auch kein Nein. Es war eine einfache Verwunderung: *Du, Herr, willst mir die Füße waschen?* Es sah so unangemessen aus. Als Jesus sagte: *Was ich tue, verstehst du jetzt noch nicht; doch später wirst du es begreifen*, wurde die Seite, die glaubte und vertraute, still.
Die zweite Frage von Petrus dann kam nicht vom selben Petrus. Nun sagte er: *Niemals sollst du mir die Füße waschen!* Jetzt ist es eine eindeutige Aussage, jetzt ist es ein eindeutiges Nein. Da ist kein Zögern mehr; es ist keine verwunderte Frage mehr, sondern eine Aussage. Hier spricht eine andere Seite von Petrus, die sagt: *Niemals sollst du mir die Füße waschen! Jesus erwiderte ihm: Wenn ich dich nicht wasche, hast du keinen Anteil an mir* – „also entscheide dich. Wenn ich dir nicht die Füße wasche und du mich nicht läßt, dann hast du nichts mit mir gemein, bist du nicht Teil von mir."
Warum? Etwas ganz Tiefes gilt es hier zu verstehen, nämlich daß alles, was ihr im Leben Gegensätze nennt, nicht so gegensätzlich ist, wie es scheint. Du liebst einen Menschen, und du haßt ihn zugleich. Wenn du jemanden haßt, liebst du ihn trotzdem weiter, bleibst du gespalten. Ein Mensch, der den Reichtum liebt, hat ihn eines Tages satt, und dann entsagt er, dann flieht er in die Berge. Wenn man ihm dann irgendwelche Schätze bringt, wird er sie nicht ansehen. Er ist nicht etwa gleichgültig – er ist vom Ja zum Nein übergegangen. Er ist jetzt ins andere Extrem gegangen, aber er bleibt der gleiche

Mensch. Einst konnte er nicht genug haben, jetzt hat er dem Reichtum entsagt, ihn verworfen, hat aber immer noch eine Beziehung zu ihm. Die Beziehung hält an.

Zum Beispiel: Ein Jünger erlaubt dem Meister nicht, ihm die Füße zu berühren. Warum? – es liegt am Ego. Das zu verstehen wird euch sehr, sehr schwer fallen, denn ihr werdet sagen, daß sich das Ego doch eigentlich freuen sollte, wenn der Meister die Füße berührt. Ja, es gibt zwar Leute, die auch diese Art von Ego haben – wir werden ihnen noch begegnen; aber auch das hier ist Ego, daß Petrus sagt: „Nein, das laß ich nicht zu, daß du mir die Füße berührst. Wie kann ich dir das gestatten? Ich bin dein größter Jünger! Wie kann ich zulassen, daß du mir die Füße berührst?" – nichts als Ego: „Ich bin ein demütiger Mensch, der demütigste überhaupt, wie kann ich dir also erlauben, mir die Füße zu berühren?" Im tiefsten Herzen befürchtet Petrus, eine Ecke seines Wesens würde sich insgeheim sehr darüber freuen, sehr zufrieden darüber sein, wenn ihm Jesus die Füße berührt. Das macht ihm Angst. Er kann da nicht gleichgültig zusehen.

Seht ihr? Wenn du nicht einmal deinem Meister erlauben kannst, daß er dir die Füße berührt, was wirst du ihm dann erlauben? Petrus würde sagen: „Ich bin bereit, für dich zu sterben. Du kannst mich töten, wenn du willst, aber ich werde dir nicht erlauben, mir die Füße zu berühren." Aber des Pudels Kern ist der, daß er nein zum Meister sagt. Du magst dich sogar zum Sterben bereit fühlen, denn im Sterben wird dein Ego äußerst erfüllt sein: „Ich bin Märtyrer geworden." Der Verstand ist sehr schlau, aber da ist noch immer das gleiche Ego, der gleiche Verstand am Werk.

Erst vor ein paar Tagen las ich:

Ein römisch-katholischer Priester und ein Gottesmann der Anglikanischen Kirche stritten sich um Religion, wie es Priester und Gottesmänner eben seit jeher tun. Sie haben noch nie etwas anderes getan – Streiten ist ihr ganzes Leben! Der katholische Priester und der Anglikaner stritten sich also um Religionsfragen, und beide wurden dabei ziemlich hitzig. Da sagte der Priester, der katholische Priester: „Wir dürfen uns nicht streiten. Wir tun doch alle beide Gottes Arbeit

– Sie auf Ihre Weise, und ich auf seine." Das Ego ist *sehr* raffiniert. Es gibt bei Paulus einen bestimmten Satz; hört ihn euch ganz genau an, er ist sehr gefährlich: „Wenn dein Feind hungrig ist, gib ihm zu essen; wenn er durstig ist, gib ihm zu trinken, denn wenn du dies tust, häufst du glühende Kohlen auf sein Haupt."
Der Verstand ist so hinterlistig! Die erste Hälfte ist von Jesus, aber die zweite Hälfte?! Dieser Satz stammt von Paulus, diese zweite Hälfte kommt von ihm. Jesus sagt: „Vergib deinen Feinden. Liebe deine Feinde." Aber glaubt man Paulus, dann ist das nur ein Trick, eine Strategie: „Indem du das tust, *häufst du glühende Kohlen auf sein Haupt*. Tu's also! Damit vernichtest du deinen Feind umso besser! Er wird in der Hölle sein und du im Himmel – weil du ihm vergeben hast! Als ihn hungerte, gabst du ihm zu essen, als ihn dürstete, gabst du ihm zu trinken. Jetzt gibst du ihm einen Schubs in Richtung Hölle. Du wirst immer heiliger, und der Abstand wird immer größer, und du kannst auf ihn herabsehen, als wäre er ein Wurm."
Seht euch die Tricks des Verstandes an! Selbst wenn du Gutes tust, mögen deine Gründe durchaus nicht gut sein. Du magst dem Nächsten dienen, und deine Gründe mögen durchaus nicht gut sein. Von der Seite des Jüngers sieht es völlig in Ordnung aus, zu sagen: „Ich erlaube dir nicht, meine Füße zu berühren." Er meint, so gehöre es sich – „Warum und wie soll ich meinem Meister erlauben, mir die Füße zu berühren? Ein so großer Mann!" Aber damit verschließt du dich deinem Meister; damit sagst du nein.
Ein Jünger ist ein totales Ja – sollte es sein. Er sagt: „Was richtig ist, das weißt du besser. Du weißt es besser. Wenn das das Richtige ist, dann tu's, und ich bin bereit, an allem teilzunehmen, woran du willst, daß ich teilnehme. Wo immer du mich hinführst, da werde ich mit dir gehen, denn ich existiere nicht mehr. Ich habe mich hingegeben."
Er sagte: *Niemals sollst du mir die Füße waschen! Jesus erwiderte ihm: Wenn ich dich nicht wasche, hast du keinen Anteil an mir* – „dann vergiß deine ganze Jüngerschaft, vergiß deine ganze Liebe zu mir. Dann bist du nicht mehr mit mir." Jesus kann das Ego erkennen

– das Ego des Selbstgerechten, das Ego des Puritaners, das Ego des Frommen, das Ego des Heiligen. Aber das Ego, egal ob das eines Heiligen oder eines Sünders, ist das Ego.
Ich bin auf folgenden Satz von Richard Nixon gestoßen: „Gewalt hat in Amerika nichts zu suchen; jeder, der Gewalt predigt, gehört erschossen wie ein Hund!" Hütet euch vor der Gerissenheit des Verstandes. Das hat es auf der Erde millionenfach gegeben: daß Menschen einander um der Liebe willen töten. Völker haben Länder zerstört, weil sie diesen Ländern helfen wollten, religiös zu werden. Tausende hat man zu ihrem eigenem Besten umgebracht.
Merkt euch: Man muß die wahren Motive sehen, tief drinnen, und sie ans Licht bringen. Manchmal bist du demütig, aber das Motiv ist das Ego; manchmal bist du nur deshalb einfach, weil du sehr kompliziert bist; manchmal entsagst du der Welt, weil du zu sehr an ihr hängst; manchmal spendest du Geld, weil du habgierig bist, und manchmal siehst du sehr mutig aus, weil tief drinnen der Feigling steckt. Schau hin! Der Mensch kann sich und andere immerzu weiter täuschen, indem er posiert und so tut, als wäre er etwas, was er nicht ist. Genau darum ist Jesus so hart. Er sagt: *Wenn ich dich nicht wasche, hast du keinen Anteil an mir.*

Als er ihnen die Füße gewaschen, sein Gewand wieder angelegt und Platz genommen hatte, sagte er zu ihnen: Begreift ihr, was ich an euch getan habe?

Jesus hat ihre Füße gewaschen. Es ist ein Austausch von Energie, es ist eine tiefe Kommunion von Energie. Er fragte: *Begreift ihr, was ich an euch getan habe?* – und sie hatten es nicht gemerkt. Selbst wenn Gott käme und euch die Füße berührte, ihr würdet es wohl nicht bemerken, weil es nicht von Gott abhängt, sondern von eurer Empfänglichkeit.
Je tiefer deine Empfänglichkeit, desto mehr bemerkst du, was vor sich geht. Erst wenn deine Empfänglichkeit so tief ist, daß sie den eigentlichen Kern deines Wesens berührt, wird die Berührung Gottes spürbar. Das wird dann eine gewaltige Überschüttung mit Energie sein. Als Jesus ihnen die Füße berührte... Wären sie bewußt

gewesen, dann hätten sie genau dasselbe gespürt, was die Hindus das „Aufsteigen der Kundalini" nennen. Wären sie bewußt gewesen, hätten sie ein gewaltiges Aufsteigen, eine Flut von Energie erlebt; Jesus tat nichts anderes, als daß er sie überflutete. Das geht auf zweierlei Weise: Im einen Fall berührt der Meister dich am Kopf und holt deine Energie nach oben – aber das ist nicht ganz leicht. Wenn er dich dagegen an den Füßen berührt, zwingt er die Energie aufzusteigen, was leichter ist. Jesus hatte sie all die Jahre, die sie bei ihm gewesen waren, am Kopf berührt. Jetzt berührte er ihre Füße. Er wollte ihnen vom anderen Ende her einen Impuls geben, ehe er ging. Er wollte, daß sie sich ihrer eigenen Energie bewußt würden, ehe er ging, denn bald war er fort, und sie würden im Dunkeln sitzen. Ihre eigene Flamme war noch nicht entzündet. Er versuchte, die Energie mit Macht von unten nach oben zu bringen und fragte dann: *Begreift ihr, was ich an euch getan habe?* Aber sie wußten es nicht. Sie dachten nur nach. Ein paar von ihnen, die eine gewisse Liebe zu ihm hatten, müssen verlegen gewesen sein, aber weil sie verlegen wurden, verpaßten sie die Chance. Wer nur gleichgültig war, wer weder liebte noch haßte, mag sich die ganze Szene wie ein Zaungast, ein Zuschauer angesehen haben, ohne innere Beteiligung. Einer aber, der ihn nicht liebte, sondern haßte – Judas –, muß sehr zufrieden gewesen sein, daß nun endlich das Richtige geschah.
Judas war der einzige gebildete, kultivierte Jünger von Jesus, und er verriet ihn. Es ist ein Symbol dafür, daß der Intellekt abfallen mußte, daß ihn der Intellekt verraten würde. Er war der Intellekt dieser Jüngerschar. Er war der Gelehrteste, der Vornehmste, der Gebildetste, der logisch und gedanklich Artikulierteste. Aber wenn du allzu klug wirst, dann wird ausgerechnet deine Klugheit wie ein Dunstschleier.
Ein großer deutscher Philosoph, Hegel, hat gesagt, Gott sei listig. Wenn du selber listig bist, schaut selbst Gott listig aus – denn du kannst dich immer nur selbst gespiegelt sehen.

Begreift ihr, was ich an euch getan habe?
Ihr sagt zu mir Meister und Herr, und ihr nennt mich mit Recht so, denn ich bin es.

Wenn nun ich, der Herr und Meister, euch die Füße gewaschen habe, dann müßt auch ihr einander die Füße waschen.
Ich habe euch ein Beispiel gegeben, damit auch ihr so handelt, wie ich an euch gehandelt habe.

Dies ist, was gesagt werden kann, was verständlich ist. Nur eines versucht Jesus nicht zu erklären. *Das* ist nicht erklärbar: Der Energieschub, den er gab, das Erwecken der Energie – das läßt sich nicht sagen. Das wurde von einigen gespürt, das mag anderen entgangen sein. Jetzt sagt er das, was sich sagen läßt.

Ihr sagt zu mir Meister und Herr, und ihr nennt mich mit Recht so, denn ich bin es.
Wenn nun ich, der Herr und Meister, euch die Füße gewaschen habe, dann müßt auch ihr einander die Füße waschen.
Ich habe euch ein Beispiel gegeben, damit auch ihr so handelt, wie ich an euch gehandelt habe.

Er trägt ihnen auf, einander mit Ehrfurcht zu begegnen, und das ist für Jünger sehr schwierig. Sie konkurrieren. Und ein Meister weiß, daß im gleichen Augenblick, da er verschwindet, die Religion vergessen sein und die Politik Einzug halten wird. Denn Jünger sind Politiker. In der Präsenz des Meisters vergessen sie vielleicht ihre Politik, aber wenn der Meister erst einmal fort ist, ist der Meister aus dem Sinn, früher oder später. Sie werden anfangen zu kämpfen, wer der Anführer ist, wer der größte Jünger ist, wer der Nachfolger ist.
Keinem – keinem Meister – bleibt diese häßliche Sache mit seinen Jüngern erspart. So war es mit Mahavirs Jüngern, so war es mit Buddhas Jüngern. Aber mit den Jüngern von Jesus war es nicht sofort so. Der Grund ist, daß er ihre Füße berührte. Es war später auch bei ihnen so, weil die Jünger nicht auf ihn hörten; dieses Beispiel geriet in Vergessenheit. Als Jesus ihre Füße berührte, sagte er damit: „Hört nie auf, einander die Füße zu berühren – achtet einander und behandelt auch eure eigenen Jünger so. Früher oder später werdet ihr zu Meistern werden, und ihr werdet Jünger haben – berührt ihre Füße. Laßt es zu einer Tradition werden; keine tote,

sondern sorgt dafür, daß es ein lebendiger Strom der Ehrfurcht bleibt." Die Jünger stritten nicht miteinander, weil Jesus ihre Füße berührte. Aber später – der Verstand setzt wieder Staub an und man vergißt –, da spaltete sich die Christenheit.

Heute hat die Christenheit tausendundeine Splittergruppe, alle möglichen Sekten, aus geringsten und albernsten Anlässen, die nichts bedeuten. Um winzige Dinge streiten sie sich endlos, stiften neue Kirchen und neue Bekenntnisse, und wenn man tiefer blickt, kann man keinen triftigen Grund erkennen. Ihre Differenzen sind einfach töricht. Ihre Streitigkeiten drehen sich um völlig unsinnige Dinge.

Im Mittelalter trugen die Theo-Logiker einen großen Streit aus, und der Streitpunkt war: Wie viele Engel können auf einer Nadelspitze stehen? Wie viele genau? – solche Sachen! Ihr könnt euch irgendeinen Streitpunkt aussuchen, und dann könnt ihr immerfort streiten. Die ganze Sache scheint die zu sein, daß das Ego immer auf der Suche nach Streit ist, denn nur wenn du streitest, existiert es. Wenn du liebst, wenn du achtest, kann es nicht existieren.

Jesus sagte ihnen durch sein Beispiel: „Bezieht euch nicht durch das Ego aufeinander; bezieht euch aufeinander durch Liebe, Achtung, Demut, denn bald werde ich fort sein, und dann werdet ihr niemand mehr haben, der euch helfen kann, aus euren Egos herauszukommen. Dann werdet ihr euch selbst überlassen sein. Hiermit werdet ihr euch an etwas halten können, was euch helfen wird, nicht dem Ego zum Opfer zu fallen. Berührt also auch in Zukunft einander die Füße, und haltet es auch mit euren eigenen Jüngern so.

Nach diesen Worten war Jesus im innersten erschüttert und bekräftigte: Amen, Amen, das sage ich euch: Einer von euch wird mich verraten.

Zum ersten Mal wurde ihm klar, wer genau ihn verraten würde. Indem er ihnen die Füße berührte, spürte er die Energie – und nur Judas freute sich, daß er ihm die Füße berührt hatte! Tatsächlich hatte Judas schon viel zu lange darauf warten müssen. Er hatte bis heute warten müssen; er hatte Jesus niemals höher gestellt als sich selbst. Tief drinnen war er überzeugt, ein größerer Philosoph, ein größerer Denker zu sein. Tief drinnen dachte er stets, einen größeren Tiefblick zu haben als Jesus. Viele Male hatte er es zu beweisen versucht, viele Male hatte er Jesus auf Fehler hingewiesen und gesagt: „Das hast du falsch gemacht."

Als Maria Magdalena zu Jesus kam, brachte sie ein Fläschchen kostbarsten Parfüms mit und übergoß damit seine Füße. Judas sagte sofort: „Das ist nicht recht. Du hättest ihr das verwehren sollen. Das ist nicht gut, das ist Verschwendung. Mit so viel Geld hätte man die Armen der ganzen Stadt viele Tage lang speisen können."

Natürlich, euer Intellekt wird Judas ebenfalls zustimmen. Sein Argument war absolut sozialistisch; er war ein Kommunist. Was er sagte, stimmte, und er verstand mehr von Ökonomie als Jesus. Es stimmt – warum ein so teures Parfüm verschwenden? Die Füße kann man auch mit Wasser waschen. Es war nicht nötig, ein so kostbares Parfüm über sie zu gießen. Das Parfüm hätte man verkaufen können, und das Geld hätte dazu benutzt werden können, die Armen der Stadt zu speisen. Absolut richtig. Das Argument war stichhaltig – aber was antwortete Jesus? Jesus sagte: „Die Armen werden immer bei euch sein, aber ich werde nicht immer bei euch sein. Die Armen könnt ihr später speisen, wenn ich fort bin, aber ich kann es ihr nicht verwehren. Du kannst nur das Parfüm erkennen – ich erkenne ihr Herz. Ich kann ihr nicht nein sagen. Ihre tiefe Liebe, ihr tiefes, überfließendes Herz konnte keinen anderen Weg finden, wie es sich ausdrücken sollte: Sie goß das Parfüm aus. Ich kann ihr nicht nein sagen."

Hmm... aber das Argument von Jesus ist nicht so stark wie das Argument von Judas. Marx würde Judas recht geben, Mao würde ebenfalls Judas recht geben, und ich glaube nicht, daß irgendwer Jesus recht geben würde. Selbst den Christen dürfte die ganze Sache eher peinlich sein – es ist unziemlich, es schickt sich nicht. Aber ich gebe Jesus recht. Er versteht die Sprache des Herzens.

Als er die Füße von Judas berührte, konnte er augenblicklich seine Energie spüren – daß er Verrat üben würde, und zwar noch am gleichen Tage, noch in der gleichen Nacht Verrat üben würde.

Amen, Amen, das sage ich euch: Einer von euch wird mich verraten. ...Jesus sagte zu ihm: Was du tun willst, das tu bald...

„Worauf wartest du? Was immer du vorhast, mach schnell, bring's hinter dich!"
Und selbst jetzt begreift Judas noch nicht, selbst jetzt kann er nicht erkennen, daß dieser Mann ihn durchschauen kann. Daß einfach dadurch, daß er ihm die Füße berührte, dieser Mann die Zukunft erkennen konnte, dieser Mann sehen konnte, was geschehen würde. Dieser Mann hatte seinen geheimsten Gedanken gelesen: daß er Verrat üben würde, daß er sich gegen ihn verschworen hatte, daß er jetzt zur Gruppe der Feinde gehörte, daß er schon einen Kuhhandel abgeschlossen hatte: Er würde ihnen Jesus ausliefern, und sie würden ihn dafür bezahlen. Für ganze dreißig Silberlinge wurde Jesus verkauft.
Ein schönes Bild – denn genau dasselbe macht ihr auch: Ihr verkauft euer Jesus-Potential für nicht einmal dreißig Silberlinge. Gegen jeden Schund seid ihr bereit es einzutauschen. Ihr seid bereit, euer Leben für jeden Schund hinzugeben: für ein Auto, für ein Haus, für Schmuck; für alles mögliche seid ihr bereit, euren innersten Jesus zu verkaufen.
Euer Kopf ist der Judas! Und der Jesus in euch wird jeden Tag gekreuzigt, auf dem Marktplatz verkauft, für wertlosen Kram verschachert.
Aber die Leute bereuen erst hinterher. Selbst Judas bereute nach der Kreuzigung Jesu. Am Tag danach brachte er sich um, beging er Selbstmord. Denn erst hinterher wird dir bewußt, was du getan hast: Für ganze dreißig Rupien, dreißig Silbermünzen, hast du den größten Mann getötet, der je gelebt hat? Aber erst später, zur Zeit des Todes, wenn du deinen Jesus ganz und gar gekreuzigt hast, wirst du bereuen und wirst du weinen. Und dann wirst du sehen, was du dir selbst damit angetan hast – deinem Gott, der sich in dir verbarg.

...Jesus sagte zu ihm: Was du tun willst, das tu bald!

Warum sagte er dies? Er sagte dies, um Judas eine letzte Chance zu geben, um ihm bewußt zu machen, daß er Bescheid wußte. Aber

Judas begriff nicht. Es ist, als wäre er fest entschlossen, nicht zu begreifen.
Wenn du Augen hast zu sehen, kannst du Gott, kannst du das Gute überall finden: ein heilige Schrift in jeder Stille und eine Predigt in jedem Stein. Aber wenn du nicht sehen kannst oder die Fähigkeit zu sehen verloren hast oder vergessen hast, wie man die Augen aufmacht und praktisch blind geworden bist, dann kannst du nicht einmal sehen, wenn ein Jesus in der offenen Türe vor dir steht. Wenn du sehen könntest, würde sich sogar in jedem Stein eine Tür auftun und könntest du Gott dort finden.
Aber ihr könnt nicht einmal in einem Jesus sehen, daß Gott da direkt vor euch tanzt, lebendig in seiner Grenzenlosigkeit... aber ihr seht es nicht.
Judas verpaßte seine Chance. Und denkt dran: Es gibt mehr Judasse auf der Welt, die Mehrheit besteht aus ihnen. Ihr mögt sie Christen nennen, aber darauf kommt es nicht an: Die Mehrheit besteht aus Judassen. Die Anhänger des Judas zählen Millionen, und es ist selten, daß jemand Jesus folgt, sehr selten – denn um Jesus zu folgen, mußt du dich selbst verlieren. Du mußt den Preis zahlen. Du mußt mit deinem eigenen Leben, deinem eigentlichen Sein dafür bezahlen. Aber einem Judas zu folgen, dafür wird nichts verlangt. Das kostet nichts. Ja, Judas verspricht dir, daß du so manches dafür bekommst, wenn du ihm folgst. Jesus sagt schlicht: „Gib dich auf, und dann passiert alles von selbst." Aber zuerst mußt du dich aufgeben. Judas sagt: „Ich werde dir alles geben, und du brauchst nichts aufzugeben." Der kluge Kopf gibt Judas recht; nur ein vertrauendes Herz kann Jesus recht geben.

...Jesus sagte zu ihm: Was du tun willst, das tu bald! Aber keiner der Anwesenden verstand, warum er ihm das sagte.

Kein anderer Jünger konnte verstehen, warum – warum er plötzlich zu Judas gesagt hatte: „Tu's schnell, wenn du es tun willst. Warte nicht. Auf wen wartest du?" Warum Jesus das sagte, konnte kein Jünger verstehen. Denn kein Jünger war in der Gegenwart, andernfalls hätten sie es sehen können. Kein Jünger hatte die nötige Wahrnehmung, andernfalls hätten sie verstehen können.

Als Judas hinausgegangen war – Judas ging augenblicklich! –, *sagte Jesus: Jetzt ist der Menschensohn verherrlicht, und Gott ist mit ihm verherrlicht.*

Jetzt ist der Menschensohn verherrlicht... weil er nun bald gekreuzigt wird. Der Menschensohn wird nur dann... wenn das Ego gekreuzigt ist. Das Ego hat seine Mittel und Wege, sich selber zu schützen. Stellst du dich ihm hier in den Weg, sucht es sich dort sofort einen anderen. So geht es immer weiter. Solange du es nicht so tief durchschaust, daß du alle Wege des Egos blitzartig erkennst – mit einem einzigen erhellenden Blitz –, kannst du machen, was du willst, es kommt sofort woanders zum Vorschein.

Ich las eine Geschichte: Ein Kater, der die Nächte immer draußen war, machte der Nachbarschaft großen Ärger, wegen des Lärms, den er bei seinen Orgien mit den weiblichen Katzen machte. Die Besitzer mußten ihn schließlich zum Tierarzt bringen, stellten aber entsetzt fest, daß er immer noch die Nächte draußen verbrachte und sein Lärmen fortsetzte. Sie wandten sich also an den Tierarzt und beschwerten sich über die Unwirksamkeit seines Eingriffs. „Ganz normaler Fall", konterte der fröhlich, „er erfüllt jetzt beratende Funktionen."

Wenn du nicht aktiv sein kannst, kannst du wenigstens eine beratende Funktion erfüllen. Wenn du die eine Tür des Egos zumachst, macht das Ego sofort eine andere auf. Du mußt die raffinierten Schliche des Egos mit einem einzigen Blitz sehen, so total, daß all seine gerissenen Feinheiten sichtbar werden. Genau in diesem Blick, genau in diesem Feuer plötzlichen Blitzens, verschwindet das Ego und hinterläßt keinen Schatten, keine Spur.

Jetzt ist der Menschensohn verherrlicht, und Gott ist in ihm verherrlicht.

Warum beides zugleich? – weil Kreuzigung ein Zusammentreffen ist, eine Kreuzung. Das Ego verschwindet, und der Mensch ist verherrlicht, weil der Mensch rein wird, wenn das Ego verschwindet; aber sofort, wenn das Ego verschwindet, ist Gott da, wird Gott verherrlicht. Das Ego funktioniert wie ein zweischneidiges Schwert: Auf der einen Seite wird der Mensch rein, und in dieser Reinheit und Unschuld wird auf der anderen Seite Gott offenbart. Das ist die ganze Sache, die ganze Religion: Wie schaffst du es, das Ego aufzugeben, wie wirst du so bewußt und wach, daß das Ego dich nicht mehr täuschen kann?

Laßt mich euch zunächst erklären, was „Ego" ist. Jeder Mensch wird ohne Ego geboren. Wenn ein Kind geboren wird, ist es reine Bewußtheit: schwebend, fließend, luzide, unschuldig, jungfräulich – kein Ego existiert. Nach und nach wird das Ego von den anderen erzeugt. Das Ego ist die geballte Wirkung dessen, was andere von dir denken. Jemand kommt, ein Nachbar, und sagt: „Was für ein schönes Kind!" und schenkt dem Kind einen sehr bestätigenden Blick. Jetzt kommt das Ego in Gang. Der eine lächelt, und der andere lächelt nicht. Manchmal ist die Mutter sehr liebevoll, manchmal ist sie sehr böse. Und das Kind lernt, daß es so, wie es ist, nicht akzeptiert wird. Sein Dasein wird nicht bedingungslos akzeptiert. Überall gibt es Bedingungen. Wenn es weint und schreit und Besucher im Hause sind, dann wird die Mutter sehr böse. Wenn es weint und schreit und kein Besucher ist da, macht es der Mutter nichts aus. Wenn es nicht weint und schreit, bekommt es immer zum Lohn von der Mutter einen liebevollen Kuß und Zärtlichkeit. Sind Besucher da und es gelingt ihm, sich ruhig und still zu verhalten, ist die Mutter ungeheuer zufrieden und belohnt es dafür. Langsam lernt es, was die andern von ihm halten. Es schaut in den Spiegel der Beziehung.

Du kannst dein Gesicht nicht direkt sehen. Du mußt in einen Spiegel schauen, und in dem Spiegel kannst du dein Gesicht dann erkennen. Dieses Spiegelbild wird das sein, was du für dein Gesicht hältst, und es gibt Tausende von Spiegeln um dich her – sie alle spiegeln dich. Jemand liebt dich, jemand haßt dich, jemand ist gleichgültig. Und dann, nach und nach, wächst das Kind heran und trägt immer mehr Meinungen von anderen zusammen. Die Gesamtsumme der Meinungen anderer ist das Ego. Dann fängt es an, sich so zu sehen, wie die andern es sehen. Dann fängt es an, sich von außen anzusehen – genau das ist Ego. Bekommt es von den Leuten Lob und Beifall, dann meint es, völlig in Ordnung und akzeptiert zu sein. Wenn die Leute nicht Beifall klatschen und es nicht loben, sondern zurückstoßen, dann fühlt es sich verdammt. Dann sucht es ständig nach Mitteln und Wegen, anerkannt zu werden, wieder und wieder versichert zu bekommen, daß es beachtenswert ist, daß es einen Wert, einen Sinn und eine Bedeutung hat. So kommt die Angst auf, so zu sein, wie man ist. Man muß sich der Meinung anderer anpassen.

Wenn du das Ego aufgibst, wirst du wieder zum Kind. Jetzt machst du dir keine Gedanken mehr darüber, was andere über dich denken, jetzt achtest du nicht mehr darauf, was andere über dich sagen. Es ist dir egal, völlig egal. Jetzt hast du den Spiegel fallengelassen. Er ist unnütz – du hast dein Gesicht, warum den Spiegel befragen? Und es gibt viele Arten von Spiegeln: In den einen erscheint dein Gesicht lang, in anderen erscheint dein Gesicht klein, wieder andere machen dein Gesicht zum Monstrum, verzerren es.

Frag nicht den Spiegel, denn die Beschaffenheit des Spiegels bestimmt auch immer das Spiegelbild. Und du bist von Millionen von Spiegeln, Millionen von Beziehungen umgeben, und du trägst immer mehr Bilder zusammen. Darum fehlt auch dem Ego immer der rote Faden. Es ist ein Mob, es ist ein wilder Haufen ohne inneren Zusammenhang. Der eine sagt, du bist schön, plötzlich sagt ein anderer, du siehst nur hausbacken aus. Irgendwer sagt: „Du? – und schön? Mir wird schlecht, wenn ich dich sehe, du bist widerlich. Du ekelst mich an. Du? – und schön? Du bist ein Kotzbrocken. Ich muß jedesmal kotzen, wenn ich dich sehe!" Was nun? Du sammelst all diese Meinungen – zusammenhanglos, alle widersprechen sie sich – und verleibst sie alle deinem Ego ein.

Das Ego ist eine Masse. Es ist ein Marktplatz, weil du es auf dem Marktplatz zusammengelesen hast, weil du es von der Masse aufgeschnappt hast. Das Ego bist nicht du, sondern die Meinung der anderen über dich. Warum nicht direkt und unmittelbar sein? Warum nicht in dich selber hineinsehen, in dein eigenes Dasein? Warum dir nicht selbst ins Gesicht sehen? Warum erst einen Mittler, einen Spiegel anschleppen? Wenn du anfängst, mit geschlossenen Augen in dein eigenes Dasein hineinzusehen, bist du auf dem Weg, das Ego hinter dir zu lassen. Und wenn du einmal weißt, wer du bist – ein einziger Blick genügt –, dann brichst du plötzlich in Lachen darüber aus, wie absurd es ist, daß du andere gefragt hast, wer du bist. Sie wissen selbst nicht, wer sie sind, warum sie also fragen? Du wirst frei; du hast eine ganz neue Freiheit. Ohne das Ego kehrst du zu deinem eigenen Wesen zurück.

...sagte Jesus: Jetzt ist der Menschensohn verherrlicht, und Gott ist in ihm verherrlicht.
Ein neues Gebot gebe ich euch: Liebt einander! So wie ich euch geliebt habe, so sollt ihr einander lieben. Daran werden alle erkennen, daß ihr meine Jünger seid: wenn ihr einander liebt.

Liebe ist die eigentliche Botschaft von Jesus, aber sie ging verloren – verloren in Fehden, Debatten, Diskussionen, streitbaren Philosophien, Kriegen.
Ich möchte euch eine Anekdote erzählen: Eines Tages fragte ein kleiner Junge seine Eltern: „Wie brechen eigentlich Kriege aus? Wie werden sie erklärt?" Er las gerade ein Geschichtsbuch, und ein Geschichtsbuch besteht nur aus Kriegen, gemeinen Kriegen. Mehr ist an eurer Geschichte nicht dran. Dem Jungen machte das zu schaffen, er hatte Angst. „Warum fangen Kriege an? Wie fangen sie an?" fragte er seine Eltern.
Also begann der Vater, der in politischen und ökonomischen Fragen sehr bewandert war, von den ökonomischen Ursachen der Kriege zu reden.
Aber die Mutter meinte, der Kleine sei zu jung, um so komplizierte Dinge begreifen zu können, und sie sagte: „Laß mich mal erklären." Die Mutter begann zu erklären, und der Vater wurde sehr böse. Er war ganz erbost und erbittert, denn *er* wollte dem Jungen etwas beibringen, und die Mutter mischte sich einfach ein. Ein großer Streit begann.
Der kleine Junge bekam es jetzt wirklich mit der Angst, warf die Hände in die Luft und schrie laut: „Aufhören! Aufhören! Ich weiß jetzt, wie Kriege anfangen!"
Sobald du dir eine Philosophie, eine Meinung zurechtzimmerst, bist

du bereits auf dem Kriegspfad. Wo eine Ideologie ist, da wird es Kampf geben. Das ist der Pferdefuß: Es gibt Leute, die wollen den Krieg auf der Welt abschaffen, aber sie haben Ideologien, und ihre Ideologien führen zu Kriegen. Es gibt Kommunisten, die immerzu Friedenskonferenzen einberufen, und sie haben eine ganz bestimmte Ideologie, wie die Welt zu sein hat und wie die Gesellschaft zu sein hat. Es gibt Katholiken, die immerzu vom Frieden reden, aber sie haben eine Ideologie; und es gibt Hindus, die immerzu vom Frieden reden, aber sie haben eine Ideologie. Es gibt sogar Jains, die von Gewaltlosigkeit reden, von Frieden und keinen Kriegen, aber sie haben eine Ideologie – und wenn du eine Ideologie hast, dann bist du die Ursache für Krieg.

Eine Welt ohne Kriege wird eine Welt ohne Ideologien sein. Eine Welt ohne Kriege kann nur auf einer nichtideologischen Liebe beruhen. Liebe ist keine Ideologie, sie ist keine Theologie, sie ist keine Philosophie. „Dies", sagt Jesus, „ist mein neues Gebot."

Ein neues Gebot gebe ich euch: Liebt einander! So wie ich euch geliebt habe, so sollt ihr einander lieben.

Daran werden alle erkennen, daß ihr meine Jünger seid: wenn ihr einander liebt.

Amen, Amen, ich sage euch: Nur wer liebt, ist ein Christ. Katholiken können keine Christen sein; sie sind gegen die Protestanten. Protestanten können keine Christen sein; sie sind gegen die Katholiken. Christen können keine Christen sein; sie sind gegen die Hindus. Hindus können keine Christen sein; sie sind gegen die Moslems und die Christen. Um Christus zu folgen, muß man der Liebe folgen. Dies ist sein neues Gebot: Folgt der Liebe und vergeßt alles andere. Alles andere ist irrelevant, nur die Liebe hat Relevanz, weil nur die Liebe euch zum Göttlichen bringt, nur die Liebe euch zum Tempel Gottes führt. Macht die Liebe zu eurem einzigen und zum *ausschließlichen* Gebot. Es gibt nichts anderes. Wenn ihr der Liebe folgt, wird alles andere von ganz allein ins Lot kommen.

Ein Mann kam einmal zum Heiligen Augustinus und bat: „So kurz wie möglich – sag mir, was ist der innerste Kern von Religion. Ich

bin kein gelehrter Mann; mach es nicht zu kompliziert, und gib mir keine vielen Gebote, denn das verwirrt mich nur. Nenne mir nur eines, nur ein Schlüsselwort."
Augustinus sagte: „Dann ist dieses Schlüsselwort Liebe. Lebe für die Liebe, und kümmere dich sonst um nichts."
Wenn du liebst, findet alles von selbst seinen Takt.
Laßt Liebe euren Gott sein. Laßt Liebe euer einziges Gebot sein. Laßt Liebe eure Religion sein. Aber vergeßt bitte nicht – macht keine Ideologie daraus! Handelt liebevoll, seid liebevoll. Strickt um die Liebe keine Philosophie, denn das wird zu Kriegen führen. Eine friedliche Welt ist nur möglich, wenn die Liebe im Herzen des Menschen zu pochen beginnt. Der Mensch ist so unmenschlich zum Menschen gewesen, daß, verglichen mit ihm, sogar Tiere wie Engel aussehen. Denn bis auf den heutigen Tag haben wir von Liebe nur *geredet*; geliebt haben wir nicht.
Laßt uns von jetzt an lieben und alles Gerede von Liebe vergessen. Wir brauchen Liebende.
Und merkt euch genau, was Jesus sagt – denn eines habt ihr vielleicht überhört: *Ein neues Gebot gebe ich euch*, sagt er: *Liebt einander...* – und jetzt kommt der wichtigste Teil – *...so wie ich euch geliebt habe.*
Wie liebt ein Jesus? Seine Liebe ist unbedingt. Er liebt; er liebt dich ohne alle Erwartungen. Er liebt dich, einfach weil du schön bist, nicht etwa, weil er sich irgendetwas von dir verspricht. Nein, er liebt dich nicht erst dann, wenn du so oder so geworden bist, er liebt dich einfach, weil du *bist*, weil du Gott bist.
Ihr *seid* Götter; ihr seid es bereits wert. Was immer ihr seid, ihr habt einen gewaltigen Wert, sonst hätte Gott euch gar nicht erst existieren lassen.
Was Jesus hier sagt – *so wie ich euch geliebt habe* –, heißt also: Eure Haltung sei die einer *bedingungslosen* Liebe.
Und vergeßt nicht: Nur bedingungslose Liebe ist Liebe.
Liebe mit Bedingungen ist unreine Liebe; Liebe ohne Bedingungen ist der unendliche Himmel des Seins.
Es ist nur ein anderes Wort für Gott.

Kapitel 4

WER ES HÖRT, WIRD ABHANDEN KOMMEN

Die erste Frage:

Du sagtest, es gäbe nur zwei Menschentypen: Die einen gingen den Weg der Bewußtheit, und die anderen gingen den Weg der Hingabe oder „bhakti". Offenbar hat Laotse mit keinem dieser beiden etwas gemein; gibt es denn da noch einen dritten Typus, der keinem dieser beiden Wege folgt – oder beiden zugleich?

Laotse hat keinen Weg, oder: Der Nicht-Weg ist sein Weg. Laotse sagt: „Es gibt kein Ziel, du bist bereits da." Also wird schon das Wort „Weg" bedeutungslos. Ein Weg ist immer nur dann nötig, wenn du irgendwo *hin*gehst. Wenn du schon da bist, dann wird ein Weg überflüssig. Ja, dann wäre es gefährlich, einen Weg zu haben: Du würdest in die Irre laufen. Laotse sagt: „Wer einem Weg folgt, wird in die Irre gehen." Nach und nach wird sich so ein Mensch immer mehr von sich selbst entfernen.

„Sucher, folge keinem Weg, denn alle Wege führen nach *dort*, und die Wahrheit ist *hier*."

Laotse ist das Nonplusultra an Spiritualilät. Nach ihm kommt nichts mehr.

Gewöhnlich fällt es euch sehr schwer, euch einen „Nicht-Weg" vorzustellen, denn da seid ihr plötzlich auf euch selbst zurückgeworfen, ohne etwas, woran ihr euch halten könntet oder was ihr tun könntet: keine Methode, keine Technik, kein Mittel. Plötzlich seid ihr auf euch selber zurückgeworfen, und das ist für euch praktisch ein Ding der Unmöglichkeit. Ihr braucht etwas *anderes*, etwas, womit ihr euch beschäftigen könnt. Ihr kehrt der Welt, ihr kehrt der Familie den Rücken, ihr entsagt allem, aber ihr entsagt niemals dem *anderen*. Egal welche Form es annehmen mag – ob als Gott, ob als Yoga, ob als Methode, jedenfalls *habt* ihr noch etwas. Laotse nimmt euch auch das noch weg. Er läßt euch völlig leer zurück. Diese Leere erfordert viel Mut. Aber genau zu diesem Punkt führen in Wirklichkeit alle anderen Wege am Ende hin.

Wenn du *bhakti* – der Hingabe – folgst, wirst du eines Tages erkennen, daß es da von Anfang an nie etwas gab, was du hingeben konntest. Das Ego hat nie existiert. Das Ego war unecht, somit war auch die Hingabe unecht, denn die Krankheit hat nie existiert. Aber

es hat geholfen, die Hingabe hat dir zu der Erkenntnis geholfen, daß das Ego nie existiert hat. Dann lachst du plötzlich über die ganze Absurdität: daß du deinem Meister etwas hingegeben hast, was du niemals hattest, oder Gott etwas hingegeben hast, was nur eine falsche Vorstellung war. Aber genau so wird es am Ende sein.
Bei Laotse ist es von Anfang an so. Bei Laotse ist der erste Schritt der letzte. Tatsächlich ist *kein* Schritt der letzte. Es gibt keinen Anfang und kein Ende. Das gleiche trifft auf Zen zu. Es handelt sich hier nicht um Ideologien oder Philosophien. Es handelt sich hier nicht um Schriften; es geht hier um gewaltige Visionen sofortiger Mutation.
Es geschah, als Bodhidharma nach China kam; da suchte ihn ein großer Gelehrter auf und brachte das bedeutendste Buch mit, das er geschrieben hatte. Es war sehr berühmt; fast jedes Haus besaß dieses Buch. Die ganze Nation rühmte den Philosophen. Nun also kam er zu Bodhidharma, dem Begründer des Zen. Er wollte die Meinung des Meisters über sein Buch wissen, worin er über alle denkbaren Wege gesprochen hatte, alle möglichen Ideologien – alles ganz genau. Höchst subtil war die Exposition. Er war ein Intellekt ersten Ranges, ein Denkerfürst. Was tat Bodhidharma? Er nahm das Buch in die Hand, führte es an die Nase, sagte: „Es riecht irgendwie streitsüchtig", und warf das Buch in die Ecke. Er sagte: „Nimm es weg von hier! Es wird meine Jünger verderben, es wird alles kaputtmachen. Es riecht irgendwie streitsüchtig."
Alle Wege, alle Ideologien, alle Philosophien, alle Theologien sind streitsüchtig. Sie sind marktschreierisch und behaupten: „Nur unser Weg führt zur Wahrheit." Nicht nur das: Sie kämpfen untereinander, streiten sich mit anderen Wegen, anderen Ideologien. Die Welt der Ideologien ist ein Markt.
Wenn du bereit bist, den Sprung zu wagen, dann ist die Wahrheit bereits in dir da. Dann brauchst du nirgendwo hinzugehen, dann ist es nicht nötig, irgendwo danach zu suchen. Schließe die Augen, und sie ist da. Du *bist* die Wahrheit.
Versuchen wir nun also, die Frage zu verstehen.
Ja, es gibt zwei Menschentypen, zwei Arten von Personen. Die

Menschheit ist in zwei Typen geteilt: die weiblichen und die männlichen, Yin und Yang, die negativen und die positiven, die aggressiven und die passiven. Diese zwei Personentypen leben beide in Illusionen, in einer Art Traum, einer Art Schlaf – trunken von Wünschen, geblendet von Wünschen. Eine Person, die zum männlichen Typ gehört, braucht einen Weg, auf dem er seinen Willen erproben kann; das wird zu ihm passen. Am Ende kommt ein Tag, wo ihm durch seine Willensübungen allmählich dämmert, auf welch ein sinnloses Unterfangen er sich da einläßt. Aber er wird lange brauchen, bis er das versteht. Er wird viele Male straucheln müssen, und er wird sich immer wieder aufraffen, und er wird sich immer wieder anstrengen, und er wird immer wieder scheitern, weil der Wille nichts ausrichten kann.

Wille heißt Ego, Wille heißt *du*. Der Wille wird scheitern. Aber sooft er auch scheitern mag, du wirst trotzdem weiter hoffen, daß er das nächste Mal nicht scheitern wird. Aber eines Tages – wie kannst du dich immer und ewig gegen Tatsachen sperren? –, eines schönen Tages wirst du auf die Tatsache stoßen, daß du da etwas Dummes machst. Indem du dieses erkennst, verschwindet der Wille, und plötzlich wirst du sehen, daß damit der Weg verschwunden ist, die Religion verschwunden ist und du illuminiert bist. Alles war immer schon da, aber du warst zu sehr mit dem Weg, mit dem Willen, mit der Mühe beschäftigt! Alle Mühe führt dich zur Mühelosigkeit, und aller Willen führt dich zur Willenlosigkeit, und alles Ego führt dich am Ende zur Egolosigkeit.

Die andere Hälfte der Menschheit, die weibliche Hälfte, die passive Hälfte, kann nicht dem Weg des Willens folgen. Sie braucht einen anderen illusorischen Weg – den Weg der Ergebung, Hingabe, *bhakti*. Eines schönen Tages... Du hast dich hingegeben, nun aber merkst du, daß noch etwas fehlt, weil die Hingabe niemals total sein kann – alles Illusorische kann niemals total sein –, hast dich hingegeben und nochmals hingegeben, und merkst jedesmal wieder, daß du immer noch zurückstehst, daß du noch gar nicht ergeben bist. Und eines Tages wird dir diese Tatsache schließlich bewußt: Was machst du da nur? Gibst etwas hin, was du nicht hast? – wie ist das möglich?

Plötzlich ist das Ego verschwunden. Jetzt ist keine Hingabe mehr nötig, weil kein Ego mehr übriggeblieben ist.
Der Weg der Hingabe und der Weg des Willens werden euch beide da hinführen, wo Laotse anfängt. Wo sie enden, fängt Laotse an. Sein Weg ist der der Weglosigkeit. Er ist das letzte Wort in diesen Dingen, über das hinaus es nichts mehr gibt. Er ist das letzte Wort. Buddha ließe sich verbessern, Jesus ließe sich verbessern, Meera und Mahavir, Krishna und Chaitanya ließen sich verbessern, aber nicht Laotse. Ihr könnt ihn nicht verbessern; da gibt es nichts zu verbessern. Er spielt das Spiel nicht mit. Von Anfang an ist er ein Nichtspieler.
Der Fragesteller will wissen: Gibt es einen dritten Typus Mensch? Nein. Es gibt nur zwei Menschentypen. Der dritte Typus ist kein Typ, weil alle Typen zum Ego gehören. Der dritte Typus ist schiere Menschlichkeit. Er ist keine Spezies, er ist keine Person. Er ist einfach schiere Existenz, reine Existenz, die Reinheit selbst. Diese beiden Typen sind die einzigen. Wenn sich diese Typen auflösen, dann tritt euch das ins Bewußtsein, was universell ist, was nichts mit der Person zu tun hat, weil sich Persönlichkeit am Ego kristallisiert. Ob du deinen Willen durchsetzen willst oder dich ergibst, macht keinen Unterschied. Die Persönlichkeit braucht eine Basis im Ego.
Das Ego hat zwei Typen: das männliche und das weibliche. Aber ein Mensch, der egolos ist, ist kein Typ mehr. Man kann ihn nicht kategorisieren, man kann ihn in keine Kategorie stecken. Er ist eine Flut – er fließt jetzt in alle Richtungen, er ist über alles gebreitet. Er ist nicht wie ein Stein, er ist wie der Himmel: undefinierbar, ungreifbar. Der dritte ist kein Typus, Laotse ist kein Typus. Er gehört nicht in die Welt der Typen, die Welt der Kategorien; er ist einfach darüber hinaus.
Als Konfuzius ihn besuchen kam, erschrak sich Konfuzius sehr – denn einem Laotse in die Augen schauen heißt in den ewigen Abgrund schauen... bodenlos, in das, was Buddha *shunya* nennt: ewiges Nichts, Leere. Er fing an zu zittern, er wollte vor ihm davonlaufen. Als seine Jünger ihn baten: „Berichte uns von Laotse, denn du warst doch bei ihm!“, zitterte er und schwitzte er noch immer.

Er sagte: „Fragt nicht nach diesem Mann! Er ist ein Drache! Und kommt ihm niemals zu nahe, er ist gefährlich. Er kann euch aufsaugen, und ihr verschwindet."
Hätte Konfuzius etwas von „Schwarzen Löchern" gewußt, hätte er gesagt: „Er ist ein Schwarzes Loch. Kommt ihm nicht zu nahe! Wenn ihr erst einmal in ihn hineinfallt, gibt es keinen Weg zurück. Er ist gefährlich!" Nur ein einziges Mal hat Konfuzius ihn besucht, danach nie wieder – aber sein Leben lang wurde er von seinem Schatten verfolgt; denn er hatte einen Mann kennengelernt, der nicht eingezäunt war. Er hatte einen Mann kennengelernt, der keine Grenzen hatte. Er hatte reine Menschlichkeit, die Menschlichkeit in Reinform, das rein Seiende kennengelernt. Er hatte den Tod und das Leben in Reinform gesehen.
Nein, der dritte gehört keinem Typ an.

Die zweite Frage:

Ich nehme in mir eine Spaltung wahr: Bin ich in deiner Nähe, werde ich von dir angezogen und merke, daß ich ein dürstender Sucher bin. Bin ich aber weit weg vom Ashram, dann mache ich mir einfach ein schönes Leben und fühle mich erquickend unheilig. Ist da was faul?

Nichts ist faul! So sollte es sein. So möchte ich es haben – ganz genau so, haargenau so. Genau das versuche ich euch beizubringen: nicht ernst zu werden vor lauter Heiligkeit. Seid spielerisch, nehmt es als Spaß. Es ist zwar der größte Spaß, den es gibt – aber dennoch ein Spaß. Sobald ihr ernst werdet, fallt ihr irgendeiner Kirche oder einem Priester zum Opfer. Sobald ihr ernst werdet, seid ihr schon krank.
Wenn du in meiner Nähe bist, dann fließe mit mir, dann sei mit mir. Wenn du zum Fluß gehst, dann schwimme mit dem Fluß. Aber auf dem Marktplatz, da brauchst du nicht zu schwimmen. Sonst machst du dich lächerlich. Wenn du auf dem Markt bist, dann sei auf dem Markt, dann mische dich ins Marktgetümmel. Bewahre dir die Fähigkeit des Mitgehens. Schmiede dir keinen Charakter, keine star-

re Struktur um dich her. Bleibe fähig, vom einen Pol zum anderen zu wechseln; genau das heißt Leben. Werde nicht zu Eis. Da ist keine Spaltung.
Das ist das Schöne am Leben, daß es die Gegensätze in sich einschließt. Wenn du bei mir bist, dann sei bei mir, dann genieße diese Suche. Und wenn du wieder zu Hause bist und deinen Tee schlürfst oder rauchst, dann genieße den Tee, dann genieße das Rauchen. Es ist nichts Unheiliges daran. Die eigentliche Definition von „heilig“ ist „heil sein“. Und heil und ganz zu sein bedeutet, die Gegensätze einzuschließen. Sei nicht nur der Tag, sei auch die Nacht. Sei nicht nur das Licht, sei auch das Dunkel; denn auch das Dunkel hat seine eigenen Schönheiten – sie würden dir sonst entgehen. Und du würdest nur ein halber Mensch sein, wenn du in dir keine Nacht hättest, wo du dich zurückziehen und entspannen kannst. Wenn du bloß immer ernst bist, dann bist du im Kopf, steckst du fest. Aber wenn du auch unernst werden kannst, dann kommst du ins Herz hinein.
Das Herz ist eine unernste Freude am Spielen. Der Kopf ist sehr ernst. Du solltest fähig bleiben zu fließen. Diese Fähigkeit zu fließen nenne ich „religiös sein“. Wenn du den Tempel betrittst, wirst du Teil des Tempels. Wenn du die Welt betrittst, wirst du Teil der Welt. Aber wo immer du auch bist, bleibe fähig, zum Gegenteil überzugehen. Wenn du das nicht kannst, wirst du ein totes Etwas. Nur ein totes Etwas kann nicht zu seinem Gegenteil werden. Etwas Totes hat einen festen Charakter.
Ich habe gehört: Ein großer Zen-Meister starb, und ein anderer Zen-Meister, der immer das genaue Gegenteil dieses Meisters gewesen war, ging hin und folgte seinem Leichnam zum Friedhof. Tausende von Menschen nahmen an dem Leichenzug teil, und mit ihnen auch der Mann, der immer der Gegner des Meisters gewesen war. Jemand fragte ihn: „Warum bist du gekommen? Du warst doch immer auf Kriegsfuß mit ihm.“ Der Mann lachte. Er sagte: „Das gehört zur Heiligkeit dazu – ich war sein Gegenteil, und er war mein Gegenteil. Zwischen uns beiden schlugen wir den Funken des Lebens. Die Leute zogen von ihm zu mir, von mir zu ihm, und zwischen uns gab es eine Verschwörung: Wir erzeugten Leben. Strukturierte,

gefrorene Leute... wir schmolzen sie ein. Jetzt wird er mir gewaltig fehlen." Und später, als er sah, wie viele Menschen, wie viele Tausende folgten, sagte er: „Das ist wirklich phantastisch! Im Kielwasser eines einzigen Lebendigen – so viele Tote!"

Das Leben ist nichts Fixiertes. Es ist nicht wie ein Fels, es ist wie ein Fluß – stromartig, strömend. Es ist ein Prozeß, es ist kein Ding. Wer mich versteht – ich bin hier, euer ganzes Leben heilig zu machen.

Was immer du also tust, genieße es total und erzeuge keine Gespaltenheit. Die Gespaltenheit kommt aus dem Kopf – du erzeugst sie. Es gibt überhaupt kein Problem. Was sollte da faul sein? Wenn du dich erquickend unheilig fühlst – völlig in Ordnung! Werd nicht zum Heiligen, sonst entschlüpft dir die Ganzheit, und du wirst niemals heilig. Bleibe fähig, auch unheilig zu sein. Dann bilden Heiligkeit und Unheiligkeit deine zwei Ufer, und zwischen diesen beiden strömt der Fluß dahin, der zu keinem der beiden Ufer gehört, der sie immer hinter sich läßt und weit in die Ferne zieht, weit in die Ferne.

Leg dir keinen Charakter zu. Wenn du kreativ bleiben willst, dann lege dir keinen Charakter zu. Versuche jeden Moment, dich von dem Charakter loszueisen, der eben erst vor einem Moment erzeugt wurde. Charakter heißt die Vergangenheit, du bist immer die Gegenwart. Bewußtheit ist immer die Gegenwart, und Charakter gehört immer der Vergangenheit an. Wann immer man vom Charakter eines Menschen redet, redet man von seiner Vergangenheit: Was immer er früher getan hat, ist sein Charakter. Charakter ist immer tot. Versucht zu verstehen, was Charakter ist. Versucht, euch immer wieder aufzuraffen, euch immer wieder zu erinnern. Erinnert euch immer wieder, damit ihr in der Gegenwart bleibt – lebendig, pulsierend.

Bleibt nicht im Charakter stecken. Werdet nicht heilig, werdet nicht unheilig. Ein Heiliger ist tot, ein Sünder ebenfalls. Nicht aber ein Mensch, der ganz leicht zwischen beidem wechseln kann, so leicht, wie du zu deinem Haus hineingehst und wieder hinaus. Dir ist kalt, es ist ein indischer Wintermorgen – du gehst nach draußen, um dich zu sonnen. Und dann wird es heiß, die Sonne steigt immer höher –

jetzt gehst du wieder rein, gehst in dein Haus. Da gibt es kein Problem. Das Problem taucht erst auf, wenn du gelähmt bist. Dann kannst du nicht aus dem Haus gehen; du bist ja gelähmt. Wenn irgendwer dich irgendwie hinausschafft, draußen vors Haus, dann kannst du dich da auch nicht bewegen, weil du jetzt dort gelähmt bist.

Sei nicht gelähmt; bleibe lebendig. Werde nicht zu einer toten Sache. Und der einzige Weg ist: Stirb mit jedem Tag der Vergangenheit, so daß du hier-jetzt lebendig sein kannst. Stirb der Vergangenheit, immer wieder. Befrachte dich nie mit der Vergangenheit, sonst bist du von einer großen Gefangenschaft umstellt, schleppst du ein großes Gefängnis mit. Es ist mir egal, ob dieses Gefängnis aus Gold ist, und mit Diamanten besetzt, oder ob es ein Armengefängnis ist, einfach nur eine dunkle Zelle. Ob das Gefängnis nun „Der Heilige“ heißt oder ob sich das Gefängnis „Der Sünder“ nennt, das bleibt sich gleich. Ein Gefängnis ist ein Gefängnis, und du solltest kein Gefangener sein.

Sei frei. Mach kein Problem daraus.

Ich möchte dir gern eine Geschichte erzählen.

Vor vielen Jahrhunderten wurde auf einem Hügel mit Blick auf den Nil ein Tempel höheren Wissens erbaut. Der Mann, der zu dessen höchstem Lehrer bestimmt war, wollte einen passenden Spruch über die Eingangstür meißeln lassen. Er zerbrach sich den Kopf, und der Bau schritt voran. Eines Morgens war es soweit, daß der Bauleiter den ausgewählten Spruch brauchte, und so fragte er den Lehrer danach. „Bitte komm in einer Stunde wieder“, bat der Lehrer, „dann kann ich ihn dir geben.“ Während er noch darüber nachsann, schlenderte der Lehrer an einem gelernten Handwerker vorbei, der taktvoll die Arbeit eines jungen Mannes korrigierte. Der Lehrer hörte, wie der Ältere ermutigend sagte: „Es geht auch anders.“ Und für Jahrhunderte fanden die staunenden Schüler und Besucher des Tempels ihre erste Lektion über der Tür eingemeißelt. Sie lautete: „Es geht auch anders.“

Du fragst mich, wie du diese Gespaltenheit loswerden kannst? Ich sage dir, es geht auch anders. Du brauchst sie nicht loszuwerden – akzeptiere sie, genieße sie. Wähle nicht erst. Bleib wahllos bewußt.

Dann ist das ganze Leben heilig, ist die ganze Erde Gottes Tempel. Dann ist nichts falsch.

Meine Definition von „falsch" ist: Alles, was zu Gefangenschaft wird, ist falsch, und alles, was Freiheit bleibt, ist richtig. Freiheit ist richtig, Gefangenschaft ist falsch.

Paß also auf, denn jeden Augenblick erzeugst du eine Vergangenheit, und wenn du nicht aufpaßt, wird sich der Staub der Vergangenheit immer mehr auf dich legen. Genau so, wie du dein Haus jeden Morgen putzt, mußt du auch Abend für Abend dein inneres Bewußtsein putzen, jeden Augenblick. Nur dann kannst du frisch bleiben – wie eine frische Blüte, eine Unberührtheit, ein Spiegel, der wirklich widerspiegelt, auf den sich kein Staub gelegt hat.

Die dritte Frage:

Bei einer intensiven Psychotherapie kann der Patient entweder reden oder zuhören – genauer gesagt hinhören, was in ihm vor sich geht. Nur letzteres ist von Wert. Ein guter Therapeut versteht es, besonders wenn Liebe da ist, Mittel und Wege zu finden, wie er diesen Prozeß, ganz Ohr zu werden für das Unerwartete, vertiefen kann. Ist dies eine Form von Meditation? Oder kann man sogar sagen, daß im Idealfall der Therapeut und der Patient zusammen meditieren?

Therapie ist im Grunde Meditation plus Liebe. Denn ohne Liebe und Meditation ist kein Heilen möglich. Wenn der Therapeut und der Patient nicht zweierlei sind, wenn der Therapeut nicht nur Therapeut ist, und wenn der Patient nicht Patient ist, wenn vielmehr eine tiefe Ich-Du-Beziehung entsteht, wo der Therapeut nicht versucht, den anderen zu behandeln, und der Patient den Therapeuten nicht als etwas von sich Getrenntes betrachtet – in solch seltenen Augenblicken findet Therapie statt. Wenn der Therapeut sein Wissen vergessen hat, und der Patient seine Krankheit vergessen hat, und es zur Zwiesprache kommt, zur Zwiesprache zweier Wesen, dann findet in dem Moment ein Heilprozeß zwischen den beiden statt. Und wenn er stattfindet, wird der Therapeut immer wissen, daß er nur als Vehikel für eine göttliche Kraft, für eine göttliche Heilung gedient hat. Er wird der Existenz ebenso dankbar sein wie der Patient. Ja, er wird so viel dabei gewinnen wie der Patient.

Wenn du einen anderen als Patienten behandelst, behandelst du ihn, als wäre er eine Maschine. Genau wie der Mechaniker, der einen Apparat auswechselt oder reguliert oder in Ordnung bringen will, ist der Therapeut dann Experte. Er steckt ganz in seinem Kopfwissen und versucht, dem anderen Menschen auf eine Art zu helfen, als wäre der andere Mensch kein Mitmensch, sondern eine Maschine. Er mag technisch ein Experte sein, er mag das Know-how haben, aber er wird nicht viel ausrichten. Allein schon diese Art zu sehen ist destruktiv. Allein schon diese Art, den Patienten zu sehen – ihn als Objekt zu sehen –, erzeugt in dem Patienten einen Widerstand; er fühlt sich verletzt.

Habt ihr schon mal drauf geachtet? Es gibt nur sehr wenige Ärzte, bei denen ihr euch nicht gedemütigt fühlt, bei denen ihr nicht das Gefühl habt, wie ein Objekt behandelt worden zu sein, bei denen ihr vielmehr eine tiefe Achtung vor euch spürt, bei denen ihr das Gefühl habt, als Mensch genommen zu werden, nicht als Maschine. Und das gilt erst recht für die Psychotherapie. Ein Psychotherapeut muß alles vergessen, was er weiß. Er muß in dem Moment zu Liebe werden, zu strömender Liebe. Er muß in dem Moment das Menschsein des anderen, die Subjektivität des anderen akzeptieren. Der andere darf nicht zu einem Objekt gemacht werden, sonst versperrst du von Anfang an genau die Türen, durch die eine größere Heilkraft herabsinken könnte. Therapeut zu sein ist eines der schwierigsten Dinge unter der Sonne; denn du mußt etwas wissen, um zu helfen, und andererseits all dieses Wissen vergessen, um zu helfen. Du mußt vieles wissen, um zu helfen, und du mußt alles wieder vergessen, um zu helfen. Ein Therapeut muß etwas sehr Widersprüchliches tun, und nur dann passiert Therapie. Wenn Liebe fließt, und der Therapeut dem Patienten mit einer ungeheuren Aufmerksamkeit zuhört, und auch der Patient in sich hineinhorcht, was ihm sein eigenes Unbewußtes zu sagen hat – wenn ein solches Hinhören passiert, dann gibt es in diesem tiefen Hinhören bald

keine zwei Menschen mehr; mag sein, daß da zwei Pole sind...
Wenn ihr mir zuhört, findet die ganze Zeit über Heilung statt. Wenn ihr mir so aufmerksam zuhört, daß ihr nicht da seid – ohne Kopf, ohne Denken –, dann seid ihr nur noch Ohr, hört ihr nur noch zu, nehmt ihr auf. Und ich bin ohnehin nicht hier; wenn ihr also in seltenen Augenblicken auch nicht da seid, findet ein Heilen statt. Plötzlich seid ihr geheilt. Ohne daß ihr es wißt, werdet ihr jeden Tag geheilt. Ohne daß ihr es wißt, umgibt euch das Heilen, umgibt euch die Heilkraft. Eure Wunden heilen, eure Dunkelheit verfliegt, eure Begrenzungen werden aufgebrochen. Das heißt Therapie.
Im Osten hat es nie so etwas wie einen Psychotherapeuten gegeben – da der Meister mehr als genug war. Alles, was die Psychologie heute weiß, weiß der Osten schon seit Jahrtausenden. Es ist nichts Neues daran. Aber im Osten haben wir eine Kategorie wie die des Psychoanalytikers nie geschaffen: die des Meisters, ja – nicht des Patienten, sondern des Jüngers.
Seht euch einfach den Unterschied an. Wenn du als Patient zu mir kommst, kommst du mit einer häßlichen Einstellung; wenn du als Jünger zu mir kommst, kommst du mit einer schönen Einstellung. Wenn ich dich als Therapeut anblicke, reduziert dich mein bloßer Blick zu einem Objekt. Wenn ich dich als Meister anblicke, erhebt dich mein bloßer Blick zu den Gipfeln deines innersten Seins. Im Osten haben wir den Meister nie einen „Psychotherapeuten" genannt – dabei ist er der größte Therapeut, den es je auf Erden gegeben hat! Einfach dadurch, daß sie zu Füßen eines Buddhas saßen, wurden Millionen von Menschen geheilt. Wo immer er hinging fand Heilung statt, aber über diese Heilprozesse wurde nie ein Wort verloren. Es fand einfach statt; es war nicht nötig, darüber zu reden. Die bloße Präsenz eines Buddhas, und der liebende Blick vom Meister, und die Bereitschaft seitens des Jüngers, ihn dankbar aufzunehmen...
Das Wort „Patient" ist häßlich. Das Wort an sich ist nicht häßlich; es kommt aus einer sehr schönen Wurzel. Es kommt aus derselben Wurzel wie „patientia" – Geduld. Häßlich wurde es erst durch Assoziation. Ein Jünger ist etwas ganz anderes: Du bist gekommen, um

etwas zu lernen, nicht um behandelt zu werden; und die Behandlung passiert ganz von allein.

Alle Therapie ist ein Lernen. Denn warum wird man überhaupt geisteskrank? – weil man etwas Falsches gelernt hat. Du hast etwas so völlig Falsches gelernt, daß du da jetzt nicht mehr rauskommst. Du brauchst jemanden, der dich de-konditioniert, der dir helfen kann, es zu verlernen und deine Energie in andere Bahnen zu lenken.

Zum Beispiel kam einmal eine Frau zu mir. Ich habe sie seitdem jahrelang beobachtet; sie kommt schon seit Jahren zu mir. Als sie das erste Mal kam, erzählte sie mir, daß sie überhaupt nicht an Sex interessiert sei, daß ihr Mann aber ständig auf Sex aus sei. Das mache ihr sehr zu schaffen, das mache ihr fast übel. „Was kann man dagegen tun? Was soll ich machen?" hatte sie wissen wollen. Ich sprach daraufhin mit dem Mann und empfahl dem Mann: „Versuch einmal nur für einen Monat dein Interesse an Sex zu vergessen. Nach einem Monat wird alles besser und anders sein." Einen Monat lang befolgte er meinen Rat. Die Frau kam wieder. Sie sagte: „Ich fühle mich tief verletzt, denn mein Mann ist überhaupt nicht mehr sexuell an mir interessiert." Da sagte ich ihr: „So, nun mußt du verstehen, was wirklich los ist. Solange dein Mann sexuelles Interesse verspürt, hast du eine gewisse Macht über den Mann. Du genießt diese Macht, aber gleichzeitig hast du auch das Gefühl, mißbraucht zu werden. Daß der Mann dich mit sexuellen Augen sieht, heißt für dich, daß er dich als ein Mittel zu einer gewissen Befriedigung sieht. Das gibt dir das Gefühl, mißbraucht zu werden."

Fast alle Frauen haben das Gefühl, mißbraucht zu werden – und genau das ist ihr Problem. Aber wenn der Mann sich dann plötzlich nicht mehr für Sex interessiert, ist plötzlich keine Rede mehr von Mißbrauch, und sie bekommen Angst. Dann meinen sie, der Mann würde sich jetzt weit, weit entfernen. Plötzlich haben sie keine Macht mehr über ihn, besitzen sie ihn nicht mehr.

Also machte ich der Frau klar: „Sieh einfach der Tatsache ins Gesicht. Wenn du den Mann besitzen willst, mußt du dich auch von ihm besitzen lassen. Wenn du den Mann besitzen willst, mußt du dich von ihm ‚mißbrauchen' lassen."

Wer besitzen will, wird besessen werden. Etwas besitzen heißt, davon besessen werden. Je mehr du besitzt, desto mehr Sklaventum verbreitest du um dich. Die Freiheit kommt erst, wenn du das Besitzenwollen verlernst; dann bist du nicht mehr auf der Suche nach Macht über andere. Dann kommt keine Eifersucht auf. Und wenn du nicht versuchst, den anderen zu besitzen, verbreitest du eine solche Schönheit um dich, daß der andere dich nicht als ein Objekt betrachten kann. Du wirst Mensch – glanzvoll, sprühend, licht; und du wirst dein eigenes Licht: Niemand kann dich besitzen. Wer immer dir nahe kommt, wird die ungeheure Schönheit spüren, und wird nicht auf den Gedanken kommen, in dir ein Objekt zu sehen.

Heute leidet jede Frau, weil sie vor allem besitzen möchte. Wenn sie besitzen will, wird sie Besitz. Wenn sie Besitz wird, hat sie das Gefühl: „Ich werde mißbraucht." Wenn sie nicht mißbraucht wird, hat sie das Gefühl, ihre Macht zu verlieren. So nimmt das Leiden einer Frau kein Ende, und mit den Männern ist es das gleiche.

Einem Problem bis auf den Grund schauen, heißt geheilt werden. Denn dieser bloße Einblick zeigt dir, daß du irgendeinen falschen Trick gelernt hast. Verlerne... und die Heilung kommt. Die Menschen sind geistig und seelisch krank, weil sie falsch konditioniert wurden. Jeder ist zum Konkurrenzkampf konditioniert worden, und jeder hat gelernt, es sei gut, still und friedlich zu sein. Dies ist dumm; man kann nicht beides zugleich. Entweder du machst im Konkurrenzkampf mit – dann bleibst du verspannt; oder du wirst still und friedliebend – dann darfst du dich nicht auf den Konkurrenzkampf einlassen.

Man hat euch lauter Dichotomien gelehrt. Man hat euch gelehrt, in zwei Richtungen gleichzeitig zu gehen, und ihr habt es gelernt. Ihr habt gelernt, bescheiden zu sein, und man hat euch ständig gelehrt, egoistisch zu sein.

Wenn dein Sohn an der Universität als der Allerbeste abschneidet, bist du überglücklich. Du schmeißt eine Party für seine Freunde und zeigst deinem Sohn hinten und vorne, was für ein toller Kerl er ist: Er ist der Beste, und er bekommt eine Goldmedaille. Nun, das ist ein

Ego-Trip, wie alle übrigen Medaillen auch. Und gleichzeitig lehrst du ihn, bescheiden zu sein. Jetzt erzeugst du ein Problem: Will er bescheiden sein, dann kann er nicht die Ellenbogen gebrauchen. Wenn er die Ellenbogen gebraucht, kann er nicht bescheiden sein. Wenn er scharf ist auf all die Goldmedaillen, die dieses Leben zu bieten hat, dann kann er nicht bescheiden sein. Dann muß seine ganze Bescheidenheit Heuchelei sein. Das muß man erkennen! Jetzt wird dieser Mann Probleme kriegen: Ständig wird er versuchen, bescheiden zu sein, und ständig wird er versuchen, Erfolg im Leben zu haben. Wenn er Erfolg hat, wird er den Erfolg niemals genießen, weil er arrogant und egoistisch hat werden müssen – dabei war es doch immer seine Idealvorstellung gewesen, bescheiden und unegoistisch zu sein. Wird er aber bescheiden und unegoistisch, dann wird er sich nicht zufrieden fühlen, denn er hat ja auch die andere Idealvorstellung – Erfolg in der Welt zu haben, der Welt zu zeigen, was in ihm steckt. Die Gesellschaft hört nie auf, widersprüchlich und zusammenhangslos zu sein; und die Gesellschaft hört nie auf, dich Dinge zu lehren, die absolut falsch sind. So entstehen Krankheiten. So kommt es zu psychischen Wirren in euch, zu Konflikten in euch. So kommt ihr schließlich an einen Punkt, wo alles aus den Fugen gerät, wo alles Kopf steht. Jetzt könnt ihr entweder zu einem Meister gehen oder ihr könnt zu einem Psychotherapeuten gehen. Wenn ihr zu einem Meister geht, dann geht als Schüler – um zu lernen. Ihr habt etwas Falsches gelernt; es muß verlernt werden, und es muß etwas Neues gelernt werden. Wenn du als Schüler kommst, fühlst du dich dann nicht erniedrigt, bist du glücklich darüber.
Aber wenn du dich als ein Fall von Geisteskrankheit siehst, wenn du also als Patient kommst, dann schämst du dich. Gehst du zu einem Psychotherapeuten, dann deswegen, weil du die Tatsachen vertuschen willst: „Die Leute dürfen es nicht merken, denn sonst glauben sie, daß ich nicht ganz richtig im Kopf bin.“ Wenn du zum Psychotherapeuten gehst, möchtest du es verbergen. Ein Psychotherapeut ist ein Experte: Er hat selber Probleme, fast dieselben wie du; Er mag dir eine gewisse Hilfe sein, aber sich selber hat er nicht viel genützt.
Aber ein Meister hat keine Probleme. Er kann dir enorm helfen,

weil er dich durch und durch sehen kann. Vor ihm wirst du transparent. Ein Psychotherapeut ist Berufsmensch: Selbst wenn er sich deiner annimmt, dir eine gewisse Liebe und Zuneigung entgegenbringt, ist das nur eine Berufsgeste. Ein Meister ist nicht von Berufs wegen mit dir verbunden. Die Verbindung ist eine ganz andere – sie ist von Herz zu Herz.

Im Westen, wo es heute von Psychotherapien wimmelt, erweist sich keine von ihnen als hilfreich. Die Patienten gehen von einem Analytiker zum andern, von einer Therapie zur andern. Ihr ganzes Leben lang sind sie auf der Wanderschaft von einer Tür zur andern.

Was gebraucht wird, sind Meister. Was gebraucht wird, sind Menschen, die sich selbst erkannt haben, die zur Liebe gefunden haben. Aber auch in der gewöhnlichen Psychotherapie – falls es tatsächlich momentweise dazu kommen sollte, daß der Patient nicht mehr Patient ist und der Therapeut nicht mehr Therapeut, daß eine gewisse Liebe, eine gewisse Menschlichkeit... sie haben plötzlich ihren Beruf, ihre Klientenbeziehung vergessen, und es fließt Liebe – findet in dem Moment sofort ein Heilprozeß statt.

Heilen ist eine Funktion der Liebe. Liebe ist die größte Therapie, und die Welt braucht nur deshalb Therapeuten, weil der Welt die Liebe fehlt. Wenn die Menschen liebevoll wären, wenn Eltern liebevoll wären, wenn Lehrer und Professoren liebevoll wären, wenn die Gesellschaft in ein Klima der Liebe getaucht wäre, hätten wir sie nicht nötig.

Jeder ist dazu geboren, gesund und glücklich zu bleiben. Jeder strebt nach Gesundheit und Glück, aber irgendwo fehlt es an etwas, und jeder wird unglücklich. Unglück sollte die Ausnahme sein; es ist zur Regel geworden. Ich möchte eine Welt, in der Buddhas geboren werden, ohne daß man sich ihrer erinnert – weil sie die Regel sind. Heute erinnern wir uns eines Buddhas, erinnern wir uns eines Christus, erinnern wir uns eines Laotse nur deshalb, weil sie Ausnahmen sind. Wer würde sonst etwas auf sie geben? Wenn es in jedem Haus einen Buddha gäbe, und wenn es auf dem Markt von Buddhas nur so wimmelte, und ihr an jeder Ecke einem Laotse begegnen könntet, wer gäbe was drauf? Dann wäre das eben die Regel: So muß es sein.

Laotse sagt: „Als die Welt noch wirklich moralisch war, konnte man unmöglich zum Heiligen werden." Als die Welt noch wirklich religiös war, waren keine Religionen nötig: Die Leute waren schlicht religiös. Religionen waren nicht nötig. Als es noch eine Ordnung gab, eine Disziplin – eine *natürliche* Ordnung und Disziplin – existierten keine Wörter wie „Ordnung" und „Disziplin". Der Begriff einer „Ordnung" entsteht erst dann, wenn Unordnung herrscht. Die Leute fangen dort an, von „Disziplin" zu reden, wo keine ist, und die Leute fangen dort an, von Heilung zu reden, wo Krankheit ist. Die Leute reden erst von Liebe, wenn Liebe fehlt. Aber im Grunde ist Therapie eine Funktion der Liebe.

Diese Frage stammt von einem Psychotherapeuten, Buddhagosha. Ich möchte, daß er meine Botschaft in sein Leben hineinträgt. Er geht bald zurück: Gehe jetzt aber nicht als Therapeut, sondern als Mensch. Betrachte den Patienten nie als Patienten. Sieh ihn so, als wäre er zu dir gekommen, um etwas zu lernen – als Schüler. Hilf ihm, aber nicht als Experte; hilf ihm als Mensch, und viel Heilendes wird passieren. Es wird weniger Therapie und viel Heilung dabei herauskommen. Normalerweise dauert Therapie Jahre und Jahre, und das Ergebnis ist praktisch Null. Oder manchmal ist das Ergebnis sogar schädlich.

Ich habe von einem Mann gehört, der eine sehr merkwürdige Gewohnheit hatte: Jedesmal, wenn er in seinem Lokal saß, trank er Wein. Und den Rest vom Glas schüttete er dann immer rings über alle Leute. Oft wurde er dafür verprügelt. Schließlich machte jemand – machte der Besitzer des Lokals ihm den Vorschlag: „Warum gehen Sie nicht zum Psychoanalytiker? Sie brauchen Therapie, denn wie oft wollen Sie sich noch verprügeln und aus dem Lokal werfen lassen? Trotzdem kommen Sie immer wieder und machen dasselbe. Irgendetwas scheint nicht zu stimmen. Sie sind wie besessen."

Also ging er hin, und nach drei Monaten kam er zurück. Er sah besser aus. Der Lokalbesitzer fragte ihn: „Waren Sie beim Analytiker? Drei Monate lang waren sie verschwunden."

Er sagte: „Ja, und es hat enorm geholfen." „Sind Sie geheilt?" Er sagte: „Völlig geheilt." Aber dann machte er doch wieder genau dasselbe.

Der Besitzer sagte: „Das soll eine Behandlung gewesen sein? Sie machen es ja immer noch!"
Er sagte: „Aber ich bin ein neuer Mensch. Früher, da habe ich mich hinterher immer schuldig gefühlt. Ich habe keine Schuldgefühle mehr. Der Analytiker hat mir geholfen, mich von der Schuld geheilt. Früher war es mir immer peinlich, jetzt ist es mir egal."
Genau das ist im Westen passiert: Die Psychoanalyse hat vielen Menschen einfach nur zu dem Gefühl verholfen, daß alles egal ist. Sie hat zu keiner tieferen Verantwortung geführt, sie hat nur das Gefühl der Schuld weggenommen. Das Schuldgefühl ist schlimm; es muß weggenommen werden. Aber es muß auf eine solche Art und Weise weggenommen werden, daß man zwar das Gefühl verliert, schuldig zu sein, aber dafür ein Gefühl für Verantwortung lernt. Schuld zu empfinden ist schlecht, Schuld zu empfinden ist sehr gefährlich – es zerstört dich. Es ist wie eine Wunde. Aber Verantwortung zu fühlen ist sehr, sehr wichtig – das gibt dir Seele, das macht einen ganzen Menschen aus dir. Und solange du dich nicht verantwortlich fühlst, bist du kein gesunder Mensch. Ein gesunder Mensch ist sich stets bewußt, daß er für alles, was er tut, verantwortlich ist.
Schon das Gefühl der Verantwortung verleiht dir eine große Freiheit, eine große Würde. Es macht ein authentisches Wesen aus dir. Du wirst präsenter werden, du wirst mehr hier und jetzt sein.
Die Vorstellung von „Schuld" ist Falschgeld. Sie sieht nach Verantwortung aus, ist aber keine. Schuld macht dich depressiv. Verantwortung wird dir eine große Intensität und scharfe Bewußtheit geben. Du wirst innerlich integrierter sein, du wirst dich mehr „beieinander" fühlen.
Buddhagosha, geh in den Westen, aber jetzt nicht mehr als Psychotherapeut. Jetzt bist du ein Sannyasin. Spüre die Verantwortung, ein Sannyasin zu sein. Geh und hilf den Leuten, und wenn du den Leuten hilfst, wird dir ebenfalls enorm geholfen sein. Wenn du die Leute liebst, wirst du geliebt werden. Wenn du Leute heilst, wenn du ein Vehikel für Heilkraft und Energie wirst, wirst du geheilt werden. Und vergiß nie, daß du, wenn du einen anderen heilst, selber zu dem

Prozeß dazugehörst: Auch du wirst geheilt. Wenn du andere lehrst, wirst auch du belehrt. Die beste Methode, etwas auf Erden zu lernen, ist, es zu lehren. Die beste Art auf Erden, etwas – egal was – zu lernen, ist, es zu lehren. Aber erinnere dich, daß der Meister auch ein Schüler ist. Er lernt ununterbrochen weiter. Jeder Schüler ist eine neue Lektion, und mit jedem Patient oder Schüler, mit dem man arbeitet, schlägt man ein neues Buch, ein neues Leben auf.

Groß ist der Lohn der Liebe. Geh als Sannyasin und laß eine Atmosphäre um dich sein, die es dem Patienten leicht macht, als Lernender zu kommen, jemand, der verlernen, der transformiert werden will. Du darfst in ihm nicht den Fall, sondern mußt in ihm den hilfsbedürftigen Menschen sehen – so hilfsbedürftig wie du selbst. Und schau nicht vom hohen Roß auf ihn herab: „Ich bin heiliger als du, höher als du, gelehrter als du." So darfst du ihn nicht sehen. Ihn so zu sehen ist brutal, und dann wird Liebe unmöglich. Sieh ihn als Menschen, so hilfsbedürftig wie jeder andere – im gleichen Boot, in der gleichen Klemme. So kannst du helfen, und es wird viel Heilen durch dich geschehen.

Ich habe eine Anekdote über den berühmten Harvardprofessor Charles T. Copeland gehört. Er wurde einmal von einem Studenten gefragt: „Gibt es etwas, daß ich tun kann, um die Kunst der Konversation zu lernen?"

„Ja, da gibt es wohl was", sagte Copeland, „und wenn Sie gut zuhören, werde ich es Ihnen sagen."

Ein paar Minuten lang herrschte Stille, dann sagte der Student: „Ich höre, Herr Professor."

„Sehen Sie", sagte Copeland, „Sie lernen bereits."

Zuhören ist Lernen, denn wenn du schweigend zuhören kannst, beginnt die ganze Existenz zu dir zu reden. Wenn du absolut still bist, ist das der größte Moment zum Lernen.

Das Leben offenbart seine Geheimnisse, wenn du still bist.

Ob du also einem meiner Schüler, einem Weggenossen, einem Freund hilfst, oder ob du einen Patienten heilen möchtest – sei vor allem ein großer Zuhörer. Höre so leidenschaftlich, so aufmerksam zu, daß der andere nach und nach fähig wird, dir seine geheimsten

Tiefen zu offenbaren – Tiefen, die er noch keinem offenbart hat, weil ihm noch niemand hat zuhören wollen; Tiefen, die er sich selbst noch nicht offenbart hat, weil auch er nicht hat zuhören wollen; Tiefen, die immer im Dunkeln geblieben sind. Höre so rückhaltlos zu, daß schon die ganze Qualität deines Zuhörens alles ans Licht bringt, was im Patienten, was im Schüler verborgen ist. Er wird selbst überrascht sein, was er dir da alles zu sagen hat. Er hatte nie gewußt, daß diese Dinge in ihm existierten. Durch dein Zuhören überführst du ihn seines eigenen Unbewußten, und das ist eine heilende Sache. Sobald das Unbewußte bewußt wird, verschwindet so manches. Alles Unsinnige verschwindet, und alles Bedeutsame wird tiefer.

Aber wie kannst du Zuhören lehren? – indem du ein großer Zuhörer wirst. Sei nicht gelangweilt, wenn du einem Patienten oder einem Freunde zuhörst. Wenn es dich langweilt, dann sage ihm bitte: „Das ist jetzt nicht der richtige Moment. Ein andermal, ich bin jetzt nicht in der Verfassung zuzuhören." Höre niemals einem andern zu, wenn es dich langweilt, denn deine Langeweile erzeugt sofort ein Klima, in dem der andere sich zurückgestoßen fühlt. Deine Langeweile sagt ihm ständig: „Was du mir da erzählst, ist alles Quatsch. Hör auf, halt den Mund." Ob du es sagst oder nicht, darauf kommt es nicht an. Dein ganzes Wesen sagt: „Halt den Mund, mach endlich einen Punkt."

Genau aus diesem Grund bediente sich Freud immer einer bestimmten Methode. Die Methode bestand darin, sich vor dem Patienten zu verbergen. Der Patient lag immer auf einer Couch, und Freud setzte sich direkt dahinter. Der Patient konnte so nicht sehen, was in Freud vor sich ging, ob er zuhörte oder nicht. Er saß hinter ihm, und der Patient monologisierte immer nur mit sich selbst. Die Freudsche Analyse dauert Jahre: drei, vier, fünf, sogar zehn Jahre. Es gibt sogar Patienten, die zwanzig Jahre lang in der Analyse waren – ohne daß etwas passiert wäre.

Es ist unmenschlich. Stell dich dem Patienten! Sieh ihm in die Augen, verstecke dich nicht wie ein Gespenst. Sei menschlich, sei offen, und höre zu.

Freud schrieb seinen Schülern vor, nie und nimmer den Patienten zu berühren. Das ist absolut verkehrt, denn dann wirst du unmenschlich. Es gibt Momente, wo schon viel damit geholfen ist, einfach nur die Hand des Patienten zu halten – viel mehr, als alle Analyse ausrichten kann. Aber Freud hatte große Angst vor der Möglichkeit, daß es zwischen Arzt und Patienten zur Intimität kommen könnte. Der Arzt muß einen großen Abstand halten und unnahbar sein. Er darf sich nicht auf die menschliche Ebene herablassen. Freud hatte, wie es scheint, viel Angst vor seiner eigenen Menschlichkeit. Er hatte eine große Angst vor seiner eigenen Psyche. Er konnte keine Intimität zulassen; da muß eine sehr tiefe Angst, ein sehr tiefer Komplex in ihm gewesen sein. Leute, die vor Beziehungen Angst haben, haben Angst vor sich selbst, weil sie in Beziehungen entblößt werden, in Beziehungen gespiegelt werden. Freud war ein Puritaner.

Es ist nicht nötig, einen so großen Abstand zu halten, weil sonst keine Heilung stattfinden kann. Rück näher heran. Der Patient muß mit einer tiefen Intimität akzeptiert werden, damit er dir sein ganzes Herz offenbaren, sein ganzes Herz ausbreiten kann.

Und zeig dich! Hör nicht zu wie eine Marmorstatue – zeig dich. Mal lachst du mit ihm, mal weinst du mit ihm und vergießt Tränen... zeig dich.

Denn wenn du dich zeigst, wird die Beziehung im selben Moment lebendig. Wenn du es nicht tust, läuft die ganze Sache immer nur wie etwas Fades, Totes ab. Es ist viel mehr möglich, als was durch bloßes Analysieren und Diagnostizieren geschieht. Freuds Psychoanalyse ist reine Kopfsache geblieben. Wahre Therapie muß total sein.

Die vierte Frage:

Jetzt kommt die Frage eines Marxisten und christlichen Theologen – also viele Krankheiten auf einmal!

Im alten China gab es ein Sprichwort: „Sei im Dienst Konfuzianer und außer Dienst Taoist." Darin zeigt sich die tiefe Spaltung, das Dilemma der chinesischen Gesellschaft, vielleicht aller Gesellschaften

überhaupt. Kann es eine erleuchtete Gesellschaft geben, die nicht den Weg des Egos lehrt?
Oder ist jede Gesellschaft, da ihre Wirklichkeit dem geordneten und geregelten Kalkül des repressiven kollektiven Verstandes oder Egos unterworfen ist, schon aufgrund ihrer bloßen Eigenschaft als Gesellschaft gegen alle Erleuchtung? Selbst dann, wenn es sich um eine Gesellschaft von erleuchteten oder solchen Menschen handelt, die sich dafür halten?

Zunächst, das alte Sprichwort ist völlig in Ordnung: Sei außer Dienst Taoist und im Dienst Konfuzianer.
Wenn du unter anderen Leuten bist, mußt du bestimmte Regeln einhalten. Diese Regeln haben nichts Endgültiges; es sind Regeln in einem Spiel. Zum Beispiel: Wenn du auf der Straße läufst, mußt du dich rechts oder links halten, je nachdem, wie die Gesellschaft entschieden hat. Wenn du überall rumzulaufen anfängst, kriegst du Probleme und machst den anderen Probleme. Sich links zu halten ist nichts Grundsätzliches, sondern rein zweckdienlich, es verfolgt einen Zweck. Es ist nicht so, daß Gott dir das Gebot gegeben hätte, links zu laufen; in Amerika zum Beispiel laufen die Leute immer rechts. Ob du dich rechts hältst oder links, das ist egal, nur du mußt dich *entweder* rechts *oder* links halten. Irgendeine Regel muß es geben, einfach weil es so viele Leute gibt. Wenn du allein auf der Straße bist, dann ist da kein Problem. Wenn du eine Privatstraße hast, wo du allein gehst, hast du freie Wahl. Da brauchst du dich nicht links zu halten, das wäre sonst fanatisch, idiotisch. Jetzt darfst du mitten auf der Straße laufen oder tun und lassen, was du willst.
In deiner Privatsphäre sollte es keine Regeln geben. Das Leben, das man führt, sollte totale Freiheit sein – und genau dafür steht Laotse. Aber wo andere sind, da kann deine Freiheit Chaos werden, und Chaos ist nicht Freiheit. Wo andere eine Rolle spielen, mußt du dich an bestimmte Regeln halten. Aber du brauchst nicht von ihnen besessen zu sein. Es gibt Menschen, die von Regeln besessen sind.
Ich war früher oft im Hause eines Freundes in Kalkutta zu Gast. Er ist ein Richter am Obersten Gerichtshof. Seine Frau sagte mir ein-

mal, als er nicht zu Hause war: „Mein Mann folgt dir, liest dich, liebt dich ungeheuer. Du würdest mir eine große Barmherzigkeit erweisen, wenn du ihm einmal ein Wörtchen sagen könntest." Ich fragte: „Und das wäre?" Die Frau sagte: „Sag ihm, er soll im Bett nicht Richter sein. Selbst im Bett bleibt er noch Oberster Bundesrichter. Er legt diese Rolle nie ab."

Es ist fein, Richter bei Gericht zu sein. Es wäre ebenso verkehrt, Gatte im Gericht sein zu wollen, wie es verkehrt ist, Richter im Bett zu sein. Im Gericht muß man Richter sein: Nichts anderes ist Konfuzianismus.

Konfuzius denkt über die Beziehungen zwischen Mensch und Gesellschaft und Welt nach – die Etikette, die Sitten, das Gesetz. Konfuzius ist wie Moses oder Manu: der Gesetzgeber. Laotse bringt Liebe, Freiheit in die Welt. Und es ist gut, zwischen diesen beiden Polen hin und her zu gehen. Glaube nicht, daß dich das spaltet. Es spaltet dich nicht. Im Gegenteil: Es gibt dir mehr Freiheit, mehr Fluß, mehr Möglichkeiten; denn wenn du Taoist bleibst, dann wirst du irgendeines schönen Tages in den Himalaja ziehen müssen. Dann kannst du nicht in der Gesellschaft leben, weil du überall, wo du hinkommst, in Schwierigkeiten geraten wirst. Entweder wirst du in den Himalaja ziehen müssen, oder die Leute werden dich kreuzigen. Genau das ist Jesus passiert.

Ein christlicher Bischof hat einmal zu mir gesagt: „Wo immer Jesus hinkam, da gab es Revolution, aber wo immer ich hinkomme, serviert man mir Tee!" Jesus war gefährlich.

Das Sprichwort ist von einer sehr tiefen Weisheit. Du brauchst nicht gleich überall, wo du hinkommst, eine Revolution anzuzetteln. Du brauchst die Leute nicht unentwegt zu nötigen, dir ein Kreuz zu errichten. Weiser wäre es, manchmal sogar ist es gut, wenn Tee serviert wird. Ein fanatischer Revolutionär zu sein, ist eine Krankheit. Und Etikette und Anstand mit nach Hause zu bringen, so daß du nicht einmal im Badezimmer entspannen kannst, das ist gleichfalls Fanatismus.

Das Sprichwort stimmt absolut. Ich stehe völlig dahinter. Sei Konfuzianer in der Welt, und in deiner innersten Welt sei Taoist, ein

Anhänger Laotses. Und da ist keine Spaltung! Da ist nichts verkehrt dran. Du bist einfach flexibel. Sobald der andere auf den Plan tritt, folgst du den Regeln, denn mit anderen treten die Regeln auf. Wenn du allein bist, sind keine Regeln nötig. Ohne den anderen verschwinden die Regeln. In deinem Alleinsein bist du total frei, aber wann immer du mit jemand anderem bist, hast du Verantwortung. Der andere ist da, und du mußt behutsam sein. Das gehört zur Liebe dazu: behutsam zu sein mit den anderen. Sieh darin also keine Dichotomie und sieh darin kein Dilemma. Das Dilemma ist nur da, wenn du den springenden Punkt nicht begriffen hast. Wenn du den springenden Punkt begreifst, gibt es kein Dilemma.

Und das zweite: *Ist jede Gesellschaft ... schon aufgrund ihrer bloßen Eigenschaft als Gesellschaft gegen alle Erleuchtung? Selbst dann, wenn es sich um eine Gesellschaft von erleuchteten oder solchen Menschen handelt, die sich dafür halten?*

Ja, die Gesellschaft ist schon aufgrund ihrer bloßen Beschaffenheit gegen Erleuchtung, weil Erleuchtung grundsätzlich individuell ist. Sie geschieht in deinem Alleinsein. Sie geschieht nur dann, wenn du absolut allein bist. Der andere spielt die Rolle einer Barriere. Die Gesellschaft ist gegen Erleuchtung und wird immer gegen Erleuchtung sein, weil die Gesellschaft eine Organisation ist. Die Gesellschaft kann, selbst wenn sie sich revolutionär nennt, nicht revolutionär sein. Alle Gesellschaften sind traditionell, selbst die Gesellschaft Maos. Es mag allenfalls eine neue Tradition sein, aber sie ist Tradition. Die russische Gesellschaft ist heute so traditionell wie nur irgendeine Gesellschaft.

Die Gesellschaft kann nicht revolutionär sein, weil die Gesellschaft sich etablieren muß, in irgendeiner Form ein Establishment haben muß, sich an gewisse Regeln halten muß. Nur das Individuum kann auf eine reine, unschuldige Art revolutionär sein, rebellisch sein. Da ist keinerlei Organisation und keinerlei Struktur nötig. Aber sobald der andere auf den Plan tritt, kommt Organisation ins Spiel. Die Gesellschaft kann niemals für Erleuchtung sein, weil Leute, die erleuchtet werden, in gewisser Weise über die Gesellschaft hinausgehen. Sie gehen über die Regeln hinaus. Sie fangen an, ihre Freiheit zu leben.

Anders dagegen, wenn du dich an das chinesische Sprichwort hältst: Dann wird die Gesellschaft nicht gegen Erleuchtung sein. Sie mag nicht dafür sein, aber sie wird auch nicht dagegen sein.

Wenn du dich in der Welt bewegst und dich dort an die Regeln hältst und, wenn du allein bist, ins Unbekannte gehst, dann gibt es da kein Problem. Das Problem entsteht erst, wenn du dich mitten auf der Straße zum Meditieren niederläßt oder zu tanzen anfängst. Tanzen ist völlig in Ordnung; du hast nur den falschen Ort gewählt. Tanzen ist wunderbar, aber suche dir den richtigen Ort dazu. Es gibt für alles eine richtige Zeit und einen richtigen Ort. Du darfst dich nur nicht mitten auf die Straße stellen und Ärger machen. Wenn man das Sprichwort recht versteht, kommt es zu keinen Problemen.

Aber die Gesellschaft an sich kann nie für Erleuchtung sein, weil Erleuchtung grundsätzlich individuell ist. Sie passiert dem einzelnen, niemals der Gesellschaft. *Du* wirst erleuchtet, nicht die Gruppe, nicht die Gesellschaft. Im Grunde ist „Gesellschaft" nur eine Bezeichnung für die Gesamtheit, für das Kollektiv der einzelnen. Es gibt keine „Seele der Gesellschaft". Die Seele ist individuell. Die Gesellschaft ist nur ein Kontrakt – oberflächlich. Er ist nötig, notwendig, aber er ist auch ein notwendiges Übel; er muß geduldet werden.

Aber der Gesellschaft ist es egal, ob du erleuchtet wirst oder nicht. Für die Gesellschaft reicht Konfuzius. Für das Individuum reicht ein Konfuzius nicht aus, da ist ein Laotse nötig. Für die Gesellschaft reicht ein Moses. Für das Individuum ist Moses nicht genug – vielleicht notwendig, aber nicht genug: Da ist ein Jesus nötig.

Und wenn du das erst einmal verstehst, kannst du eine innere Synthese zwischen den beiden herstellen, und dann gibt es kein Problem.

Im Talmud steht einer der schönsten Sätze, die je ausgesprochen wurden: „Ein einziger Mensch wiegt die ganze Schöpfung auf" – also nicht nur die Gesellschaft, nicht nur diese Erde, sondern: „Ein einziger Mensch wiegt die ganze *Schöpfung* auf." Das stimmt, denn ein einziger Mensch kann zum Vehikel für das Göttliche werden. Ein einziger Mensch kann zur Chance für Gott werden, vorhanden zu sein, anwesend zu sein, sich selber zum Ausdruck zu bringen. Ein einziger Mensch kann zum Ort werden, wo das Höchste und Letzte aufblüht. Die Gesellschaft ist zweckdienlich; ein einziger Mensch wiegt die ganze Schöpfung auf.

Es gibt noch einen anderen Satz im Talmud: „Wo immer du die Fußspur eines Menschen triffst, steht Gott vor dir: Verneige dich." Wo immer du auf eine Fußspur triffst, steht Gott vor dir – als Möglichkeit.

Die Gesellschaft ist nur eine Struktur ohne Seele. Die Seele gehört dem Reich des Indivuduellen an. Ein individueller Mensch wiegt alle Gesellschaften auf. Und die Revolution eines individuellen Menschen wiegt alle Revolutionen der Menschheitsgeschichte auf, weil ein einziger Mensch zum Schoß für die Neugeburt Gottes werden kann.

Die fünfte Frage:

Je näher ich komme, desto durstiger werde ich. Wann werde ich endlich gestillt?

Gerade die Erwartung schiebt einen Riegel vor. Schlag dir das Gestilltwerden aus dem Kopf. Sei du einfach durstig und genieße es. Wenn der Durst total wird, verschwindet er. Ich möchte dir gern ein paar Zeilen von T.S. Eliot vorlesen:

Wir werden nicht ablassen zu forschen.
Und erst dann hat all unser Forschen ein Ende:
Wenn wir ankommen, wo wir begannen,
Und zum ersten Mal wissen, wo wir sind.
Wenn die Flammenzungen
Geschlungen sind
Zum gekrönten Feuerknoten
Und Feuer und Rose eins sind...

...und Durst und Gestilltwerden eins sind – und Rose und Feuer eins sind. Wenn das Feuer total ist, wird es plötzlich transformiert, und es gibt nur noch Rose, kein Feuer.

Wenn der Durst total ist, verändert gerade diese Totalität seine

Qualität – wird er das Stillen, unendliche Sättigung. Das Stillen ist nicht vom Durst zu trennen, merke es dir.
Dürste. Werde so total darin, daß du in deinem Durst vergehst; und dann sind Feuer und Rose eins.

Die letzte Frage:

Wenn ich loslasse, fürchte ich, bin ich endgültig weg.

Du fürchtest zu recht. Du *wirst* für immer weg sein. Aber jetzt gibt es für dich kein Entrinnen mehr. Die Furcht selber beweist, daß du jetzt nicht mehr entrinnen kannst. Die Furcht selber beweist, daß du richtig verstehst: Nämlich daß du für immer weg sein wirst, wenn du losläßt. Aber dein Unglück bist *du* – nichts sonst. Deine Hölle bist *du* – nichts sonst. Wie lange kannst du dich also dran festhalten? Früher oder später wirst du loslassen müssen.
Ich will dir eine Geschichte erzählen. Die Geschichte ist sehr alt. Die Geschichte ist über König Midas.
Midas war auf der Jagd nach weisen Männern, nach jemandem, der sein Meister sein könnte. Er hörte von einem Gefährten des Dionysos; der Name des Dionysos-Gefährten war Silen. Er suchte, er suchte lange, und schließlich fing er ihn ein. Aber als er ihm schließlich in die Hände fiel, fragte der König: „Was ist das Beste, das Bekömmlichste für den Menschen?"
Der Dämon blieb still, störrisch und unbeweglich, bis ihn der König am Ende zwang. Und da brach er in ein schrilles Gelächter aus, mit den Worten: „Ach ihr Menschen, unglückliche, vergängliche Gattung! Kinder des Zufalls und der Not! Warum zwingt ihr mich, euch zu sagen, was euch am wenigsten gut tut zu hören? Was das Beste für euch wäre, das will euch nicht in den kleinen Kopf – es ist: nicht geboren zu sein. Das ist unmöglich, denn du bist bereits geboren. Das Beste ist, nicht geboren zu sein, nicht zu sein, nichts zu sein. Aber das Zweitbeste ist: so bald wie möglich zu sterben. Nur das Zweitbeste ist möglich."
Da wurde Midas sehr böse. Er sagte: „Ich bin gekommen, weil ich das Leben suche, nicht den Tod."
Silen antwortete: „Niemand lernt das Leben kennen, bevor er stirbt."

Ich kenne also deine Furcht, ich verstehe sie, und was du befürchtest, ist völlig richtig. Sie täuscht dich nicht, deine Furcht sagt dir die Wahrheit: daß du endgültig weg sein wirst, wenn du losläßt. Aber es kommt die Zeit, da man muß, da man ganz einfach total loslassen *muß* und total sterben muß, weil es nur so zur Wiederauferstehung kommt. Wenn du stirbst, wird etwas geboren werden, das größer ist als du, und dahin geht die Suche. Aus dem Tod entsteht Leben. Laß den Tod zu. Ich verstehe deine Schwierigkeit. Trotz deiner Angst wirst du loslassen müssen.

Es gab einmal einen sehr berühmten Zen-Meister, Tosan. Ein Schüler fragte ihn: „Meister, was ist Tao?"

Der Meister antwortete: „Ein Drache, der im dürren Walde singt."

Der Schüler fragte: „Kann ihn denn überhaupt jemand hören?"

Der Meister sagte: „Es gibt niemanden auf der ganzen Welt, der es nicht hörte."

Der Schüler sagte: „Ich kenne die Musik dieses Drachengesangs nicht."

Der Meister sagte: „Ich kenne sie auch nicht, aber wer sie hört, kommt abhanden."

Was immer ich singe, es ist der Gesang jenes Drachen im dürren Walde. Wer immer mich hört, wird abhanden kommen. Nun ist es an dir: Entweder du hörst auf mich, oder du hörst auf deine Angst – die Angst, auf die du seit ewigen und allen Zeiten gehört hast. Bisher hast du nur aus der Angst heraus gelebt und nichts dabei gewonnen. Dein Leben ist eine einzige leere Einöde, eine Wüste ohne auch nur eine Oase. Du hast schon viel zu lange auf deine Angst gehört; laß sie dir jetzt egal sein. Sag ihr, sie solle den Mund halten, und geh schnurstracks an ihr vorbei. Du wirst abhanden kommen, aber das ist der einzige Weg, zu dir zu finden.

Wie sagt Jesus? „Wenn du dein Leben retten willst, wirst du es verlieren. Verliere es, und es wird dir im Überfluß, bis in alle Ewigkeit geschenkt werden."

Nur das Momentane geht verloren, und das Ewige wird gewonnen. Nur das Nutzlose geht verloren, und das höchste Gut wird gewonnen. Jetzt ist es an dir zu entscheiden. Entweder du entscheidest dich für deine Angst, oder du entscheidest dich für meine Liebe.

Kapitel 5

SEHT, DER VERRÄTER, DER MICH AUSLIEFERT, IST DA

Matthäus 26

36 *Darauf kam Jesus mit den Jüngern zu einem Grundstück, das man Gethsemani nennt, und sagte zu ihnen: Setzt euch und wartet hier, während ich dort bete.*

37 *Und er nahm Petrus und die beiden Söhne des Zebedäus mit sich. Da ergriff ihn Angst und Traurigkeit.*

38 *Und er sagte zu ihnen: Meine Seele ist zu Tode betrübt. Bleibt hier und wacht mit mir.*

39 *Und er ging ein Stück weiter, warf sich zu Boden und betete: Mein Vater, wenn es möglich ist, gehe dieser Kelch an mir vorüber. Aber nicht wie ich will, sondern wie du willst.*

40 *Und er ging zu den Jüngern zurück und fand sie schlafend. Da sagte er zu Petrus: Konntet ihr nicht einmal eine Stunde mit mir wachen?*

41 *Wacht und betet, damit ihr nicht in Versuchung geratet.*
Der Geist ist willig, aber das Fleisch ist schwach.

42 *Dann ging er zum zweiten Mal weg und betete: Mein Vater, wenn dieser Kelch an mir nicht vorübergehen kann, ohne daß ich ihn trinke, geschehe dein Wille.*

43 *Als er zurückkam, fand er sie wieder schlafend, denn die Augen waren ihnen zugefallen.*

44 *Und er ging wieder von ihnen weg und betete zum drittenmal mit den gleichen Worten.*

45 *Danach kehrte er zu den Jüngern zurück und sagte zu ihnen: Schlaft ihr immer noch und ruht euch aus?*
Die Stunde ist gekommen; jetzt wird der Menschensohn den Sündern ausgeliefert.

46 *Steht auf, wir wollen gehen. Seht, der Verräter, der mich ausliefert, ist da.*

Wir sind die hohlen Leute,
Wir sind die ausgestopften Leute.
Aneinandergelehnt,
Kopfstück mit Stroh gefüllt. Ach!
Unsere verdörrten Stimmen,
Wenn wir einander ins Ohr flüstern,
Sind leise und sinnlos
Wie Wind durch trockenes Gras
Oder Rattenfüße über zerbrochenem Glas
In unserem ausgetrockneten Keller.

Gestalt ohne Form, Schattierung ohne Farbe,
Gelähmte Kraft, Geste ohne Leben.

Ihr, die ihr schon hinüber seid,
Mit starren Augen, zu jenem anderen Hades:
Gedenket unser – wenn überhaupt – nicht als
Verdammte, gewaltsame Seelen, sondern nur
Als die hohlen Leute,
Die ausgestopften Leute.

Diese Zeilen von T.S. Eliot sind sehr wichtig, enorm bedeutsam. Der Mensch in seiner Unwissenheit ist nur eine negative Leere; ausgestopft mit Stroh, innen hohl. Du brauchst dich nur zu beobachten. Was hast du im Leben gewonnen? Du magst viel verloren haben, aber du hast nichts gewonnen. Nicht nur deine Hände sind leer, dein ganzes Wesen ist leer. Und leer nicht im buddhistischen Sinne: leer nicht im Sinn von Stille, leer nicht im Sinn von Fülle des Seins; sondern leer, weil das Bewußtsein fehlt, leer, weil die Wachheit fehlt. Du bist keine Präsenz, du bist nur eine Absenz – innen leer, ausgestopft mit Stroh. Das Stroh mag Gold sein, es mag Geld sein; das Stroh mag Macht sein. Tausendundeinen Namen trägt dieses Stroh, aber es ist Stroh, weil es nicht die Seele nährt. Es bringt nicht die Seele hervor, sondern ist destruktiv. Es gibt dir allenfalls ein Völlegefühl – ein sehr trügerisches Gefühl.
Dies sind die beiden Lebenswege: Entweder zu echter Leere, zu

einer positiven Leere zu finden... das ist der Weg der Meditation, des Betens, der Weg, der nach und nach zu Gott führt; der andere Weg ist, sich nur immerzu vollzustopfen mit nutzlosem, nichtigen Zeug, das letztlich ohne jede Bedeutung ist. Allenfalls hält es dich für den Augenblick beschäftigt. Aber früher oder später stößt man darauf, daß man seine Chance verpaßt hat.

Als Woodrow Wilson Präsident von Amerika wurde, feierte seine ganze Familie. Seine Freunde im ganzen Lande tanzten vor Freude – und er weinte und schluchzte in seinem Zimmer. Seine Frau trat an ihn heran. Sie konnte ihren Augen nicht glauben: denn Woodrow Wilson saß auf seinem Stuhl am Fenster, den Kopf vornüber gebeugt, trauriger als sie ihn je gesehen hatte, in Tränen aufgelöst. Voller Liebe fragte die Frau ihren Mann: „Was ist passiert? Warum bist du in Tränen aufgelöst?“ Er sah mit traurigen Augen auf. Er sagte: „Jetzt, da ich zum Präsidenten des mächtigsten Landes geworden bin, jetzt, da ich zum mächtigsten Mann geworden bin, tut sich mir die ungeheure Absurdität des Ganzen auf. Nichts ist gewonnen, und ich habe mein ganzes Leben vertan. Jetzt verstehe ich die Sinnlosigkeit der Macht; denn früher oder später wird der Tod kommen, und gegen ihn bin ich machtlos.“

Und wenn deine Macht machtlos gegen den Tod ist, dann ist sie nur eine Täuschung. Solange du nicht das Todlose erreichst, ist deine Macht nicht Macht, sondern Falschgeld.

Und wer kann Macht über den Tod erlangen? – einer, der die wahre Leere, die positive Leere erlangt.

Man kann diese Leere auch ganz anders nennen: tiefe innere Erfüllung. Du bist nicht mit Stroh gefüllt, sondern du bist von deiner eigenen Bewußtheit erfüllt. Du bist nicht mit Möbeln vollgestellt, mit Autos, Häusern, Geld und anderem Unfug, sondern du bist von nichts als deinem Sein erfüllt, von bloßer Istigkeit, bloßer Existenz. Dann gibt es für dich keinen Tod.

Dies ist der letzte Abend von Jesus mit seinen Jüngern, ein sehr bedeutungsvoller Abend; denn man wird ihn niemals wieder zu Gesicht bekommen. Ich habe euch schon zuvor gesagt – und es wird helfen, sich noch einmal daran zu erinnern oder daran erinnert zu werden –, daß Jesus eine Brücke ist. Er ist Mensch plus Gott. Buddha ist reine Göttlichkeit; der Mensch in ihm ist vollkommen verschwunden. Man kann sich Buddha nicht kummervoll vorstellen, man kann sich Buddha nicht vorstellen, wie er Gott um etwas bittet. Jesus ist beides; das ist sein Paradox und seine Schönheit. Er ist eine Brücke zwischen diesen zwei weitentfernten Phänomenen, Mensch und Gott – Menschensohn und Gottessohn. Wenn Jesus in diesen Sutras betet, betet sein Sohnsein zu seinem eigenen Vatersein. Den Christen ist dieser Punkt völlig entgangen. Es ist kein an irgendeinen Gott im Himmel gerichtetes Gebet: Hier halten seine eigenen beiden Pole eine tiefe Zwiesprache, befindet sich Jesus der Menschensohn in tiefer Zwiesprache mit Jesus dem Gottessohn. Was sich hier abspielt, ist etwas rein Innerliches.

Laßt mich euch das Sutra vorlesen.

Darauf kam Jesus mit den Jüngern zu einem Grundstück, das man Gethsemani nennt, und sagte zu ihnen: Setzt euch und wartet hier, während ich dort bete.

Diese Worte „Setzt euch..." sind genau das, was die Zen-Leute „Zazen" nennen. Zazen bedeutet: sich einfach hinsetzen, ohne etwas zu tun. Mit den Worten „Setzt euch!" sagte Jesus zu ihnen: „Setzt euch einfach hin, tut nichts. Seid einfach wach und still – ein stiller Teich, ohne all die Wellen der Gedanken, einfach dasitzend." Die Zen-Leute wissen, was das heißt – das Christentum hat es völlig vergessen.
Aus dem Christentum ist schon der Gedanke, einfach dasitzen zu können, verschwunden. Christliche Deutungen gibt es genug. Man meint, Jesus fordere sie hier einfach auf, sich hinzusetzen. Aber wenn ein Mann wie Jesus spricht, darf man seine Worte nicht auf gewöhnliche Weise deuten. Seine Sprache ist nicht gewöhnlich. Seine Worte mögen gewöhnlich sein, aber die Bedeutung, die er in sie legt, ist es nie. Was er hier zu seinen Jüngern sagt, ist: „Seid im Zazen."
Laßt mich erklären, was Zazen ist. Zazen ist eine tiefe Unbeschäftigtheit – äußerlich nichts zu tun, innerlich nichts zu tun. Es ist noch

nicht einmal eine Meditation, denn wenn ihr meditiert, müht ihr euch mit irgendeiner Form ab, versucht ihr irgendetwas zu *tun*: ein Mantra zu intonieren, euch an Gott zu erinnern oder gar an euch selbst zu erinnern. Aber solche Anstrengungen machen Wellen, solche Anstrengungen schaffen Schwingungen, und euer Sitzen wird getrübt. Dann ist euer Sitzen nicht unschuldig. Zazen heißt: sitzen, und wirklich nur sitzen und sonst nichts. Da ist kein Tun vonseiten des Körpers, kein Tun vonseiten des Geistes. Es ist ein Zustand des Nichttuns. Was nicht heißt, daß du dann fest schläfst – auch Schlafen ist ein Tun! Was nicht heißt, daß du dann tot bist – denn wenn du tot bist, kannst du nicht einfach sitzen. Was einfach heißt, daß du dann ungeheuer lebendig bist, intensiv lebendig, eine Flamme von Dasein, aber ohne irgendwo hinzustreben – ein Becken voller Energie, in tiefer Erwartung. Du wartest einfach auf ein Geschehen, sogar ohne Erwartungen, denn auch Erwartungen würden wieder eine leise Gedankenwelle erzeugen, und der Verstand käme wieder in Gang. Alles ist in der Schwebe. Du atmest, und das ist alles, was du tust. Aber das ist kein Tun, denn das Atmen läuft von selbst. Du brauchst nichts weiter zu tun, als nur still dazusitzen.

Man erzählt von Bodhidharma, daß er neun Jahre lang vor der Wand seiner Höhle gesessen hat. Die Sage geht, daß seine Beine ihm abstarben. Neun Jahre saß er still, ohne etwas zu tun: Er sang kein Mantra, er dachte an keinen Gott, er verrichtete kein Gebet. Er saß einfach da, vor einer Wand. Seine Beine starben ab. Das ist sehr aussagekräftig, denn Beine symbolisieren Tätigkeit, Bewegung: Alle Bewegung verschwand. Ob seine Beine tatsächlich abstarben, ist nicht der springende Punkt. Der springende Punkt ist, daß alle Bewegung verschwand. Das Bewußtsein wurde zu einem reglosen Stausee von Energie, einfach reine Energie, die nirgendwo hinging.

Dann kam sein erster Jünger... Denn sein Wille war, nicht eher einen Jünger anzunehmen, als bis einer kam, der eine gewaltige Bereitschaft zu folgen bekundete. Hui Kujo kam. Es heißt, daß er sich die Hand abschnitt und sie Bodhidharma mit den Worten darbot: „Dreh dich um zu mir. Andernfalls schneide ich mir den Kopf ab."

Bodhidharma mußte sich wohl oder übel umdrehen. Das war die

erste Bewegung, die er in neun Jahren gemacht hatte. Er sagte: „Warte – du bist also endlich der Mann, dem ich meine Botschaft aushändigen kann."

Auch hier wieder: Es mag sein, mag aber auch nicht sein, daß der Jünger ihm seine Hand opferte. Auch das ist wieder ein Symbol: Hand bedeutet Tätigkeit. Beine bedeuten Bewegung, Hände bedeuten Tätigkeit: Erst nach geopferter Tätigkeit wird das Sein offenbart. Bodhidharma hat seine Botschaft, sein Ein und Alles, diesem Manne zu übergeben, der symbolisch bewiesen hatte, daß er bereit war, sein Tätigsein aufzugeben.

Als Jesus zu seinen Jüngern sagte: „Setzt euch", meinte er damit Zazen: „Setzt euch und wartet hier einfach, denn ein ungeheures Ereignis bahnt sich an. Etwas wird passieren, das nie wieder geschehen wird, in der ganzen Menschheitsgeschichte nicht. Etwas Unwiederholbares, etwas Einzigartiges bahnt sich an. Wartet nur, sitzt und beobachtet. Macht keinerlei Bewegung, denn schon die leiseste Bewegung der Gedanken, der Gefühle, des Körpers – und das Wesentliche mag euch entgehen. Der Menschensohn wird Gott ausgeliefert werden. Der Sohn der Menschen wird verschwinden, und der Sohn Gottes wird erscheinen. Jetzt kommt das größte Ereignis aller Zeiten: *Setzt euch und wartet hier.*"

Und das Wort *hier* ist ebenfalls sehr, sehr bedeutsam. *Setzt euch* heißt: Bewegt euch nicht im Raum. Und *hier* heißt: Bewegt euch nicht in der Zeit. Seid einfach hier, jetzt – keine Bewegung im Raum, keine Bewegung in der Zeit. Es wäre leichter für die Jünger gewesen – denn es war spät, und sie waren von den Festlichkeiten und Aktivitäten des ganzen Tages erschöpft und wären gern eingeschlafen – es wäre leichter für sie gewesen, wenn es ihnen erlaubt gewesen wäre, herumzulaufen. So hätten sie sich wach gehalten. Aber Jesus sagte: „*Setzt euch. Setzt euch... hier*, lauft nicht herum. Bewegt euch nicht im Raum und bewegt euch nicht in der Zeit."

Der Körper bewegt sich im Raum; das Denken bewegt sich in der Zeit. Der Körper ist Teil des Raums, das Denken ist Teil der Zeit. Jesus sagt: „Setzt euch – hier. Durch Sitzen haltet ihr die Bewegung im Raum an; durch Hiersein, einfaches Hiersein, haltet ihr die Bewegung des Denkens an." Das ist der ganze Sinn von Zazen. Wenn man es richtig zu deuten versteht, dann hat Jesus zu seinen Jüngern gesagt: „Macht Zazen...

...während ich dort bete.

Jesus schickt sich an zu beten. Beten ist eine Brücke. Der Sohn schickt sich an, zum Vater zu beten; das Niedere schickt sich an, zum Höheren zu beten; die Erde schickt sich an, zum Himmel zu beten; das Samenkorn schickt sich an, zum Baum, zur Zukunft zu beten. Beten ist Liebe.

Jesus sagt damit: „Ich will mich meinem Gott darbringen. Setzt euch still hin, seid wach und aufmerksam" – so wach wie die Geliebte, die den Geliebten erwartet, genauso aufmerksam. Wenn sich etwas regt, dann meint sie, nun sei vielleicht der Geliebte da: „Sind das nicht die Tritte des Geliebten?"... sie läuft zur Tür. Es mag nur ein Windstoß sein, der vorüberstreicht, es mag nur der Wind sein, der mit dem dürren Laub auf der Straße spielt, es mag nur ein Bettler sein, es mag nur ein Fremder sein, aber eine Geliebte bleibt auf der Hut, wach, erwartungsvoll – leidenschaftlich, restlos nur auf eines gerichtet. Jesus sagt: *Setzt euch und wartet hier, während ich dort bete.*

Wenn ein Mensch wie Jesus betet, antwortet Gott. Wenn eure Gebete nicht beantwortet wurden, dann beschwert euch nicht. Es zeigt nur, daß das kein Beten war. Wenn eure Gebete nicht beantwortet wurden, zeigt das nur, daß ihr etwas anderes tatet als beten. Beten ist ein totales, bedingungsloses Sich-Darbringen, mit dem man sagt: „Ich bin dein. Dein Wille geschehe." Jesus geht hin, um zu beten. Wenn Jesus hingeht und betet, dann geht die Erde hin, um sich mit dem Himmel zu vereinigen. Wenn es den Jüngern gelingt, schweigend zu wachen, werden sie zu Zeugen des größten Ereignisses überhaupt, eines ungeheuren Ereignisses werden: wie der Himmel herabkommt, um sich mit der Erde zu vereinigen, wie der Gott herabsteigt, um sich mit dem Sohn zu vereinigen. Etwas Großartiges wird sich gleich im Herzen von Jesus ereignen: Die Pole werden verschmelzen, die Gegensätze werden sich vereinigen. Zu

Recht sagte er zu seinen Jüngern: „Setzt euch und wacht hier, während ich dort bete."
Noch eines, und dann können wir weitergehen.
Eine Meditation ist nichts weiter als Sitzen. Eine Meditation ist nichts weiter, als einfach da zu sein, wo du bist. Beten ist ein Hingehen, Meditation ist ein Sitzen. Im Beten weitest du dein Sein aus, im Beten steigst du, greifst du, wie hohe Wellen im Meer, nach dem Jenseits. Beim Meditieren wartest du einfach. Meditation ist passiv, Beten nicht. Beten ist aktiv. In Meditation machst du einfach die Türen deines Herzens auf und wartest. Beim Beten ist das nicht genug – du machst die Türen auf und du rennst der Höhe entgegen. Genau das sagt Jesus mit: „...während ich *gehe* und dort bete. Ihr dagegen mögt meditieren, während ich bete."
Wenn ein Meister betet, und die Jünger währenddessen einfach warten und meditieren können, wird viel mit ihnen geschehen. Denn wenn die Liebe des Ganzen sich über den Meister senkt, wird sie sich natürlich auch über die Jünger ergießen. Nur ein Meister kann beten; ein Jünger kann nur meditieren. Denn Beten wird erst möglich, wenn du erkannt hast, was Gott ist. Beten ist möglich, wenn du das Ganze erkannt hast. Meditation ist möglich, ohne etwas von Gott zu wissen. Genauer gesagt ist Gott zum Meditieren nicht nötig. Darum sind auch die Religionen, die auf Meditation beruhen, atheistisch: Sowohl der Jainismus als auch der Buddhismus sind atheistisch, sie glauben an keinen Gott. Es ist nicht nötig. Sie sind meditativ religiös – sie sitzen einfach und warten. Wann immer sie bereit sind, kommt Gott. Die Religionen des Betens – Christentum, Hinduismus, Islam – sitzen nicht einfach da, sondern *rennen* zu Gott hin. Sie bewegen sich. Den Buddhismus oder Jainismus kann man sich als einen stillen Ozean vorstellen, ohne jedes Kräuseln, ohne jede Welle. Das Christentum, den Islam, den Hinduismus kann man sich als Ozean mit hohem Seegang vorstellen – große Wellen, die sich dem Himmel entgegenheben.
Beten ist nicht dasselbe wie Meditieren. Meditieren ist Passivität, Beten ist Aktivität. Genau deshalb lehren Buddhismus und Jainismus die Weltabkehr, die Abkehr vom Handeln. Das Christentum lehrt

Nächstenliebe – daß man sich auf den Marktplatz begeben soll, sich auf die Suche nach Gott machen soll. Aber nur ein Meister kann beten, weil Liebe nur da möglich ist, wo du den anderen kennst. Wie könnt ihr Gott anrufen? – ihr kennt ihn nicht. Wie könnt ihr „Du" zu ihm sagen? – ihr kennt ihn nicht. Allenfalls bleibt er eine Hypothese, und eine Hypothese kann man nicht „Du" nennen. Allenfalls muß es ein „Es" bleiben, es kann niemals ein „Du" werden. Man kann damit arbeiten, aber man kann es nicht lieben. Niemand kann ein mathematisches Theorem lieben. Niemand kann die größte Formel aller Zeiten lieben, die Einsteinsche Formel „$E = mc^2$". Wie könnte man die lieben? Wie könntet ihr zu dieser Formel „Du" sagen? Wie könntet ihr euch vor ihr verneigen? Wie könnten euch da Tränen aus den Augen rinnen, wie könntet ihr um sie herumtanzen? Mag ja sein, daß die Formel sehr bedeutend ist und vieles erklärt, aber eine Erklärung läßt sich nicht anbeten. Gott, wenn er erkannt ist, wird wie die Geliebte berührt; Gott wird geküßt, wie man die Geliebte küßt; Gott schaut man tief in die Augen, so wie man seiner Geliebten tief in die Augen schaut. Solange Gott nicht wie eine Geliebte zu dir kommt, ist Beten nicht möglich. Dein Beten wird unecht sein.

Aber ein Meister kann beten. Wenn er betet, senkt sich der Himmel über ihn herab, umhüllt ihn, berührt ihn von allen Seiten, aus allen Richtungen. Und wenn die Jünger einfach nur da sind, still in tiefem Zazen sitzend, meditierend, dann werden ihre Herzen erschauern. Das Unbekannte wird auch sie berühren, das Unbekannte wird auch ihr Sein berühren. Denn *wenn* es regnet, wenn Gott regnet, regnet es nicht spärlich. Wenn Gott regnet, regnet es ungeheuer, füllt es die ganze Erde. Es braucht nur ein einziger Jesus zu beten, und Gott regnet und füllt die ganze Erde. Wo immer in dem Moment Menschen in stiller Erwartung meditieren, plötzlich werden sie voll von ihm sein. Dann wird Beten möglich, eher nicht. Es gehört eine wirkliche Berührung dazu, ein Kontakt dazu. Gott muß man berühren – man muß von Gott berührt werden. Nur dann steigt Vertrauen auf.

Meditation braucht Gott nicht. Du kannst die Hypothese beiseite tun und meditieren. Wenn du immer weiter meditierst, dann wird Gott eines Tages dein Herz füllen. Aber wenn du einen Meister hast, der an deiner Stelle beten kann, der für dich beten kann, der einfach beten kann, wirst du vieles gewinnen, dessen du noch nicht würdig bist.

Es ist der letzte Abend, Jesus wird am nächsten Tag fort sein. Er möchte ihnen ein Geschenk machen, ein Geschenk Gottes. Er sagte zu ihnen: „Setzt euch her, während ich dort drüben hingehe und bete." Er möchte in eine tiefe Abgeschiedenheit gehen, allein, denn selbst die Anwesenheit seiner Jünger kann eine Störung sein. Meditation kann man in einer Gruppe machen. Beten ist etwas so Intimes! Es ist die Begegnung zweier Liebender. Niemand sollte Zeuge davon sein, niemand sollte Zaungast dabei sein, niemand sollte es beobachten. Andernfalls wird die bloße Tatsache, daß da irgendwer ist, einen Mißton hervorrufen. Beten geschieht immer im Alleingang.

Und seht euch die Dummheit an: Die Leute meditieren allein und beten zusammen. Meditierer gehen in die Einsamkeit, und wenn ihr beten wollt, geht ihr zum Tempel und betet zusammen. Das Beten muß sich in absolutem Alleinsein abspielen, weil Beten Liebe ist. Meditieren kann sich in einer Gruppe abspielen: Sie ist eine Technik. Ja, wenn ihr in einer Gruppe meditiert, werdet ihr tief meditieren, weil die Gruppe nachhilft, verstärkt. Das fördert Vertrauen. Ein Gruppengeist entsteht, eine große Welle von Gruppenbewußtsein entsteht, und du kannst einfach auf der Welle mitreiten.

Aber beten heißt lieben. Man sollte so beten, wie man liebt. Man kann nicht auf dem Marktplatz lieben. Im Westen passiert das zwar, aber gerade deswegen verliert die Liebe heute alle Bedeutung. Es gehört Privatheit dazu, es gehört Intimität dazu. Im Westen ist die Liebe heute zur öffentlichen Angelegenheit geworden. In öffentlichen Parks kann man Liebende finden – in tiefer Umarmung, sie schlafen sogar öffentlich miteinander. Das ist profan. Etwas Heiliges wird da zerstört. Etwas sehr Intimes wird da öffentlich gemacht, korrumpiert. Alle Unschuld wird hin sein.

Liebe braucht Intimität, Liebe braucht Dunkelheit. Ja, Liebe braucht so viel Alleinsein, daß Frauen immer die Augen schließen, wenn sie im Liebesakt sind. Selbst die Anwesenheit des Geliebten – den Geliebten auch nur zu sehen – ist eine Störung. Sie schließen die Augen, sie sind total allein. Selbst der Liebhaber darf nicht gesehen werden, weil sonst „der andere" da ist, und die Anwesenheit eines anderen immer eine Spannung bedeutet. Wenn der andere völlig vergessen ist, wenn sich der andere tief im Dunkeln verloren hat, dann steigt die Liebe zu ihrem höchsten Gipfel auf, zum größtmöglichen Orgasmus.

Merkt euch folgendes: Jesus versuchte, ihnen sein letztes Geschenk zu machen. Aber das Geschenk war unsichtbar, und das Geschenk war derart, daß es da nichts zu sagen gab. Empfangen würden es nur diejenigen, die es konnten, und diejenigen, die es nicht konnten, würden leer ausgehen.

Darauf kam Jesus mit den Jüngern zu einem Grundstück, das man Gethsemani nennt, und sagte zu ihnen: Setzt euch und wartet hier, während ich dort bete.

Und er nahm Petrus und die beiden Söhne des Zebedäus mit sich. Da ergriff ihn Angst und Traurigkeit.

Drei Jünger nahm er mit sich. Diese drei Jünger waren, als wären sie nicht. Sie hatten ihr Ego verloren. Sie durften dabei sein. Ihre Anwesenheit würde kein Mißton sein, denn sie hatten keine separate Präsenz. Sie waren gleichsam Schatten von Jesus, Teil seines Seins.

...Da ergriff ihn Angst und Traurigkeit.

Das ist das Schöne an Jesus, daß er traurig sein kann. Ein Buddha kann es nicht. Jesus ist fließender. Er kann die Gegensätze umfassen.

Ich habe von einem großen Zen-Meister gehört, Lin Chi.

Jemand fragte: „Du bist nun erleuchtet, Lin Chi. Verrate uns doch: Wie erging es dir nach der Erleuchtung?"

Er lachte und sagte: „Ich war unglücklich vor der Erleuchtung. Jetzt war die Erleuchtung da, und ich bin immer noch unglücklich."

Es ist sehr schwer zu verstehen, was er damit sagen will. Er sagt damit, daß die Erleuchtung nicht die Gegensätze aufhebt. Vielmehr führt die Erleuchtung zu einer höheren Synthese des Paradoxons, der Polarität. Es ist nicht so, daß ein Erleuchteter nicht traurig wird, er wird nur auf andere Weise traurig. Seine Traurigkeit hat eine völlig andere Qualität. Seine Traurigkeit ist heiterer als eure Heiterkeit. Seine Traurigkeit hat Tiefe, seine Traurigkeit hat Schönheit – ein stilles Lied ohne Töne.

...Da ergriff ihn Angst und Traurigkeit.

Das ist der Menschensohn, der hier von Angst und Trauer erfüllt wird – denn bald galt es, dieses Ufer zu verlassen. Das Schiff war eingetroffen, und schon bald würde er nicht mehr hier sein. Aber warum ergreift ihn Angst und Traurigkeit? – weil er „der Menschen Sohn" ist, weil auch er dieser Erde gehört. Er gehört nicht nur dem Himmel. Er wird nun bald diese Erde verlassen müssen, und er hat auch diese Erde geliebt, er hat auch diesen Leib geliebt. Seine Liebe war groß genug, alles zu umspannen. Er hatte tausendundeine Freude genossen. Er hatte sich hier ergötzt; er war kein Asket. Er hatte das Leben hier gefeiert; und nun war dieses Feiern zuende, war dieses Vergnügen zuende. Nie wieder sollte er das Lied der Erde singen dürfen. Jesus war ein sehr erdgebundener Mann.

Und er sagte zu ihnen: Meine Seele ist zu Tode betrübt. Bleibt hier und wacht mit mir.

Zu diesen drei Jüngern also sagte er: „Meine Seele ist zu Tode betrübt, mein Becher fließt über vor Kummer." Er ist wie ein Fluß, der sich anschickt, sich in den Ozean zu ergießen. Der Fluß zögert; er schaut zurück – all jene herrlichen Landstriche, jener herrliche Himalaja in der Ferne, jene Gletscher, jene Gipfel: die Bäume, der Wald, die Ufer, die Menschen – Millionen von Erfahrungen. Nun aber soll in einer Minute alles zu Ende sein. Der Fluß möchte noch etwas an der Grenze verweilen, ehe er in den Ozean mündet und verschwindet. Der Fluß zögert. Die Geschwindigkeit läßt nach; er schaut zurück, voll Nostalgie...
Genau das ist es, was jetzt in Jesus vor sich ging. Er hatte gelebt, und zutiefst gelebt. Sein wahres Leben wird uns nicht berichtet –

weil die Christen Angst davor haben. Sie haben einen Asketen aus ihm gemacht. Er war keiner. Er aß gern, er liebte Wein, er liebte Frauen; er liebte die kleinen Freuden des Lebens. Er war durch und durch ein Mann der Erde – plus etwas dazu. Die Erde wurde nicht geleugnet, die Erde wurde durch ihn geheiligt. Die Erde wurde nicht verworfen, die Erde wurde als ein Geschenk Gottes gefeiert.
Buddha ist anders. Er wird sich nicht groß umgedreht haben, als sein Fluß ins Meer mündete. Er wird nicht zurückgeschaut haben. Ja, er wird sich erst recht beeilt haben: Da lag das Meer, auf das er gewartet, nach dem er sich gesehnt hatte! Er wird einen riesigen Satz ins Meer machen! Er wird der Erde nicht einmal ein Dankeschön nachschicken.
Jesus ist anders. Sie haben verschiedene Persönlichkeiten.
Und es ist gut so, daß das Leben verschiedene Arten von Buddhas hervorbringt. Das Leben ist umso reicher dadurch – so viele Arten von Blumen, mit lauter verschiedenen Düften! Das Leben ist nicht eintönig. Das Leben produziert keine Buddhas am Fließband, so wie ein Fordwerk Fords produziert. Jeder Buddha ist einmalig. Buddha hat seine eigene Schönheit, die Schönheit des Himmels. Epikur hat seine eigene Schönheit, die Schönheit der Erde. Und Jesus ist wirklich was: Epikur plus Buddha! Hier die Schönheit der Erde, und dort die des Himmels – eine großartige Synthese, eine gewaltige Harmonie.

Meine Seele ist zu Tode betrübt. Bleibt hier und wacht mit mir!

Er hatte die übrigen Jünger ein wenig zurückgelassen. Er hatte ihnen aufgetragen, sich still hinzusetzen, in Zazen zu gehen, zu meditieren. Seine Allernächsten hatte er mitgenommen, und er hatte zu ihnen gesagt: „Wartet hier und wacht mit mir" – bleibt in meiner Nähe und seid auf der Hut. Warum dieser Unterschied? Warum konnte er nicht alle Jünger bei sich haben?
Nur diejenigen dürfen ganz in seine Nähe gelassen werden, die fast schon verschwunden sind. Sie werden keine Störung sein. „Wartet hier und wacht mit mir" – etwas Ungeheures bahnt sich an... seid wachsam.

Und er ging ein Stück weiter, warf sich zu Boden... die Erde, die er so geliebt hatte! Er fiel zur Erde... *und betete: Mein Vater, wenn es möglich ist, gehe dieser Kelch an mir vorüber.*

Dies ist der Menschensohn, der hilflose Mensch, die hilflose Erde, die Erde, die zum Himmel spricht: „Oh Vater, wenn es möglich ist, gehe dieser Kelch an mir vorüber." Jesus hätte gern noch etwas länger gelebt. Jesus hätte gern diese Erde nicht so bald verlassen. Er liebte sie.

Aber nicht wie ich will, sondern wie du willst.

Diese beiden Neigungen sind fortwährend in ihm. Die Erdseite sagt: „Wenn es möglich ist, oh mein Gott, oh mein Vater, laß diesen Kelch an mir vorübergehen. Zwinge mich nicht, schon so bald ins Meer zu fallen." Aber auf der anderen Seite sagt der Gottessohn, der andere Pol seines Seins: „Aber nicht wie ich will, sondern wie du willst."

Und er ging zu den Jüngern zurück und fand sie schlafend. Da sagte er zu Petrus: Konntet ihr nicht einmal eine Stunde mit mir wachen? – denn während er gebetet hatte, waren Himmel und Erde zusammengekommen. Als er betete, kamen der Sohn und der Gott zusammen. Als er betete, stieg in ihm eine große Symphonie auf, in der der Menschensohn nicht mehr vom Gottessohn getrennt war. Sein Körper und seine Seele tanzten in einer geheimnisvollen Harmonie miteinander.

Und er ging zu den Jüngern zurück und fand sie schlafend...

Sie haben versagt.
Es gibt Gaben, die dir nicht eher gegeben werden können, als bis du bereit bist, sie entgegenzunehmen. Es gibt Gaben, die dir gegeben werden können, ob du bereit bist, sie zu empfangen, oder nicht; aber das sind die Gaben der Welt. Es gibt Gaben, die dir nur gegeben werden können, wenn du bereit bist, sie zu empfangen – das sind die Gaben des Unsichtbaren, der anderen Welt, des anderen Ufers. Jesus schuf eine Sitution, aber die Jünger versagten.

Da sagte er zu Petrus: Konntet ihr nicht einmal eine Stunde mit mir wachen? – ist Schlaf denn so wichtig? Konntet ihr nicht wach und

bewußt bleiben, nicht einmal für eine Stunde? *Wacht und betet, damit ihr nicht in Versuchung geratet. Der Geist ist willig, aber das Fleisch ist schwach.* Er sagte es ihnen noch einmal! Das Mitgefühl eines Meisters ist unendlich. Ihr versagt immer wieder, und er gibt immer wieder.
Wacht und betet, damit ihr nicht in Versuchung geratet. Der Geist ist willig, aber das Fleisch ist schwach. Tief drinnen, wer ist da nicht willig? Aber das Problem liegt an der Oberfläche. Tief drinnen möchtet ihr die Wahrheit erlangen, aber die Oberfläche – das Fleisch – ist nicht willig.

Dann ging er zum zweiten Mal weg und betete: Mein Vater, wenn dieser Kelch an mir nicht vorübergehen kann, ohne daß ich ihn trinke, geschehe dein Wille.

Wieder sprach er das gleiche Gebet. Warum hat Jesus diese Gebete wiederholt? Nicht um seiner selbst willen. Was ihn betraf, war einmal genug. Zweimal, dreimal hat er sie wiederholt – den Jüngern zuliebe. Er wollte den Schlüssel übergeben. Er war bereit, ihnen die größte Wissenschaft auszuhändigen, die es gibt: die Wissenschaft, wie sie aus ihren Gefängnissen herauskamen. Aber sie hörten einfach nicht zu, sie verstanden einfach nicht. Sie dachten: „Ein Stündchen Schlaf ist doch besser, als wachsam zu sein."
Und merke dir – das gleiche gilt für dich. Und für alle anderen. Wie leicht kannst du eine Meditation verpassen, weil du morgens ein bißchen zu faul und zu müde bist... Und wer weiß? – genau diese Meditation hätte die Wende sein können. Man kann nie wissen. Vielleicht hast du etwas verpaßt und wirst nie merken, daß du es verpaßt hast. Dein Schlaf ist wirklich tief. Du lebst ein nahezu bewußtloses Leben.
Ich will euch eine Geschichte erzählen, die ich gerade gelesen habe. Ein Löwe wurde gefangen und in einen großen Hof gesperrt mit einem hohen Zaun drumherum. Er machte sich bald mit dem Gesellschaftsleben der anderen Löwen vertraut, die schon lange dort lebten. Die Löwen hatten sich in verschiedene Clubs aufgeteilt: politische, religiöse und andere, jeder mit seinen eigenen Aktivitäten,

Philosophien, Dogmen, Schriften, Ideologien. Die eine Gruppe traf sich regelmäßig zu Haßtiraden und Schmähungen gegen ihre Fänger, und darin bestand ihr ganzes Geschäft – so als würde sich einfach dadurch etwas ändern, daß sie die Fänger haßten und schmähten. Eine andere Gruppe traf sich, um sentimentale Lieder zu singen, in denen die Rede war von einem Dschungel der Zukunft, in dem es keine Gitter gab. Das müssen Utopisten gewesen sein, fantasievolle Leute, die in der Vorstellung leben. Sie malten einen zukünftigen Dschungel ohne Gitter aus, mit prächtigen Farben, und sie besangen ihn mit überaus schöner Poesie. Das müssen sehr romantische, utopistische, fantasievolle Leute gewesen sein. Und eine dritte Gruppe traf sich heimlich, um Anschläge auf die anderen Gruppen zu planen; sie führten Gewalt gegen die anderen Gruppen im Schilde. Das waren die Dunkelmänner; sie waren nicht so sehr gegen die Fänger, als vielmehr gegen die anderen Gruppen von Löwen.

Jeder Club suchte Druck auf den Neuankömmling auszuüben, ihm beizutreten, aber irgendetwas hielt ihn zurück. Sein Zögern kam daher, daß er einen gewissen Löwen beobachtet hatte, der sich abseits hielt und immer tief in Gedanken und Meditation versunken zu sein schien. Und dieser Löwe, der immer allein war, ein Einzelgänger, zog den Neuen an. Er hatte eine gewisse Anziehungskraft, eine gewisse Macht, eine gewisse Magie. Der Neue näherte sich dem einsamen Löwen und verlangte von ihm eine Erklärung, warum er so auf Distanz hielt – seine bloße Distanz muß ihm ein gewisses Charisma, einen gewissen Glanz verliehen haben; denn Menschen, die in Massen leben, verlieren ihre Individualität und ihr Charisma, und Menschen, die allein leben, sind immer in eine Aura von Autorität, von Majestät gehüllt. Dieser Einzelgänger sah aus wie ein König. Er hatte etwas Fürstliches an sich.

„Schließe dich keinem an!" antwortete der Löwe, der Meditierer. „Diese Dummköpfe tun alles, nur nicht das Notwendige. Ich tue das, worauf es ankommt, und so werde ich eines Tages auch hier herauskommen. Du kannst gern alle Fakten erfahren, die ich herausgefunden habe."

„Aber worauf kommt es denn an, und was tust du?" fragte der Neuling.

„Hör gut zu", sagte der Eremit, der meditierende Löwe. „Ich studiere die Beschaffenheit des Gitters. Das ist das einzig Notwendige im Leben: die Beschaffenheit des Gitters zu verstehen."
Wo ist dein Gitter? Wo sind die Wände deines Gefängnisses? – in deinem Schlaf, in deiner Unbewußtheit, in deinem roboterhaften Benehmen. Genau das ist es, was Jesus an jenem Abend seinen Jüngern klarmachen möchte: „Wenn es euch gelingt, wach zu sein, werdet ihr frei sein." Wachheit ist Freiheit, Verschlafenheit ist Gefangenschaft.
Aber selbst an jenem letzten Abend, am Abend vor dem Abschied... Und diese Jünger werden es Jahrhunderte lang bereuen, und vor lauter Reue werden sie Jesus anbeten, werden sie ihm Millionen von Kirchen errichten. Aber als er noch lebte und von ihnen schied, waren sie nicht einmal fähig, ihm diesen kleinen Wunsch zu erfüllen: nur ein paar Stunden lang wach zu bleiben und aufzupassen.

Als er zurückkam, fand er sie wieder schlafend, denn die Augen waren ihnen zugefallen.
Und er ging wieder von ihnen weg und betete zum drittenmal mit den gleichen Worten.

Warum tat er es ein drittes Mal? Beim dritten Mal weckte er sie nicht auf; das Erbarmen eines Meisters ist grenzenlos. Er verstand, daß es ihnen unmöglich war, wach zu bleiben, also versuchte er zu beten: „So sei es denn, daß sie fest schlafen. Aber wo Gott niederregnet, da mag selbst noch in ihre Unbewußtheit hinein ein Samenkorn fallen, mögen sie selbst noch in ihrer Unbewußtheit etwas hören. Selbst in ihrem Tiefschlaf mögen sie etwas erfahren, dessen sie sich gar nicht bewußt sind, mögen sie ein gewisses Etwas mitbekommen." Vieles wäre möglich gewesen, wenn sie wach und bewußt gewesen wären, aber das schien unmöglich. Er hatte es zweimal versucht. Die Stunden vergingen rasch. Bald sollte er verraten, verkauft und getötet werden. „Keine Zeit zu verlieren. Laß sie schlafen."
Viele Male geschieht das gleiche: Hier schaue ich in eure Gesichter; ihr scheint mir zuzuhören, aber ihr hört nur selten zu. Ihr schlaft

mehr oder weniger. Aber ich mache weiter. Ich rufe euch weiter, provoziere euch weiter. Selbst wenn vielleicht nur ein einziges Wort in eurer Tiefe haften bleibt, und sei es im Schlaf, so wird dieses Saatkorn eines Tages Früchte tragen. Vieles wäre möglich gewesen, viel war zu haben, aber ihr wart nicht anwesend.

Erst kürzlich erzählte ich euch: Buddha hat Mahakashyap seine Blume geschenkt, während Jesus seinen Jüngern Brot und Wein gab. Und ich erzählte euch, daß Buddha deshalb eine Blume wählte, weil eine Blume die unirdischste Sache von der Welt ist – so flüchtig ist die Schönheit der Blume. Am Morgen ist sie da, bleibt bis zum Abend – fort. Sie wirkt wie ein Traum. Sie wirkt nicht wie Materie. Sie ist so leicht zu zerdrücken, zu zerstören! Sie leistet keinen Widerstand. Daß sie überhaupt existiert, ist ein Wunder. Eine Rosenblüte – wie kann sie nur in dieser Welt der Steine und Felsen existieren? Es ist ein Wunder. Sie ist ein Phänomen aus dem Jenseits. Buddha wählte die Blume.

Jesus wählte Brot – sehr gewöhnlich, sehr ordinär. Und Wein? – noch irdischer! Das ist gut so, denn er liebte die Erde. Aber da ist eines, was ich euch sagen muß: Als Buddha Mahakashyap die Blume gab, wurde die Blume in vollkommener Bewußtheit entgegengenommen. Als Buddha die Blume gab, war Mahakashyap hellwach und bewußt. Aber als Jesus das Brot und den Wein reichte, wem gab er sie da? Diese Leute waren nicht wie Mahakashyap; sie waren nicht so bewußt. Was er ihnen gab, gab er aus der Barmherzigkeit eines Jesus heraus. Was Buddha einem Mahakashyap gab, hatte Mahakashyap sich verdient. Es geschah nicht nur aus Buddhas Barmherzigkeit heraus. Natürlich war die Barmherzigkeit da, aber Mahakashyap hatte es sich verdient. Er war bereit, es entgegenzunehmen.

Im Falle von Jesus ist nur Barmherzigkeit da, reine Barmherzigkeit. Diese Jünger waren noch nicht bereit. Aber für Jesus war die Zeit zu scheiden gekommen; er gab ihnen etwas, das ihnen erst nach vielen Leben bewußt werden würde. Er gab ihnen einen Schlüssel zu einem Schatz. Sie würden ihn vielleicht auf Leben hinaus nicht öffnen, aber der Schlüssel würde mit ihnen sein, in ihrem Unbewußten.

Eines Tages – wann immer sie aufwachen – werden sie etwas mit dem Schlüssel anfangen können.
Die Zen-Leute sagen, daß das, was Mahakashyap da gegeben wurde, egal was es war, jenseits aller Heiligen Schriften, jenseits der Wörter, jenseits allen Wissens lag.
Dies gilt auch von Jesus: daß das, was er gab – egal was es war –, nicht nur jenseits der Heiligen Schrift und jenseits der Wörter lag, sondern auch jenseits vom Bewußtsein. Er schenkte es ihnen in ihrer Unbewußtheit. Sie schliefen, und seine Zeit war gekommen. Er gab ihnen einfach den Schlüssel, schloß ihnen ihre Fäuste darüber und zog sich in seine ewige Heimat zurück. Eines Tages, wann immer ihr Morgen graut und sie die Augen aufschlagen werden, finden sie den Schlüssel in ihren Händen.

Und er ging wieder von ihnen weg und betete zum drittenmal mit den gleichen Worten.
Danach kehrte er zu den Jüngern zurück und sagte zu ihnen: Schlaft ihr immer noch... – jetzt könnt ihr schlafen, solange ihr wollt, denn jetzt habt ihr den Augenblick versäumt. Jetzt könnt ihr nichts mehr versäumen, indem ihr schlaft – ... *und ruht euch aus?*
Die Stunde ist gekommen; jetzt wird der Menschensohn den Sündern ausgeliefert.
Steht auf, wir wollen gehen. Seht, der Verräter, der mich ausliefert, ist da.

Die Menge näherte sich, mit Judas an der Spitze. In der dunklen Nacht konnte man ihre Tritte hören, konnte man ihre Fackeln sehen. Und Jesus sagte – er muß es in tiefer Traurigkeit gesagt haben: „Schlaft ihr immer noch und ruht euch aus?" Denn derjenige, der euren Schlaf störte, muß jetzt Abschied nehmen. Der, der versuchte, eure Träume und euren Schlaf und eure Ruhe zu stören, ist verraten worden, und der Feind naht. *Steht auf, wir wollen gehen. Seht, der Verräter, der mich ausliefert, ist da.*
Dieser Satz ist sehr tief. Jesus hätte warten können, wo er war; der Feind nahte ohnehin. Aber die Geschichte besagt, daß er auf die Feinde zugeht, um sie zu begrüßen. Das ist symbolisch für jemanden, der

weiß, daß ihn der Tod nicht vernichten wird. Das ist symbolisch für jemanden, der den Tod willkommen heißt, der hingeht, um ihn zu begrüßen. Das ist symbolsich dafür, daß Jesus den Willen Gottes akzeptiert, was immer er ist. Er hat sich ergeben. Die Erde hat sich dem Himmel ergeben. Der Körper hat sich der Seele ergeben. Der Menschensohn hat sich dem Gottessohn ergeben.

Steht auf, wir wollen gehen. Seht, der Verräter, der mich ausliefert, ist da.

Kapitel 6

HAPPINESS IST EIN HAPPENING

Die erste Frage:

Ich möchte nicht dies sein, ich möchte nicht jenes sein; ich möchte nicht hier sein, ich möchte nicht dort sein; ich möchte nicht leben, ich möchte nicht sterben; ich möchte nicht weinen, ich möchte nicht lachen; ich kann nicht passiv sein, ich kann nicht aktiv sein; ich kann nicht wollen und ich kann mich nicht ergeben.

Nun... dann sei einfach dazwischen.
Und das ist nicht die Frage eines einzelnen, das ist der Zustand, in dem sich jeder Kopf befindet. Der Kopf kann nicht dies und kann nicht jenes sein. Der Kopf will sich nie festlegen, will nicht statisch sein, will nicht eingeschränkt sein; wann immer du also *dies* zu sein versuchst, arbeitet der Kopf bereits daran, *jenes* zu sein. Er kann sich immer nur in Gegensätzen bewegen. Denken ist Bewegung – es ist eine ständige Bewegung.
Was kannst du also tun? – versuchen, *weder* dies *noch* jenes zu sein! Sei einfach dazwischen. Wenn du dazwischen bleiben kannst, transzendierst du das Denken. Schau einfach zu, sei Zeuge. Versuche, überhaupt nichts zu tun; beobachte einfach, wie das Denken von A nach B geht und wieder von B nach A, wie der Kopf von einer Seite zur anderen geht, wie das Pendel einer alten Uhr: von links nach rechts, von rechts nach links.
Hast du schon einmal ein Pendel beobachtet? Wenn es nach links geht, sammelt es Schwung, um nach rechts zu gehen. Oberflächlich betrachtet geht es nach links; tief drinnen sammelt es schon Schwung, um zum entgegengesetzten Pol zu gelangen. Wenn es nach rechts geht, schickt es sich schon an, nach links zu gehen.
Wenn du einen Menschen nur in Gedanken liebst, schickst du dich damit schon an, ihn zu hassen. Es gibt ein Gedicht von D.H. Lawrence, worin er sagt: „Im gleichen Moment, da ich zu meiner Geliebten sage: ‚Ich liebe dich‘, habe ich sie schon zu hassen begonnen. Im gleichen Moment, da ich zu meiner Geliebten sage: ‚Ich werde für immer und ewig bei dir sein‘, werde ich schon auf und davon sein." Die Scheidung ist eingeleitet. Im gleichen Moment, da du heiratest, ist die Scheidung eingeleitet.

Das ist der Weg des Denkens, so funktioniert das Denken. Versuche einfach zu verstehen, wie der Verstand funktioniert, andernfalls wirst du dich immer in Chaos, Konfusion, in einer Art Wahnsinn befinden. Werde Beobachter. Zieh dich aus dem Verkehr des Verstandes zurück, stell dich an den Straßenrand und schau einfach zu. Und wenn ich sage: „Schau einfach zu", meine ich damit: „Werte nicht, richte nicht". Sage nicht: „Dies ist gut, das ist falsch." Sobald du sagst: „Dies ist gut", bist du kein Zeuge mehr – bist du in den Strom gesprungen, bist du schon identifiziert, steckst du bereits in der Klemme. Stelle dich einfach an den Straßenrand, oder setz dich ans Ufer des Flusses und laß den Fluß fließen, wohin er will. Du bist nicht betroffen, es geht dich nichts an. Unbetroffen, unbeteiligt, einfach beobachtend wirst du plötzlich genau dazwischen sein – weder dies noch das. Der Punkt dazwischen ist der Punkt der Transzendenz. Plötzlich verschwindet der Verstand mit all seinem Verkehr. Du bleibst allein zurück, allein in unendlicher Reinheit, allein in absoluter Unschuld, allein ohne alle Bewegung, schweigend, ewig, ohne irgendwohin zu wollen. Du bist einfach hier. Du willst nicht irgendwer, irgendwas, dies oder jenes werden – du bist einfach nur du. Und du selbst sein heißt göttlich sein. Du selbst sein heißt meditieren. Du selbst sein – allein darum dreht sich alle Religion. Das ist es, was ich hier lehre.

Ich lehre euch nicht irgendein bestimmtes Lebensmuster. Ich gebe euch keinen Lebensstil. Allenfalls versuche ich, euch eine gewisse Klarsicht, Klarheit, Erkenntnis zu vermitteln. Ich versuche nicht, euch einen Charakter zu geben: moralisch oder unmoralisch, gut oder schlecht. Ich gebe euch hier keine Philosophie, nach der ihr euch richten könnt, ich gebe euch nur eine Einsicht in euch selber. Danach ist keine Philosophie mehr nötig, ist kein Muster mehr nötig. Danach könnt ihr einfach ihr selbst sein, ohne Verdammung, ohne Wertung. Und diese Reinheit des Du-selber-Seins übersteigt alles, was du dir nur wünschen kannst, übersteigt alles, was du dir nur vorstellen kannst, übersteigt alles, was du dir auch nur ausdenken oder erträumen kannst. Ein einziger Lichtblick, und du wirst nie wieder sein, was du vorher warst.

Es ist also nicht die Frage eines ganz bestimmten Menschen. Krishna

Radha hat sie gestellt, aber es ist nicht nur ihre Frage. Es ist die Frage aller. Es ist eine der fundamentalsten, wesentlichsten Fragen aller Menschen, all derer, die in der Falle des Verstandes sitzen. Und es gibt nur einen einzigen Ausweg aus der Falle: daß du nicht wählst, weder dies noch das – du wählst einfach nicht. Du ziehst dich vom Wählen zurück und du wirst wahllos. Wahllosigkeit ist Freiheit. Wählen heißt, ein Gefängnis wählen; wählen heißt, eine Knechtschaft zu wählen. Wählen ist falsch; wer wahllos bleibt, hat recht.

Die zweite Frage:

Wie ist es möglich? – Ich habe Angst, wenn ich deine Liebe tief in mir spüre.

Liebe führt immer zu Angst, weil Liebe Tod ist... ein größerer Tod als der gewöhnliche Tod, den ihr kennt.
Bei einem gewöhnlichen Tod stirbt der Körper, aber das ist überhaupt kein Tod. Der Körper ist wie ein Kleid: Wenn es verschlissen und alt ist, tauscht man es gegen ein neues ein. Es ist kein Tod, sondern nur ein Wechsel – ein Kleiderwechsel oder ein Haus- oder Wohnungswechsel. Aber du machst weiter, dein Geist macht weiter – genau derselbe alte Geist in neuen Körpern, genau derselbe alte Wein in neuen Flaschen. Die Form ändert sich, aber nicht der Geist, die Gestalt ändert sich, aber nicht der Geist. Der gewöhnliche Tod ist also kein wirklicher Tod. Liebe ist ein wirklicher Tod: Der Körper stirbt nicht, aber der Geist stirbt, der Körper ist nach wie vor derselbe, aber das Ego verschwindet.
Wenn du liebst, wirst du all die Vorstellungen fallenlassen müssen, die du über dich hast. Wenn du liebst, *kannst* du nicht das Ego sein, weil das Ego keine Liebe zuläßt. Die beiden sind Feinde. Wenn du das Ego wählst, wirst du nicht Liebe wählen können. Wenn du Liebe wählst, wirst du das Ego fallenlassen müssen. Daher die Angst.
Eine größere Angst als der Tod packt dich, wenn du liebst. Eben darum ist die Liebe aus der Welt verschwunden. Selten, sehr selten kommt es zu diesem Phänomen, daß Liebe niedersteigt. Was ihr so Liebe nennt, ist nur Falschgeld: Ihr habt es erfunden, weil es so

schwer ist, ohne Liebe zu leben. Es ist schwer, weil ohne Liebe das Leben keinen Sinn enthält, weil es sinnlos ist. Ohne Liebe hat das Leben keine Poesie in sich. Ohne Liebe ist wohl der Baum da, er blüht aber nie. Ohne Liebe könnt ihr nicht tanzen, könnt ihr nicht feiern, könnt ihr euch nicht dankbar fühlen, könnt ihr nicht beten. Ohne Liebe sind Tempel nur gewöhnliche Häuser; mit Liebe wird ein gewöhnliches Haus zu einem Tempel transformiert, transfiguriert. Ohne Liebe bleibt ihr einfach nur Möglichkeiten – leere Gesten. Mit Liebe wirst du zum ersten Mal substanziell. Mit Liebe steigt zum ersten Mal die Seele in dir auf. Das Ego fällt, aber die Seele steigt auf.

Es ist unmöglich, ohne Liebe zu leben, also hat sich die Menschheit einen Trick ausgedacht. Die Menschheit hat einen Trick, einen Kniff erfunden. Der Kniff ist der, in einer unwahren Liebe zu leben, damit das Ego unbehelligt weiterexistieren kann. So ändert sich nichts, und ihr könnt das Spiel der Verliebtheit spielen. Ihr könnt euch jederzeit einbilden, daß ihr liebt, ihr könnt jederzeit glauben, daß ihr liebt. Aber seht euch eure Liebe an: Was wird aus ihr? Nichts als Unglück, nichts als Hölle, nichts als Konflikt, Streit, Gewalt. Schaut tief in eure Liebesbeziehungen hinein. Sie ähneln eher Haßbeziehungen als Liebe. Es ist besser, sie Haßbeziehungen zu nennen, statt sie Liebesbeziehungen zu nennen. Aber da jeder genauso lebt, merkt ihr es nie. Jeder hat die falsche Münze bei sich; ihr merkt es nie. Die echte Münze der Liebe ist sehr teuer: Ihr könnt sie nur um den Preis erwerben, daß ihr euch selber verliert. Es gibt keinen anderen Weg.

Die Frage ist also völlig relevant. Sie kommt von einer, die ich kenne. Ich kenne ihre Liebe zu mir, ich kenne ihre tiefen Möglichkeiten. Sie steht genau an der Schwelle. Jeden Moment kann das Ego zusammenbrechen, aber irgendwie hält sie sich noch zusammen. Es wird ihr aber nicht lange gelingen; sie wird zusammenbrechen müssen. Daher die Angst.

„Wie ist es möglich?“ fragt sie. „Ich habe Angst, wenn ich deine Liebe tief in mir fühle.“

Sie hält das für eine Art Widerspruch. Wenn sie mich so sehr liebt, warum dann diese Angst? Und ich sage euch: Die Angst ist da, *weil* sie so sehr liebt. Es ist kein Widerspruch darin. Es ist eine absolut stimmige Sache – wann immer du liebst, hast du Angst. Sich der Liebe zu nähern heißt, sich einem Abgrund zu nähern. Man beginnt zu schwanken, man fühlt sich schwindelig. Geh auf einen Gipfel im Himalaja und schau ins Tal hinunter; das Tal ist nichts im Vergleich dazu. Wenn du ins Tal der Liebe schaust, packt dich eine *ungeheure* Angst. Du bist wie gelähmt: Du kannst nicht weglaufen, du kannst nicht springen. Du zitterst einfach in ungeheurer Angst. Was tun? Zurückgehen ist nicht möglich, weil die Liebe anzieht: Liebe ruft deine Tiefe, Liebe ruft deine Zukunft, Liebe ruft dein Potential; Liebe gibt dir eine Ahnung von dem, was du sein kannst. Du kannst nicht vor ihr weglaufen, und du kannst nicht springen, weil der Preis zu hoch ist. Du wirst *dich* aufgeben müssen – alles, wofür du dich gehalten hast, das Image, die Vergangenheit, die Identität.

Aber ich sage dir, der Preis scheint nur *vor* dem Sprung zu hoch. Wenn du den Sprung erst einmal wagst... dann wirst du wissen, daß das, was du aufgegeben hast, nichts ist, und das, was du erlangt hast, *grenzenlos* wertvoll ist.

Laßt es mich für euch in ein Paradox fassen: Liebe verlangt, daß du das aufgibst, was du nicht hast, und Liebe bietet dir das, was du schon längst hast. Liebe will, daß du dich dessen entledigst, was du nicht hast.

Das Ego ist eine unechte Wesenheit, nur eine Vorstellung, eine Wolke im Himmel deines Seins; einfach Rauch, nichts Substantielles; ein Traum. Liebe erfordert, daß du das aufgibst, was du nicht hast, und Liebe ist bereit, dir das zu geben, was du hast und schon immer gehabt hast. Liebe gibt dir dein Selbst zurück. Das Ego verbirgt sich immerzu vor deinem Selbst, Liebe offenbart dich deinem Selbst. Aber die Angst ist da. Die Angst ist natürlich, und man muß den Schritt wagen, trotz der Angst.

Seid mutig, seid keine Feiglinge. Aus welchem Zeug euer Sein gemacht ist, wird erst auf die Probe gestellt, wenn die Liebe aufsteigt. Nie zuvor erfahrt ihr, aus welchem Zeug ihr gemacht seid. Im gewöhnlichen Leben, auf dem Marktplatz, wo ihr dies und jenes macht, in der Welt des Ehrgeizes und der Machtpolitik, wird

euch nie wirklich auf den Zahn gefühlt. Ihr geht nie durchs Feuer. Liebe ist das Feuer.
Wenn du echtes Gold bist, wirst du es überleben. Wenn du kein echtes Gold bist, wirst du weg sein. Aber ich sage dir: Du bist echtes Gold. Vertrau mir – geh durch das Feuer. Zögern ist menschlich, aber laß daraus keine Schranke werden. Selbst mit Zögern – geh durch. Trotz der Angst, geh durchs Feuer. Und *nur* durch das Feuer wird die Rose deines Bewußtseins aufblühen. Es gibt keinen anderen Weg.

Die dritte Frage:

Es scheint mir, daß nichts wirklich je von mir abfällt. Plötzlich ist es weg, aber genauso plötzlich ist es wieder da. Es kommt mir vor wie ein Zaubertrick.

Eine sehr wichtige Frage, mit einer enormen Tragweite für die Erkenntnis. Laßt uns sehr langsam vorgehen.
Ja, es ist so: Nichts fällt je wirklich ab. Nichts fällt je wirklich ab; plötzlich ist es weg, und genauso plötzlich, wie es verschwunden ist, ganz genau so, jederzeit, ist es plötzlich wieder da. Warum ist das so? – weil ihr nie versucht habt, der Beschaffenheit menschlichen Bewußtseins auf den Grund zu gehen. Menschliches Bewußtsein ist im Grunde absolute Freiheit. Wenn ich sage „absolute Freiheit", meine ich damit, daß ihr jederzeit frei seid, das zu sein, was ihr wollt. Nichts versperrt euch den Weg. Du magst bis jetzt ein Heiliger gewesen sein, du magst bis jetzt im Zölibat gelebt haben – du kannst es in diesem Augenblick ändern, du kannst dein Zölibat über den Haufen werfen, du kannst dich in eine Frau oder einen Mann verlieben. Daß du in der Vergangenheit zölibatär gewesen bist, wird dir nicht zur Fessel, kann es nicht werden. Du bleibst frei. Wenn du auch jetzt in diesem Moment zölibatär bleiben möchtest, kannst du das. Aber vergiß nicht, daß das nicht auf die Vergangenheit zurückzuführen ist, sondern wiederum ein frischer Entschluß ist. Du mußt immer weiter deine Entscheidung treffen, wieder und wieder und wieder, mußt sie immer wieder auffrischen. Jeden Moment kannst du sie aufkündigen.
Die Existentialisten haben recht. Sie sagen: Erst Existenz, dann

Essenz. Es ist ein sehr tiefgründiger Satz. Laßt ihn mich wiederholen: Erst kommt die Existenz, dann die Essenz.
Ein Mensch wird geboren. Er ist reine Freiheit. Er hat keine Essenz, nur Existenz. Später wird er seine Essenz wählen – was aus ihm werden soll; und das wird *seine* Wahl sein. Er kann ein Heiliger sein, er kann ein Sünder sein; er kann ein Verbrecher sein, er kann ein Mörder sein, oder er kann ein Märtyrer sein. Er bringt bloß Existenz auf die Welt mit – ein leeres Blatt, eine reine Leinwand. Welche Farben er benutzen wird und was für ein Gemälde er aus seinem Leben machen wird, liegt völlig bei ihm. Er bringt keinerlei Charakter mit. Er bringt nur ein Potential mit, eine reine Möglichkeit. Und diese reine Möglichkeit bleibt immer rein; du kannst sie nicht verunreinigen. Du wirst ein Heiliger: Mit anderen Worten, du bestimmst, daß es deine Essenz sein soll, ein Heiliger zu sein. Aber das ist deine Entscheidung, und wenn du es bis ans Ende deines Lebens durchhalten willst, wirst du es jeden Morgen, genauer gesagt in jeder Minute deiner Existenz immer von neuem beschließen müssen und dafür stimmen müssen. Sobald du aufhörst, den Entschluß zu fassen, im selben Moment, da du sagst: „Jetzt reicht's mir aber, jetzt will ich etwas anderes machen", stellt sich dir niemand in den Weg. Du kannst deine ganze Vergangenheit in einem einzigen Augenblick ungültig machen, denn jene Vergangenheit war dein Entschluß, nicht die eines anderen. Es ist nicht wie ein Schicksal – von oben, von außen auferlegt. Es ist deine eigene innere Entscheidung. Du kannst sie ändern.
Das ist der Grund, warum nichts je verschwindet. Du kannst ein Sünder werden, aber morgen magst du es wieder ändern. Du kannst wieder das Gelübde des katholischen Priesters ablegen und wieder Priester, wieder zölibatär werden.
Versucht dies zu verstehen. Hieraus ergeben sich gewaltige Folgen für euer Leben.
Schiebe die Verantwortung nicht auf andere. Kein anderer ist der entscheidende Faktor, weder deine Mutter noch dein Vater. Alles, was die Psychoanalytiker sagen, spielt keine Rolle für dein wirkliches Sein. Die Entscheidung hast du. Selbst die Menschen, die wahn-

sinnig sind, sind aus eigener Entscheidung wahnsinnig. Aus irgendeinem Grunde war es ihnen genehm. Irgendwo haben sie sich dazu entschieden, haben sie dafür gestimmt. Niemand hat sie gezwungen. Niemand kann irgendeinen anderen zwingen, weil die innerste Beschaffenheit des Seins Freiheit ist.

Sie ist kein äußeres Attribut. Sie ist deine eigentliche Essenz.

Du hast bis jetzt geraucht, seit dreißig Jahren bist du nun vielleicht schon Kettenraucher, und jetzt kommst du zu mir und fragst: „Was soll ich tun? Wie kann ich aufhören?" Damit stellst du eine falsche Frage. In Wirklichkeit willst du nicht aufhören. Geh tief in deine Psyche hinein: Du willst nicht aufhören. Du spielst ein Spiel. Du willst nicht aufhören, aber du möchtest den Leuten beweisen, daß du aufhören willst. Oder dir erlaubt schon die Vorstellung, aufhören zu wollen, sehr, sehr hoch von dir zu denken. Dann kannst du jederzeit sagen: „Was soll ich tun? Ich will doch aufhören." Das ist simple, schiere Idiotie und Dummheit. Du hältst keinen anderen zum Narren als dich selbst. Wenn du wirklich aufhören willst, brauchst du überhaupt nichts deswegen zu tun. Der bloße Entschluß, daß du aufhören willst, ist genug: Die halbgerauchte Zigarette in deiner Hand wird von selbst fallen. Aber du bleibst frei. Das bedeutet nicht, daß du sie morgen nicht wieder aufheben kannst. Du bleibst frei; niemand kann dich binden. Morgen kannst du wieder damit anfangen. Dann sag bitte nicht, daß es aus alter Gewohnheit ist: „Ich habe mein Bestes versucht, und ich hatte aufgehört, und vierundzwanzig Stunden lang habe ich nicht geraucht. Aber aufgrund dieser dreißigjährigen Gewohnheit fange ich wieder damit an. Der Drang ist zu groß." Versuche niemanden zum Narren zu halten. Es ist nichts dergleichen; du beschließt es wieder von neuem. Wenn *du* es beschließt, dann ist es okay. Du kannst tausendundeinen Weg finden, es von neuem zu beschließen. Aber vergiß nie, es ist deine Entscheidung, deine und die keines anderen; und du bleibst frei. Daher kommt es, daß anscheinend nichts jemals für immer verschwindet. Es kommt wieder und wieder, weil du es immer wieder auf Knien herbeiflehst, weil du es wieder herbeirufst.

Ich habe gehört: Mulla Nasrudin hatte einmal beschlossen, daß er nie wieder im Leben Alkohol anrühren würde, kein Rauschmittel mehr. Und er war Trinker. Also ging er, nur um seine Willenskraft zu testen, an seiner Kneipe vorbei. Direkt vor der Kneipe sah er zur Kneipe hinüber und sagte sich voller Stolz: „Ich habe beschlossen, daß nichts mich verlocken kann und nichts mich vom Wege abbringen kann", und ging hundert Schritt weiter. Dann klopfte er sich auf die Schulter und sagte: „Nasrudin, du bist toll. Jetzt geb ich dir einen aus. Komm mit in die Kneipe." Und an diesem Tag trank er doppelt so viel.

Spiel keine Spielchen mit dir. Es ist deine Freiheit, aber Freiheit ist sehr gefährlich, weil sie dir keinen Winkel läßt, in den du dich verkriechen kannst. Du kannst niemandem die Verantwortung zuschieben. Einfach und absolut: Du bist verantwortlich.

Beobachte einfach und sieh der Tatsache ins Gesicht. Und Wahrheit befreit.

Wenn du das sehen kannst, dann kommt es nicht darauf an, ob du beschließt, zu trinken oder zu rauchen. Es kommt nicht darauf an, ob du es aufzugeben beschließt. Das einzige, worauf es ankommt, ist, dir immer deiner Freiheit bewußt zu sein. Wenn du dir ihrer nicht bewußt bist, dann geschieht genau dies: daß es dir scheint, als würde nichts je von dir abfallen. Es kommt immer und immer wieder, und natürlich kommt es immer schlimmer. Es kommt umso stärker zurück.

Aber halte dich nicht für ein Opfer. Du bist keins. Probier, was ich sage, beobachte einfach, was ich sage. Rauchen... Zum Beispiel entscheidest du dich, daß du nicht mehr rauchen wirst. Laß die Zigarette aus den Fingern fallen und dann beobachte. Beobachte einfach immer weiter. Wann immer du wieder rauchen willst, sag nicht, daß es an alter Gewohnheit liegt. Es ist wieder ein frischer Entschluß, nicht eine alte Gewohnheit.

Ihr schiebt die Verantwortung immerzu auf die alte Gewohnheit, um das eigene Gesicht zu wahren. Bitte tut das nicht. Sagt: „Jetzt habe ich beschlossen, wieder zu rauchen." Niemand hindert dich; es ist dein Entschluß. Du kannst ihn aufheben, du kannst erneut für ihn stimmen. Aber bestehe jedesmal darauf, daß es ein frischer Entschluß ist, und du wirst nie in den Klauen sogenannter Gewohnheiten, sogenannter mechanischer Angewohnheiten sein. Du wirst ein freier Mensch sein.

Rauchen oder Nichtrauchen, das spielt keine Rolle. Sich als freier Mensch zu fühlen ist das Wichtige. Nichts ist wichtiger als das. Und ich bin hier, um euch eure Freiheit bewußt zu machen. Wenn ihr zu den sogenannten Heiligen hingeht, werden sie euch bewußt machen, wie mechanisch ihr seid: Das ist der Unterschied. Sie werden euch bewußt machen, wie mechanisch ihr seid, und sie werden eine neue Mechanik in euch herstellen. Sie werden sagen: „Du hast seit dreißig Jahren geraucht? Jetzt lege ein Gelübde ab, daß du nie wieder rauchen wirst." Jetzt kommt alte Gewohnheit ins Spiel. Jetzt werden sie verlangen, eine noch stärkere Gewohnheit herzustellen, damit die alte Gewohnheit zerstört wird. Damit wird dann das Nichtrauchen zur Gewohnheit, aber die Freiheit kommt nirgends ins Spiel. Ob du rauchst oder nicht rauchst – du bleibst ein Opfer.

Wir haben hier einen Sannyasin, Narendra Bodhisattva. Sein Vater ist ein wunderbarer Mann. Die Leute halten ihn für ein bißchen verrückt, aber er ist wirklich ein wunderbarer Mann. Er gehört einer bestimmten Sekte des Jainismus an. Er ging einmal auf Reise, eine Pilgerreise, und wenn man einen Jaina-Mönch aufsucht, versucht der immer, einen dazu zu bewegen, ein Gelübde abzulegen, weil sonst die Pilgerreise umsonst wäre. Der Mönch dort forderte ihn auf, ein Gelübde zu tun, also entschloß er sich, ein Gelübde abzulegen. Er sagte: „Ich habe nie im Leben geraucht – von nun an will ich rauchen." Der Mönch muß ihn für ein bißchen verrückt gehalten haben. Er kam zurück und erzählte mir: „Das ist jetzt mein Gelübde." Und jetzt raucht er *religiös*. Ich sagte: „Du bist ein wunderbarer Mensch. Du hast recht getan." Ob du rauchst oder nicht rauchst, alle Gelübde führen dich in die Automatik.

Ich lege alles darauf an, euch eure Freiheit bewußt zu machen. Laßt euer Leben aus eurer Freiheit hervorquellen. Was immer ihr beschließt, ist eure Sache. Wer bin ich, euch zu sagen, daß ihr rauchen oder nicht rauchen, trinken oder nicht trinken sollt? Ich mache

mir um solche Dummheiten keine Gedanken. Das müßt ihr schon selber entscheiden.
Du bist dein eigener Herr. Das alles sind Nichtigkeiten, darauf kommt es nicht an. Es kommt nur auf eines an: daß du wach bleibst, in deiner Freiheit zentriert bleibst. Tu nie etwas, das gegen deine Freiheit verstößt. Tu – alles ist erlaubt, wenn es aus Freiheit geschieht. Aus Freiheit handeln heißt tugendhaft sein, aus Hörigkeit handeln heißt sündigen.

Die vierte Frage:

Du sagst, wenn einer durstig ist, soll er herkommen und von dir trinken. Wir sind so sehr hier, wie wir nur können, und du bist auch hier, oder? Was also fehlt?

Gar nichts fehlt! Im Gegenteil, etwas ist da, das nicht gebraucht wird. Nichts fehlt – etwas ist da, das nicht gebraucht wird: *Du bist zu sehr da.* Dein Zu-sehr-da-Sein erzeugt die Schranke. Wenn *du* irgendwie wegbleiben kannst, wird die Sache sofort passieren. Wenn du das nächste Mal zu mir kommst, laß dich selber zu Hause zurück. Komm allein; bring dich nicht mit. Aber du bringst dich immer mit. Wenn es dir zu schwer fällt, dich zu Hause zu lassen, dann laß dich dort zurück, wo du deine Schuhe abstellst.
Nichts fehlt. Das ganze Problem des Menschen ist nicht, daß ihm etwas fehlt, sondern daß etwas zu viel da ist, was nicht gebraucht wird. Es ist kein Minus-Problem, sondern ein Plus-Problem.
Ich bin hier, bin zu haben, aber ihr seid nicht da, mich zu empfangen. Es liegt nicht daran, daß ihr zu leer seid, es liegt daran, daß ihr voll seid, zu voll von euch selbst. Da ist kein Platz für mich, in euch einzutreten: so viele Gedanken, so viele Vorstellungen, so viele Ideologien! Der eine ist ein Christ, der andere ist ein Hindu, der dritte ist ein Mohammedaner, der vierte ist ein Jain – lauter Krankheiten. Das ist das Plus. Und unter diesen Krankheiten sitzt der König aller Krankheiten – das Ego, mitten auf dem Thron, gekrönt. Dieses Plus muß aufgelöst werden.
Hier müßt ihr wach, leer, nichtig, offen werden, damit die Brise, die

hier weht, ohne Hindernis durch euch hindurchwehen kann. Und mit der Brise wird der Staub, den ihr viele Leben lang angesammelt habt, hinausgepustet werden. Ihr werdet sauber und rein zurückbleiben.

Merkt es euch also: Jedesmal, wenn ihr Fragen wie diese stellt, geht ihr davon aus, daß ihr etwas tun müßtet, das ihr nicht tut – daß etwas fehle. Nein, ihr tut vielmehr etwas, das ihr nicht tun dürft. Während ihr mir zuhört, *denkt* ihr – das ist das Plus. Seid, während ihr mir zuhört, einfach ganz Ohr. Ihr braucht nicht zu denken, denn ich gebe hier keine Philosophie von mir. Ich stelle lediglich ein paar Tatsachen fest. Diese Fakten sind nicht hypothetisch; diese Fakten sind meine Erkenntnisse. Mir ist etwas unter die Augen gekommen, was ich euch gern mitteilen möchte. Aber das ist nur möglich, wenn ihr ohne zu denken zuhört. Wenn ich sage: „Denkt nicht!", meine ich damit nicht, daß ihr alles, was ich sage, blind akzeptieren sollt. Nein, ich sage damit nur: „Hört einfach zu". Nicht nötig, daran zu glauben, nicht nötig, daran nicht zu glauben. Laßt diese Frage für den Moment einfach dahingestellt sein. Hört einfach zu, so daß ihr verstehen könnt, was ich sage. Später könnt ihr darüber nachdenken und könnt ihr entscheiden, ob ihr mit mir sein wollt oder nicht mit mir sein wollt. Diese Entscheidung ist erst möglich, wenn ihr richtig zugehört habt.

Und wie wollt ihr das entscheiden, wenn ihr mir gar nicht erst zugehört habt? Das Schöne dabei ist, daß eine Tatsache, wenn ihr richtig zugehört habt, ein gewisses Etwas hat, so daß ihr sie, wenn sie erst einmal Einlaß in euch gefunden hat, nicht mehr leugnen könnt, nicht gegen sie sein könnt. Eine Tatsache hat etwas Sinnfälliges an sich. Sie braucht keinerlei Beweis oder Argument. Sie hat eine gewisse innewohnende Wahrheit.

Wenn ihr erst einmal zuhört, könnt ihr diese Wahrheit in euch nähren. Hört mir einfach zu, und dann wird es gar nicht nötig sein, darüber nachzudenken. Ihr werdet das Wahre daran erkennen können, und Wahrheit macht frei.

Ich kann dich nicht frei machen, niemand kann dich frei machen; nur die Wahrheit kann dich frei machen. Und die Wahrheit muß von *dir* gesehen werden. *Ich* mag sie sehen, ich mag sie dir sagen. Ich mag dich auf tausendundeine Weise damit überschütten, aber das nutzt nichts, wenn du nicht offen dafür bist, wenn dein Topf umgestülpt ist, wenn du nicht zuhörst.

Wenn ihr, während ich spreche, gleichzeitig über das nachdenkt, was ich sage, wenn ihr wie die Reporter bei einem Fußballmatch loslegt und ständig Kommentare abgebt – „Ja, da hat er recht, hier irrt er jetzt, das kann ich nicht glauben, das verstößt gegen meine Philosophie, ich bin ein Christ, und was der Mann da sagt, ist antichristlich, das steht nicht in der Bibel" –, wenn ihr immerzu kommentiert, dann bekommt ihr mich vor lauter Kommentaren nicht mit. Dann mögt ihr ein paar Brocken und Stückchen mitbekommen, aber aus diesen Brocken und Stückchen werdet ihr euch etwas in eurem Kopf zusammenstoppeln, was nichts mit mir zu tun hat.

Hört mir so total wie möglich zu. Hört mir zu, seid völlig leer, unverstellt, damit kein Widerstand da ist und ich in euch eindringen kann, durch und durch. Sobald das Wahrheits-Saatkorn in euch hineinfällt, braucht man sich keine Sorgen mehr zu machen; es keimt von selbst. Es trägt von sich aus viele Früchte. Es braucht eure Hilfe nicht. Es braucht nur eines: Bitte behindert es nicht. Ihr seid nicht berufen, ihm beim Wachsen zu helfen, ihr seid nur berufen, es auf den richtigen Boden fallen zu lassen – euer Herz.

Die fünfte Frage:

Sollte man erst mit seiner eigenen Einsamkeit fertig werden, ehe man sich auf eine Beziehung einläßt?

Ja, du mußt mit deiner Einsamkeit fertig werden, und zwar so sehr, daß die Einsamkeit in Alleinsein verwandelt wird. Nur dann wirst du fähig sein, eine tiefe, bereichernde Beziehung einzugehen. Nur dann wirst du fähig sein, in die Liebe hineinzugehen. Was meine ich damit, wenn ich sage, daß man mit seiner Einsamkeit fertigwerden muß – so sehr, daß sie zu Alleinsein wird?

Einsamkeit ist ein negativer Geisteszustand. Alleinsein ist positiv – egal, was in den Wörterbüchern steht. In den Wörterbüchern sind

Einsamkeit und Alleinsein gleichbedeutend, sind sie Synonyme; im Leben sind sie es nicht. Einsamkeit ist ein Geisteszustand, in dem du ständig den anderen vermißt, Alleinsein ist der Geisteszustand, in dem du ständig in dir selber glücklich und zufrieden bist. Einsamkeit ist unglücklich, Alleinsein ist glückselig. Einsamkeit hat immer Sorgen, immer fehlt ihr etwas, immer sehnt sie sich nach etwas, verlangt sie nach etwas. Alleinsein ist eine tiefe Erfüllung, geht nicht nach außen, ist ungeheuer zufrieden, glücklich, jubelnd. In der Einsamkeit bist du aus deinem Zentrum geworfen, im Alleinsein bist du zentriert, stehst du auf festen Füßen. Alleinsein ist schön. Sie hat etwas Elegantes an sich, eine gewisse Anmut, ein Klima ungeheurer Zufriedenheit. Einsamkeit ist bettlerhaft; Bettlertum umgibt sie und sonst nichts. Es strahlt keine Anmut aus. Genauer gesagt, sie ist häßlich. Einsamkeit ist eine Art Abhängigkeit, Alleinsein ist *reine* Unabhängigkeit. Man hat das Gefühl, eine ganze Welt in sich selber, die ganze Existenz in sich selber zu sein.

Nun, falls du eine Beziehung eingehst, solange du dich einsam fühlst, wirst du den andern ausbeuten. Der andere wird zum Mittel, um dich zu befriedigen. Du wirst den andern ausnutzen, und jeder haßt es, benutzt zu werden, weil kein Mensch dazu da ist, ein Mittel für die Zwecke anderer zu werden. Jeder Mensch ist ein Zweck in sich. Niemand ist dazu da, um wie eine Sache benutzt zu werden, jeder ist dazu da, um wie ein König geachtet zu werden. Niemand ist dazu da, um die Erwartungen eines anderen zu erfüllen; jeder ist nur dazu da, um sich selbst zu erfüllen. Wann immer du also eine Beziehung aus Einsamkeit eingehst, ist die Beziehung schon kaputt. Noch ehe sie begonnen hat, ist sie schon kaputt. Noch vor der Geburt ist das Kind schon gestorben. Das macht dein Unglück dann nur noch schlimmer. Und merke dir: Wenn du aus Einsamkeit kommst, wirst du in eine Beziehung mit einem Menschen geraten, der in derselben mißlichen Lage ist; denn kein Mensch, der wirklich sein Alleinsein lebt, wird sich zu dir hingezogen fühlen. Du wirst zu weit unter ihm sein. Er kann allenfalls Mitleid haben, aber kann dich nicht lieben. Einer, der auf dem Gipfel seines Alleinseins ist, kann sich nur zu jemandem hingezogen fühlen, der ebenfalls allein ist.

Wann immer du also aus Einsamkeit kommst, wirst du einen Menschen vom gleichen Typ finden, wirst du irgendwo dein eigenes Spiegelbild finden, werden zwei Bettler zusammenkommen, werden zwei Unglückliche zusammenkommen. Und merke dir, wenn zwei unglückliche Menschen zusammenkommen, handelt es sich nicht um eine gewöhnliche Addition, sondern um eine Multiplikation. Sie machen sich gegenseitig um ein Vielfaches unglücklicher, als sie es in ihrer Einsamkeit hätten tun können.

Erst sei allein. Fang erst an, dich selber zu genießen. Liebe dich erst selber. Werde erst authentisch glücklich, damit es gleichgültig ist, wenn niemand kommt: Du bist erfüllt und fließt über. Wenn niemand an deine Tür klopft, ist das völlig okay – *du* fehlst dir ja nicht. Du wartest ja nicht darauf, daß jemand kommt und an deine Tür klopft. Du bist zu Hause. Wenn jemand kommt – gut, wunderbar. Wenn niemand kommt, ist das auch wunderbar und gut.

Jetzt geh eine Beziehung ein. Jetzt kommst du wie ein Herr, nicht wie ein Bettler. Jetzt kommst du wie ein Kaiser, nicht wie ein Bettler. Und der Mensch, der schon lange in seinem Alleinsein lebt, wird sich immer zu einem anderen Menschen hingezogen fühlen, der ebenfalls sein Alleinsein auf schöne Art lebt, denn Gleiches zieht Gleiches an. Wenn sich zwei Herren begegnen – Herren über ihr eigenes Sein, ihr Alleinsein – dann addiert sich das Glück nicht nur, sondern multipliziert sich. Dann entsteht etwas wie ein ungeheures Fest. Und sie beuten nicht aus, sie schenken. Sie benutzen einander nicht. Sie werden im Gegenteil beide eins und genießen die Existenz, die sie einhüllt.

Zwei einsame Menschen stehen immer voreinander, wollen einander stellen. Zwei Menschen, die das Alleinsein kennen, stehen nebeneinander und stellen sich einem Etwas, das höher steht als sie alle beide. Ich gebe immer folgendes Beispiel: Zwei gewöhnliche Liebende, die beide einsam sind, stellen sich immer voreinander hin; zwei wirkliche Liebende, in einer Vollmondnacht, werden sich nicht gegenüber stehen. Sie mögen sich bei den Händen halten, aber sie werden zum Vollmond aufschauen, hoch oben im Himmel. Sie werden sich nicht voreinander hinstellen, sie werden sich gemeinsam vor etwas anderes hinstellen. Manchmal werden sie gemeinsam einer Symphonie Mozarts lauschen oder Beethoven oder Wagner. Manchmal werden sie sich neben einen Baum setzen und das gewaltige Dasein des Baumes genießen, das sie umfangen hält. Manchmal mögen sie neben einem Wasserfall sitzen und der wilden Musik lauschen, die dort pausenlos ertönt. Manchmal, am Meer, werden sie hinausschauen auf die entfernteste Möglichkeit, so weit das Auge nur reicht. Wann immer zwei einsame Menschen zusammenkommen, sehen sie einander an, weil sie unentwegt auf der Suche nach Mitteln und Wegen sind, den anderen auszubeuten: Wie den anderen benutzen, wie durch den anderen glücklich werden? Aber zwei Menschen, die tief in sich zufrieden sind, versuchen nicht, den anderen zu benutzen. Sie werden vielmehr zu Reisegefährten, sie sind beide auf Pilgerreise. Das Ziel ist hochgesteckt, das Ziel ist weit entfernt. Ihr gemeinsames Interesse verbindet sie.

Gewöhnlich ist das gemeinsame Interesse der Sex. Sex kann zwei Menschen vorübergehend und beiläufig verbinden – und sehr oberflächlich. Wirkliche Liebende haben ein größeres gemeinsames Interesse. Was nicht heißt, daß kein Sex dabei sein wird; er mag dabei sein, aber als Teil einer höheren Harmonie. Während sie Mozarts oder Beethovens Symphonie lauschen, mögen sie sich so nahekommen, so nah, so nah, daß es zur Liebe kommt. Sie mögen Liebe miteinander machen, aber es wird in der umfassenderen Harmonie einer Beethoven-Symphonie geschehen. Die Symphonie ist das Eigentliche, die Liebe kommt als Teil von ihr. Und wenn Liebe von sich aus geschieht, unbeabsichtigt, unkalkuliert, einfach aus einer höheren Harmonie heraus, dann ist sie von einer total anderen Qualität, dann ist sie göttlich, dann ist sie nicht mehr menschlich.

Das englische Wort für Glück, *happiness*, stammt von einem skandinavischen Wort ab – *hap*. Das Wort *happening* stammt aus der gleichen skandinavischen Wurzel. Happiness ist ein Happening. Du kannst das Glück nicht erzeugen, du kannst ihm nicht befehlen, du kannst es nicht zwingen. Du kannst höchstens offen für es sein. Wenn es kommt, dann kommt es.

Zwei wirklich Liebende sind immer offen, aber zerbrechen sich nie den Kopf, bemühen sich nicht um das Glück. So sind sie nie enttäuscht, denn es kommt immer nur, wenn es kommt. Sie stellen die richtige Situation her... ja, wenn du mit dir selbst glücklich bist, bist du bereits die richtige Situation, und wenn auch der andere mit sich glücklich ist, ist auch er oder sie die richtige Situation. Wenn diese beiden Situationen zusammenkommen, entsteht eine größere Situation. In dieser größeren Situation *passiert* viel – *hergestellt* wird nichts.

Der Mensch muß nichts tun, um glücklich zu sein. Der Mensch muß nur fließen und loslassen.

Also, die Frage ist: *Soll man erst mit seiner eigenen Einsamkeit fertig werden, ehe man eine Beziehung eingeht?*

Ja! Ja, absolut. Es geht gar nicht anders, denn sonst wirst du enttäuscht sein und im Namen der Liebe ganz andere Dinge tun, die nichts mit Liebe zu tun haben.

Die letzte Frage:

Osho, ich habe das Gefühl, daß deine Liebe mich einschmilzt. All meine Liebe gilt dir, mein Meister.

Das ist von Anup.

Es ist keine Frage. Eine wirkliche Frage ist nie eine Frage, sondern eine Feststellung. Dies ist eine Feststellung über Anups jetzigen Zustand. Ich kann ebenfalls fühlen, daß er schmilzt, aber dies ist nur der Anfang.

Beschäftige dich nicht weiter damit, denn wenn du dich zu sehr damit beschäftigst, hört das Schmelzen auf. Laß es zu, damit immer mehr möglich wird. Schmilz weiter, und denke immer daran, daß noch mehr auf dich wartet. Denke immer daran, daß es immer erst der Anfang ist, nie das Ende. Es gibt da nämlich kein Ende.

Das Leben ist ein solches Mysterium: Es gibt nur Anfänge, nirgends ein Ende.

Schmilz also weiter, und denke dabei immer daran, daß noch mehr kommt. Stell dich niemals zufrieden. Eine selbstzufriedene Sattheit kann selbstmörderisch werden. Es kommen viele Augenblicke, wo

man meint, mehr sei nicht möglich. Man erreicht einen Höhepunkt, und man hat das Gefühl: „Wie sollte jetzt noch mehr möglich sein?" Wann immer dieser Gedanke – „Mehr ist nicht möglich!" – in deinem Kopf auftaucht, dann denke an mich: Mehr ist immer möglich. Nie kommt ein Moment, wo nicht noch mehr möglich ist. Das ist gemeint, wenn ich sage, daß Gott unendlich ist, daß du eintrittst in Gott, aber nie ankommst. Laß es mich noch einmal sagen: Du trittst in Gott ein, aber du kommst nie an. Du kannst darin ertrinken, aber du kannst nicht sagen, du hättest erkannt. Die Sache ist so riesig, so unendlich riesig – und der Mensch ist nur ein so winziger Tropfen. Löse dich weiter auf.
Und vergiß nie:
Das ist noch lange nicht alles!

Kapitel 7

DAS EGO IST DER JUDAS

Matthäus 26

47 *Während er noch redete, kam Judas, einer der zwölf,*
mit einer großen Schar von Männern, die mit Schwertern
und Knüppeln bewaffnet waren; sie waren von den Hohen-
priestern und den Ältesten des Volkes geschickt worden.

48 *Der Verräter hatte mit ihnen ein Zeichen verabredet und*
gesagt: Der, den ich küssen werde, der ist es; nehmt ihn fest.

49 *Sogleich ging er auf Jesus zu und sagte: Sei gegrüßt, Rabbi!*
Und er küßte ihn.

55 *Darauf sagte Jesus zu der Menge: Wie gegen einen Räuber*
seid ihr mit Schwertern und Knüppeln ausgezogen, um mich
festzunehmen. Tag für Tag saß ich im Tempel und lehrte,
und ihr habt mich nicht verhaftet.

56 *Das alles aber ist geschehen, damit die Schriften der*
Propheten in Erfüllung gehen. Da verließen ihn alle Jünger
und flohen.

Matthäus 27

1 *Als es Morgen wurde, faßten die Hohenpriester und die Ältesten des Volkes gemeinsam den Beschluß, Jesus hinrichten zu lassen.*

2 *Sie ließen ihn fesseln und abführen und lieferten ihn dem Statthalter Pilatus aus.*

11 *Als Jesus vor dem Statthalter stand, fragte ihn dieser: Bist du der König der Juden? Jesus antwortete: Du sagst es.*

12 *Als aber die Hohenpriester und Ältesten ihn anklagten, gab er keine Antwort.*

13 *Da sagte Pilatus zu ihm: Hörst du nicht, was sie dir alles vorwerfen?*

14 *Er aber antwortete ihm auf keine einzige Frage, so daß der Statthalter sehr verwundert war.*

Es war einmal ein Mann, der reiste in der Wildnis; da stieß er auf einige Tiere, die einen Redewettbewerb abhielten. Der Richter war ein Löwe, der den Mann einlud, sich den Zuhörern zuzugesellen. Der Mann nahm das Angebot an.

Ein Fuchs stand auf und hielt eine aalglatte und kluge Ansprache. An einer Stelle erklärte er: „Der Mond ist größer als die Sonne."

Der nächste Sprecher war ein Elefant, dessen Stimme vor Macht und Autorität laut dröhnte. Seine Rede enthielt den Satz: „Der Sommer ist kühler als der Winter."

Dann kam ein Tiger, dessen Eloquenz jeden beeindruckte. An einem Punkt sagte er: „Der Fluß fließt bergaufwärts."

Der zuhörende Mann bemerkte zu dem Löwen: „Das sind hervorragende Redner. Aber eines verstehe ich nicht. Alle stellten sie Behauptungen auf, die ganz offensichtlich nicht wahr sind. Nicht nur das, sondern die Zuhörerschaft bemerkte es entweder nicht, oder es war ihr egal. Warum stellen eure Redner falsche Behauptungen auf?"

„Schon recht", gab der Löwe zu, „das ist eine unschöne Angewohnheit, aber das Publikum ist mehr an Unterhaltung als an Erleuchtung interessiert. Und wenn Sie nichts dagegen haben, mein Herr, dann muß ich Ihnen sagen, daß wir diese schlechte Angewohnheit euch Menschen abgeguckt haben."

Die Priester, die Politiker – das sind große Redner, ausgezeichnete Redner, große Denker, sehr komplexe Weber, Spinner von Theorien und Philosophien. Aber sie sind nicht ehrlich, was Religion betrifft. Sie mißbrauchen Religion. Religion ist ihnen allenfalls ein Beruf. Und das Publikum ist nicht interessiert an Erleuchtung, das Publikum sucht Unterhaltung. Ob ihr ins Kino oder Theater geht, auf eine Party zum Tanzen oder zur Kirche oder zum Tempel, euer Interesse ist gleich: Ihr sucht einen Ort, wo ihr euch vergessen könnt. Ihr sucht Unterhaltung.

Erleuchtung ist genau das Gegenteil. Du wirst einen Raum in dir selbst suchen müssen, wo es unmöglich wird, dich zu vergessen, wo es nicht einmal dann möglich ist zu vergessen, wenn du es willst; wo die Erinnerung an dich selbst zu einer ständigen Flamme wird.

Hier ist der Punkt, wo Leute wie Jesus Unruhe stiften. Sie sind keine großen Redner. Sie sind nicht an Theorien interessiert, und sie sind nicht dazu da, irgendwen zu unterhalten. Sie sind keine Profis. Sie mißbrauchen Religion nicht für ihre eigenen Zwecke. Sie sind ehrliche Menschen – ehrlich daran interessiert zu helfen, ehrlich daran interessiert, eine Situation herzustellen, in der sich der Mensch verwirklichen kann. Die Unruhe fängt damit an, daß die Profis schon da sind. Die Priester, die Politiker sind immer schon da.

Wann immer ein Mensch wie Jesus auf der Welt erscheint, werden die Priester und die Politiker wach. Jetzt wird es gefährlich für sie. Wenn Jesus Erfolg hat, werden sie gestürzt, entmachtet. Das ganze Establishment wird zusammenbrechen. Wenn das Establishment bleiben soll, dann muß Jesus vernichtet werden.

Dies ist das allererste, was man verstehen muß. Denn das passiert immer, selbst heute, und es wird immer wieder passieren. Die Geschichte wiederholt sich nicht deshalb, weil es da irgendein natürliches Gesetz gäbe, demgemäß die Geschichte sich wiederholen müßte, sondern nur deshalb, weil der Mensch sich nicht geändert hat. Der Mensch bleibt der gleiche, der alte. Er benimmt sich wieder und wieder auf die gleiche Art und Weise.

Ihr seid hier bei mir; viele Priester machen sich Sorgen deswegen, viele Politiker machen sich Sorgen deswegen. Warum sollten sie sich Sorgen machen? Es geht sie nichts an – und dennoch geht es sie etwas an. Ihre ganze Voraussetzung ist, daß Religion keine ehrliche Suche werden darf. Sie darf allerhöchstens eine oberflächliche Unterhaltung bleiben, allerhöchstens eine Manier, eine Frage der Etikette. Und sie haben Angst; denn wenn ein Mann wie Jesus sein Haupt erhebt, erzeugt schon seine bloße Gegenwart ein tiefes Minderwertigkeitsgefühl in ihnen. Nicht, daß Jesus ihnen etwa Minderwertigkeitsgefühle machen wollte; Jesus ist sich dessen nicht einmal bewußt, er denkt nicht im entferntesten daran. Aber durch seine bloße Gegenwart... die Sonne geht am Morgen auf, und die Sterne verblassen.

Sobald ein Jesus existiert, fangen die Priester an zu verblassen. Die Politiker fühlen sich in die Ecke gedrängt. Sie können ihr Terrain nicht halten.

Ich habe eine wunderschöne Anekdote gehört, über einen gewissen

Gelehrten, Doktor Buzby. Er war der große Leiter einer Schule in England, ein sehr berühmter Schuldirektor. Selbst der König wurde auf ihn aufmerksam. Und einmal besuchte der König den Direktor in seiner Schule. Der König durfte die Schule besichtigen. Doktor Buzby marschierte durch die Klassenzimmer mit dem Zylinder auf dem Kopf, während Seine Majestät bescheiden hinter ihm herlief, den Zylinder unter dem Arm. Die anderen Leute, die dem König gefolgt waren, waren ein wenig betreten und besorgt und beunruhigt: „Ist dieser Direktor ein bißchen skurril? Er hat dem König noch nicht einmal den nötigsten Respekt erwiesen, er hätte doch seinen Zylinder abnehmen können!" Selbst den König machte das ein wenig verlegen, aber er sagte nichts.
Als er sich an der Tür verabschiedete, wandte sich der Doktor, nunmehr mit größter Bescheidenheit, mit den Worten an den König: „Ich hoffe, Euer Majestät werden mir meinen Mangel an Respekt bis zu diesem Moment verzeihen, aber wenn meine Jungs auf den Gedanken kommen sollten, daß es noch einen größeren Mann im Königreich geben könnte als mich, würde ich nie mehr in der Lage sein, über sie zu herrschen. Verzeiht mir also bitte." Er sagte: „Sie sollen wissen, daß selbst der König nicht wichtiger ist als ihr Direktor. Andernfalls wäre es unmöglich, sie je wieder zu beherrschen."
Genau das passiert, wenn ein Jesus auf Erden wandelt: Die Politiker, die Priester bekommen Angst. Sie können nicht zulassen, daß der gemeine Mann erfährt, daß eine größere Möglichkeit existiert, daß ein größerer Mann möglich ist. Andernfalls werden sie nicht in der Lage sein, weiter zu herrschen. Folglich muß Jesus gekreuzigt werden. Er muß vor den Augen der Öffentlichkeit vernichtet werden, damit die Öffentlichkeit genau Bescheid weiß, wer Herr im Hause ist.
Hört nun die Sutras.

Während er noch redete, kam Judas, einer der zwölf, mit einer großen Schar von Männern, die mit Schwertern und Knüppeln bewaffnet waren; sie waren von den Hohenpriestern und den Ältesten des Volkes geschickt worden.

Judas war selbst ein Jünger von Jesus. Er verriet ihn. Nur Liebe kann verraten, denn um jemanden verraten zu können, mußt du ihm erst nahekommen. Um jemanden hassen zu können, mußt du ihn lieben. Macht euch diese Komplexität der Liebe ganz klar: Wann immer du jemanden liebst, ist ein Teil von dir immer mit Hassen beschäftigt, weil Liebe Hingabe erfordert, und das Ego sich widersetzt. Liebe erfordert, daß du abhanden kommst, daß du mit dem geliebten Menschen, deinem Meister, deiner Geliebten, deinem Freund, deinem Gott eins wirst. Liebe erfordert, daß du verschwindest, und dagegen sträubt sich das Ego; das Ego fängt an, sich zu widersetzen.

Judas ist nichts weiter als ein Sinnbild für das Ego. Und vergeßt nicht, daß Judas in jedem von euch existiert. In jedem ist das Ego der Judas, laßt es mich wiederholen.

Diese zwölf Jünger von Jesus waren sehr einfache Leute, außer Judas. Sie waren ungebildete Leute, gewöhnliche Leute, bodenständige Leute. Ihr hättet sie nirgends aus einer Menschenmenge herausfinden können. Sie hätten sich darin verloren. Nur Judas war nicht gewöhnlich. Er war gewandt, gebildet, kultiviert, verfeinert – und genau das ist Ego. Ego ist nichts als Verfeinerung.

Ego ist nichts anderes als derjenige Teil in dir, der außergewöhnlich geworden ist. Wenn du liebst, wirst du gewöhnlich.

Merkt euch: Leute, die sehr egoistisch sind, sind immer gegen die Liebe. In Indien werdet ihr sie in den Klöstern finden, im Himalaja. Leute, die sehr egoistisch sind, sind gegen die Liebe. Sie mögen sagen, daß sie die Welt, die Welt der Liebe verlassen, um nach Gott zu suchen und zu forschen. Damit betrügen sie niemanden als sich selbst. Denn solange man noch nicht ungeheuer liebt, kann man Gott nicht suchen. Auf den Gipfeln des Himalaja suchen sie nichts weiter als ihr eigenes Ego. Gott muß in der Liebe gesucht werden, weil Gott in der eigenen Kreuzigung gesucht werden muß. Wenn das Ego verschwindet, ist ER.

Habt ihr es schon einmal an euch selbst festgestellt, daß immer dann, wenn ihr eine Liebesbeziehung eingeht, ein gewisses Unbehagen aufkommt? Man fühlt sich angezogen, fasziniert. Man möchte tief hineintauchen, aber ein Teil von dir fängt an, unruhig zu werden. Den Teil schau dir an. Das ist der Judas. Dieser Teil sagt: „Was hast du vor? – dich hingeben? Was willst du? Gewöhnlich werden?" Nichts ist gewöhnlicher als Liebe. Liebe ist sehr irdisch. Nichts ist natürlicher als Liebe. Niemand braucht sie zu lernen. Jeder wird mit dem Wissen geboren, wie das geht. Liebe ist überall. Die ganze Existenz pulsiert in Liebe. Liebe ist der innerste Puls des Lebens. Liebe ist sehr natürlich, sehr gewöhnlich.

Das Ego ist unnatürlich, außergewöhnlich: Du möchtest dich anderen überlegen fühlen, du möchtest gekrönt werden. Du willst nicht der Erde angehören, denn alle gehören der Erde an. Du möchtest etwas Besonderes, jemand Besonderes sein – das ist der Judas.

Um zu verraten, muß man erst lieben.

Judas liebte Jesus, aber konnte nicht vollkommen lieben. Das ist das Problem: Wenn du liebst, aber nicht vollkommen liebst, kannst du jederzeit Verrat üben, denn der Teil, der noch nicht liebt, wird immerzu nach neuen Mitteln und Wegen trachten, wie er sich auflehnen kann, sich sträuben kann.

Danach wurde Jesus gekreuzigt, aufgrund dieses Verrats. Am Tag danach beging Judas Selbstmord. Auch dies ist eine sehr tiefe, sehr tief bedeutsame Parabel. Warum beging er selber am nächsten Tag Selbstmord? Weil nun alles sinnlos war – das ganze Ego hatte sich im Alleingang gegen Jesus gestellt. Er liebte Jesus, aber nur zum Teil, und ein anderer Teil kämpfte immerzu dagegen an. Nun, da Jesus gekreuzigt war, verschwand jener Teil, der gekämpft hatte. Es war jetzt sinnlos geworden, und noch einen Mann wie Jesus, den er hätte hassen, den er hätte lieben, mit dem er hätte kämpfen und ringen können, hätte er nicht gefunden. Ohne Jesus wurde Judas sinnlos. Ohne Jesus wurde das ganze Dasein von Judas leer. Er beging Selbstmord. Sein Leben machte nur Sinn wegen Jesus; er liebte und haßte den Mann. Die eine Seite von ihm liebte, die andere Seite haßte.

„Ein Judas" heißt: einer, der in sich geteilt ist. Ein Judas heißt: einer, der schizophren, gespalten ist. Judas ist nicht einfach nur der Name einer bestimmten Person, die Jesus verriet; Judas ist eine Krankheit. Judas ist eine psychologische Spaltung.

Während ihr also diese Sutras hört, dürft ihr keinen Augenblick vergessen, daß ihr ein Judas sein könnt, aber auch ein Jesus sein könnt. Wenn die Spaltung verschwindet, seid ihr ein Jesus. Wenn die Spaltung weiterhin besteht, bleibt ihr ein Judas. Zwischen Judas und Jesus ist nur ein ganz kleiner Spalt, und der Spalt liegt an der Spaltung. Bist du geteilt in deiner Liebe? – dann bist du ein Judas. Bist du ungeteilt in deiner Liebe? – dann bist du ein Jesus.

Während er noch redete, kam Judas, einer der zwölf, mit einer großen Schar von Männern, die mit Schwertern und Knüppeln bewaffnet waren; sie waren von den Hohenpriestern und den Ältesten des Volkes geschickt worden.
Der Verräter hatte mit ihnen ein Zeichen verabredet und gesagt: Der, den ich küssen werde, der ist es; nehmt ihn fest.

Sehr symbolisch – Jesus zu verraten, indem er ihn küßt: der Todeskuß. Der gleiche Kuß, der aus Liebe hätte sein können, geschah aus Verrat. Der *gleiche* Kuß, der aus Liebe hätte sein können, geschah aus Verrat. Der gleiche Kuß, der aus Leben hätte sein können, wurde Teil des Todes. Der gleiche Kuß, der Nektar, der Ambrosia hätte sein können, wurde zu Gift. Der Kuß ist der gleiche, aber die Qualität, die man hineinlegt, macht ihn entweder zum Ambrosia des ewigen Lebens oder macht ihn zu Gift.
Merkt euch: Die Gesten bleiben sich immer gleich – nur *du*, hinter ihnen, veränderst dich. Nur du veränderst dich; die Gesten bleiben die gleichen. Du liebst, du haßt, du gibst dich hin, du widersetzt dich; die Gesten sind die gleichen. Aber die Qualität hinter ihnen verändert sich, weil die Gesten nur die Gefäße sind; was du hineinfüllst – darauf kommt es an.
Judas hatte einen Kuß zum Zeichen gewählt. Er sagte zu der Menge, zu den Feinden: „Der, den ich küssen werde, der ist es; nehmt ihn fest." Er hätte auch irgendeine andere Geste wählen können. Alles hätte als Zeichen dienen können, warum also ein Kuß?
Ein Teil von ihm liebte Jesus; ein Teil von ihm liebte ihn gewaltig. Geht mit Judas nie allzu hart ins Gericht! Die Christen sind da seit je sehr hart. Habt Mitleid. Geht mit Judas nie allzu hart ins Gericht, denn er ist

auch in euch versteckt. Haßt ihn nicht einfach nur, weil er verriet, denn auch ihr habt die gleiche Tendenz zum Verrat. Jeder Mensch ist anfällig dafür, ein Judas zu werden. Ich sage euch: Ich habe Mitleid mit ihm. Versucht ihn zu verstehen. Warum hatte er den Kuß gewählt? Er hätte jedes beliebige Zeichen wählen können.

Ein Teil von ihm liebte Jesus wirklich. Aber ein Teil haßte ihn. Es war eine Haßliebe. Es war beides, eine Dichotomie.

Vergeßt eines nicht. Wenn eure Liebe nichts weiter ist als der Gegensatz von Haß, wenn eure Liebe nichts weiter ist als ein Gegenteil des Hasses, wird der Haß in euch weiterleben.

Es gibt aber noch eine andere Dimension der Liebe, wo Liebe nur die Abwesenheit von Haß ist, nicht sein Gegensatz. Ich lehre euch *diese* Liebe: Liebe als Abwesenheit von Haß. Das wirkliche Problem ist nicht, wie man lieben soll; das wirkliche Problem ist, den Haß zu verstehen und ihn durch dieses Verstehen fallenzulassen. Versteckt euren Haß nicht, unterdrückt ihn nicht; holt ihn hoch, werft ihn raus. Ehe ihr fähig werdet, wirklich zu lieben und total zu lieben, muß der Haß aufgegeben werden. Man kann es sich einfach machen: Man kann den Haß verstecken und man kann weiterlieben. Aber der Haß, der sich hinter dir verbirgt, wird Verrat üben, eines Tages, irgendwann. Du bist ein Judas, und du wirst ein Judas sein.

Bis Judas Jesus verriet, war er sich selbst nicht bewußt, was er tat. Er wurde sich dessen erst bewußt, als Jesus gekreuzigt wurde, als er selber sah, was er getan hatte. Da wurde er wach. Da bereute er und beging Selbstmord.

...den ich küssen werde, der ist es; nehmt ihn fest.

Sogleich ging er auf Jesus zu und sagte: Sei gegrüßt, Rabbi! Und er küßte ihn.

Darauf sagte Jesus zu der Menge: Wie gegen einen Räuber seid ihr mit Schwertern und Knüppeln ausgezogen, um mich festzunehmen. Tag für Tag saß ich im Tempel und lehrte, und ihr habt mich nicht verhaftet.

Jesus hatte sich immer unter die Menschenmenge gemischt, auf dem Markt, im Tempel; er lehrte immerzu. Nun sagte er zu diesen

Leuten: „Warum seid ihr mit Schwertern und Knüppeln zu mir gekommen, so als wärt ihr gegen einen Räuber ausgezogen? Und ich war immer Teil von euch, habe immer unter euch gelebt, habe im Tempel gelehrt, warum also kommt ihr mitten in der Nacht, mit Schwertern, mit so einer großen Menschenmenge, um mich zu fangen, mich festzunehmen? Warum? Ihr hättet mich jederzeit festnehmen können. Und es sind auch keine Schwerter nötig. Ihr wißt sehr wohl, daß ich keine Schwerter zum Kämpfen habe." Was wollte Jesus ihnen damit sagen? Er hatte kein einziges Wort zu Judas gesagt. Das ist sehr, sehr aufschlußreich.

Es gab zu Judas nichts zu sagen. Alles was hätte gesagt werden können, war schon gesagt worden. An Judas hatte er seit Jahren gearbeitet, aber es schien, daß die Krankheit unheilbar war. Es schien, daß er um so widerspenstiger und hartnäckiger geworden war, je mehr er an ihm gearbeitet hatte. Es schien, daß er um so egoistischer geworden war, je mehr Aufmerksamkeit er ihm geschenkt hatte. Er sagte kein einziges Wort zu Judas, aber er sprach zu den Massen, zu der Menge.

Warum war diese Menge mit Schwertern gekommen? Sie hatten Angst, Angst vor dem, was sie da vorhatten. Vergeßt das nicht – denn zu Jesus mit Schwertern zu kommen, ist einfach sinnlos, absurd. Er ist ein einfacher Mann, der sich überall frei bewegt hatte, den man egal wann durch egal wen hätte gefangennehmen können – ein zartgebauter Körper. Da gab es kein Problem, niemals. Warum mit Schwertern? Versucht zu verstehen.

Wann immer du ein Schwert trägst, richtet sich das nie gegen irgendeinen anderen, sondern geschieht nur, weil du Angst hast. Du tust es aus Angst. Sie hatten Angst. Sie fühlten sich für das, was sie da vorhatten, schon im voraus schuldig. Diese Schwerter waren nicht gegen Jesus gerichtet, denn gegen ihn waren sie nicht notwendig. Diese Schwerter waren gegen ihre eigene Schuld gerichtet, ihre eigene Angst, ihre eigene Feigheit. Sie wußten sehr wohl, daß es schwer sein würde, Jesus entgegenzutreten. Ihm auch nur in die Augen zu schauen, würde ihnen verdammt schwer werden. Und ihn gar festzunehmen, ihn zum Gefangenen zu machen, würde nahezu unmöglich sein.

Sie kamen mit Schwertern, um sich Mut zu machen, um keine Angst zu haben. Sie kamen mit Schwertern, um dem Mann nicht in die Augen schauen zu müssen. Er hätte mit bloßen Händen festgenommen werden können, egal wo. Er war absolut ungeschützt, ungesichert. Und diese Menschen kannten ihn gut. Es war eigentlich gar nicht nötig, daß Judas ihnen zeigte, wer er war. Jeder wußte über ihn Bescheid.
Aber die Priester hatten ebenfalls Angst, die Politiker hatten ebenfalls Angst. Sie wollten ebenfalls die Verantwortung auf einen anderen abwälzen, der für Jahrhunderte den Sündenbock spielen, zum Sündenbock werden konnte. Sie fanden Judas. Von da an wurde Judas zum Symbol des Verrats. Fast so als wäre Judas der wahre Schurke.

Darauf sagte Jesus zu der Menge: Wie gegen einen Räuber seid ihr mit Schwertern und Knüppeln ausgezogen, um mich festzunehmen. Tag für Tag saß ich im Tempel und lehrte, und ihr habt mich nicht verhaftet.
Das alles aber ist geschehen, damit die Schriften der Propheten in Erfüllung gehen. Da verließen ihn alle Jünger und flohen.

Dieser Punkt ist wichtig. Im Leben Jesu oder im Leben Krischnas oder im Leben Buddhas ist dieser Punkt sehr wichtig. Sie reden immer so, als spielten sie eine Rolle in einem Theaterstück, so als würden sie nur schauspielern, als wäre die Erde eine große Bühne, und sie erfüllten einfach nur irgendwelche Prophezeihungen.
Es wird überliefert, daß vor Ramas Geburt schon ein großer Dichter, Valmiki, Ramas ganzes Leben aufgeschrieben habe. Ehe er geboren war! Und dann wurde Rama geboren; er mußte Valmiki folgen, denn wenn ein so großer Dichter das schreibt, muß es befolgt werden. Was bleibt einem schon übrig?
Es mag nicht so gewesen sein, aber die Geschichte ist wunderbar. Sie besagt, daß das Leben ein Schauspiel ist: So als stünde es bereits geschrieben und würde sich nur entfalten.
Jesus sagte zu diesen Leuten: *Das alles aber ist geschehen, damit die Schriften der Propheten in Erfüllung gehen.*

Es stand schon in den alten Schriften, daß dies die Art und Weise sei, wie man den Messias festnehmen und kreuzigen solle. Daß dies die Art und Weise sei, wie der Messias von seinem eigenen Jünger verraten werden solle, von Judas.

Was will Jesus damit sagen? Damit sagt er, auf eine indirekte Weise, zu Judas: „Fühle dich nicht schuldig deswegen. Es ist nicht deine Schuld." Hierin zeigt sich seine Liebe: Er nimmt Judas die Verantwortung ab. Er sagt damit: „Hab keine Angst, fühl dich nicht schuldig, fühl dich nicht verantwortlich. Du machst nichts verkehrt. Du bist nur ein Werkzeug in der Hand der Geschichte. Es ist schon vor langer Zeit prophezeit worden, daß einer meiner Jünger mich verraten würde. Du bist nur ausführendes Organ."

Genau dasselbe hat Krischna zu Arjuna in der Gita gesagt: „Mach dir keine Gedanken. Trag du nur den Krieg aus. Du bist nur ausführendes Organ; *nimitta matra* – du bist nicht der Handelnde. Der Handelnde ist immer Gott. Du bist nur ein Vehikel, das er benutzt. Ergib du dich nur in die Hände des Ganzen und laß alles geschehen. Was immer geschehen soll, wird geschehen. Du aber entspanne dich; verkrampfe dich bitte nicht deswegen!"

Genau das ist es, was Jesus meint, wenn er sagt: „Aber all dies geschah nur, damit sich die Schriften der Propheten erfüllten." Damit sagt er zu Judas: „Mach dir keine Gedanken!", sagt er zu der Menge: „Habt keine Angst, niemand macht hier was falsch. Alles ist in Ordnung, weil es so passieren mußte." Dieses ist eine schöne Geste auf Seiten von Jesus.

Gerade erst vor ein paar Tagen las ich die Geschichte eines chassidischen Mystikers – Baal Shem. Eines Tages saß er einfach so vor seiner Haustür... Es muß ein Wintermorgen gewesen sein, genau wie heute, kalt, und er muß sich gesonnt haben. Ein Bettler kam. Er sagte dem Bettler, er solle warten, er wolle ins Haus gehen, um etwas für ihn zu suchen. Aber er konnte nichts finden. Es war nichts da. Die Frau war zu einer Nachbarin gegangen, und er konnte nur den Ring seiner Frau finden, den Trauring, den er ihr gegeben hatte. Er kam mit dem Ring und gab ihn dem Bettler.

Als die Frau heimkehrte und sah, daß der Ring weg war, fragte sie nach. Baal Shem erzählte die ganze Geschichte: „Ich suchte, aber es ließ sich nichts finden."

Die Frau machte ihm die Hölle heiß. Sie sagte: „Du rennst ihm jetzt nach! Fang den Bettler ein! Der Ring ist mein Trauring, und er ist eine Menge wert, fast hundert Goldstücke!"

Baal Shem rannte dem Bettler hinterher, und viele Leute folgten ihm – was wohl dabei herauskam? Sie konnten nicht glauben, daß Baal Shem so etwas tatsächlich fertigbrachte, aber wirklich, er rannte los. Auf dem Marktplatz fand er den Bettler. Er griff ihn sich und sagte: „Warte, hör zu! Dieser Ring ist eine Menge wert! Er bringt fast einhundert Goldstücke! Laß dich ja nicht übers Ohr hauen!" Mehr tat er nicht, dann ging er heim.

Ihr könnt die Geste der Liebe nicht verstehen. Jeder in der Nachbarschaft war überzeugt, daß er sich den Bettler greifen und den Ring zurückholen würde. Die Frau war sehr froh, als er loslief – sie glaubte es ebenfalls. Weil wir in einem so lieblosen Herzen wohnen, können wir die Geste der Liebe nicht verstehen.

Es ist eine Geste der Liebe, wenn Jesus sagt: „Aber all dies geschah, damit die Schriften der Propheten sich erfüllten."

Nur vergeßt nicht: Er meint nicht, was er sagt. Die Christen haben sich von den Worten narren lassen. Sie glauben, daß er das, was er da sagt, auch genauso meint. Nein.

Die Existenz ist Freiheit. Sie ist nicht vorherbestimmt. Sie ist nicht prädestiniert. Wäre sie prädestiniert, dann wäre aller Sinn verloren. Das Leben ist kein Theaterstück; aber man kann es als Theaterstück nehmen. Wenn man es als Theaterstück nimmt, transzendiert man das Leben. Aber vergeßt nicht: Das Leben ist kein Theaterstück; das Leben ist völlige Freiheit. Niemand kann vorhersagen, was im nächsten Moment geschehen wird, weil der nächste Moment aus heiterem Himmel kommt, vollkommen frei und frisch. Wenn er vorhergesagt werden könnte, dann wäre aller Sinn verloren.

Jesus sagt damit nicht, daß er an das Schicksal glaubt. Jesus sagt damit nicht, daß er glaube, das Leben sei absolut vorherbestimmt, bis ins Kleinste, nein. Warum aber sagt er dann das hier: „Aber all dies geschah, damit sich die Schriften der Propheten erfüllten"? Dies ist eine Geste der Liebe. Er versucht damit, eine Situation herzustellen, in der sich Judas nicht schuldig zu fühlen braucht. Er stellt damit eine Situation her, in der sich die Menge, die gekommen ist, um ihn einzufangen, ihn gefangenzunehmen, nicht schuldig zu fühlen braucht. Er sagt damit: Es muß halt so sein, also passiert es, niemand ist dran schuld. Er will sie damit alle von Schuld freisprechen. Dies ist eine Liebesgeste, ungeheuer liebend und besorgt um die Menschen. Seine letzten Worte am Kreuz waren wieder vom gleichen Kaliber: „Vater, vergib ihnen, denn sie wissen nicht, was sie tun."

Das alles aber ist geschehen, damit die Schriften der Propheten in Erfüllung gehen. Da verließen ihn alle Jünger und flohen.

Einer verriet ihn, die anderen flohen – Jünger zu sein ist wirklich ein hartes Brot.

Als alles bestens lief, waren Jünger da. Aber jetzt lief alles schief. Jetzt nehmen sie Jesus fest; die Jünger fangen an zu verschwinden. Sie flohen. Das ist der Augenblick, der Augenblick, wo sich entscheidet, wer ein Jünger ist. Judas verriet ihn, aber die anderen, die flohen, verrieten ihn in gewisser Weise auch. Ihr Verrat war negativ, und der Verrat von Judas war positiv, aber beides war Verrat. Es ist wirklich schwer, ein Jünger zu werden, denn solange alles gut läuft, kann alle Welt zu einem Meister halten, aber wenn alles anfängt schiefzulaufen – und jeder Berg hat sein Tal, und jeder Tag hat seine Nacht... Selbst Jesus hat eine dunkle Nacht, die auf ihn folgt. Bei Tage kannst du mit Jesus sein, aber bei Nacht, wo Dunkelheit herrscht und überall Angst steckt, wenn der Tod in allen Ecken lauert – dann noch mit Jesus zu sein... das ist der Test, da zeigt es sich, ob du wirklich ein Jünger bist oder nicht.

Ich habe eine schöne Geschichte gehört. Es ist genau genommen keine Geschichte, sondern Wirklichkeit; sie ist passiert.

Kurz nach dem zweiten Weltkrieg begann eine zerstörte Stadt in England schweren Herzens mit dem mühseligen Wiederaufbau. Auf dem alten Marktplatz der Stadt hatte eine große Statue von Jesus Christus mit ausgebreiteten Armen gestanden, in einladender Geste. Auf dem Sockel standen die Worte gemeißelt: „Kommet zu mir!"

Die Statue wurde mit Hilfe geschickter Künstler und Bildhauer fast ganz wiederhergestellt – es fehlten nur noch die Hände, und es war keine Spur von ihnen in dem Schutt ringsumher zu finden. Jemand machte den Vorschlag, der Künstler müsse dann eben neue Hände anfertigen, da die alten Hände nicht aufzutreiben wären. Darauf regte sich öffentlicher Protest, der sich in den Worten ausdrückte: „Nein, laßt ihn ohne Hände." Und so steht heute auf dem öffentlichen Platz dieser englischen Stadt die restaurierte Christus-Statue ohne Hände, und auf dem Sockel stehen die Worte gemeißelt: „Christus hat keine anderen Hände als die unseren."

Diese zwölf Hände verrieten ihn alle: einer positiv, elf negativ. Und Christus hat keine anderen Hände als die unseren, weil Christus ein Sein ist, ein *reines* Sein. Und alles, was geschehen muß, muß durch uns geschehen, durch die Hände.

In dem Moment, als Judas ihn verriet und die restlichen elf flohen, blieb Jesus ohne Hände zurück, ein reines Sein. Genau genommen war *dieser* Moment der Moment der Kreuzigung. Am nächsten Tag war sie nichts Neues mehr. In dem Moment wurden Christus die Hände abgehackt. In dem Moment passierte die wahre Kreuzigung. Am nächsten Tag wurde das Ganze nur wiederholt, auf stofflicherer Ebene; aber spirituell gesehen wurde Jesus hier seiner Hände beraubt.

Als es Morgen wurde, faßten die Hohenpriester und die Ältesten des Volkes gemeinsam den Beschluß, Jesus hinrichten zu lassen.

Sie ließen ihn fesseln und abführen und lieferten ihn dem Statthalter Pilatus aus.

Als Jesus vor dem Statthalter stand, fragte ihn dieser: Bist du der König der Juden? Jesus antwortete: Du sagst es.

Jesus wurde jedesmal ungeheuer mißverstanden, wenn er vom Reich Gottes sprach. Er sprach nie vom Reich dieser Erde. Wann immer er sagte: „Ich bin der König der Juden", hatte er nie die Absicht, Anspruch auf irgendeinen Thron dieser Erde zu erheben. Er wollte damit etwas sehr Symbolisches sagen. Er sagte damit, daß er die Crème des jüdischen Genius war. Er sagte damit, daß er das

Herz der jüdischen Rasse war. Er sagte damit, daß er die Blüte am Baum des jüdischen Lebens war. Wenn er sagte, daß er der König sei, meinte er damit nie, daß er politisch der König sei.
Aber so ist es immer: Man muß sich der Sprache der Leute bedienen, zu denen man spricht. Und genau diese Sprache, in der man sich verständlich machen wollte, wird zur Barriere, wird zur Quelle allen Mißverstehens.
Die Leute verstanden die oberflächliche Bedeutung seiner Worte. Hätten sie ein wenig mehr in sich selber hineingehorcht, und wären sie ein wenig stiller gewesen, und wären sie ein wenig meditativer und andachtsvoller gewesen, sie hätten verstanden, was Jesus sagen wollte.
Viele Male sage ich etwas zu euch und habe augenblicklich das Gefühl, daß ihr mich wohl mißverstanden habt. Ich muß mich der Wörter bedienen. Ihr hört meine Wörter; meinen Wortsinn könnt ihr nicht hören – weil der Wortsinn der stille Schatten ist, der dem Wort folgt. Ihr hört das Wort, und ihr liefert den Sinn. Mein Sinn geht verloren.
Die Wörter mögen die meinen sein, der Sinn ist der eure.
Es geschah einmal: Ein durstiger Wanderer in der Wüste verzweifelte, weil er kein Wasser fand. Er stolperte wie wahnsinnig von einem Berggipfel zum nächsten, verzweifelt Ausschau haltend nach einem Bach, der sich angeblich in dieser Gegend befinden sollte. Seine Augen suchten in allen Richtungen, aber ohne Erfolg. Während er durch trockenes Gestrüpp wankte, verfing sich sein Fuß an einem Ast, so daß er zu Boden stürzte. Erschöpft und niedergeschlagen blieb er dort liegen. Ohne jegliche Energie, ohne die geringste Lust, sich noch zu bewegen, ohne Ziel und Zweck lag er wie tot am Boden und lauschte der Stille ringsumher. Die Wüste war absolut still. Es gab nichts als Stille. Plötzlich hob sich sein Kopf mit einem Ruck. Er hörte etwas. Es war das leise aber unmißverständliche Geräusch fließenden Wassers. Gestärkt durch das Geräusch, folgte er ihm so lange, bis er auf einen klaren und kühlen Wasserlauf stieß.
Ein stiller aber wacher Geist kann die erste, kaum hörbare Einladung zu unerschöpflicher Fülle und Erquickung vernehmen.

Wenn ihr einem Mann wie Jesus nahe seid, dann hört auf seine Stille, nicht auf seine Worte. Wenn ihr nur auf seine Worte hört, müßt ihr ihn zwangsläufig mißverstehen. Hört nur auf seine Stille, und jedes seiner Worte zieht Stille nach sich. Ja, ein Mann wie Jesus spricht *nur*, damit ihr seine Stille hören könnt. Ihr werdet sagen: „Warum spricht er dann überhaupt?" Wenn er nicht sprechen würde, wäret ihr nicht in der Lage, seine Stille zu verstehen. Sprechen dient als Kontrast, Wörter dienen als Kontrast. Es ist genau so, wie wenn man mit weißer Kreide auf einer schwarzen Wandtafel schreibt. Man kann auch mit weißer Kreide auf einer weißen Tafel schreiben, aber dann wird es unmöglich sein, das Geschriebene zu lesen.

Ein Mann wie Jesus spricht: Durch seine Wörter erzeugt er die schwarze Tafel, und durch seine Stille die weiße Kreide. Vergeßt die Tafel – die ist nur ein Mittel, um Stille in euer Herz zu bringen, um Stille in euer Bewußtsein zu heben.

Als Jesus vor dem Statthalter stand, fragte ihn dieser: Bist du der König der Juden? Jesus antwortete: Du sagst es.

Nicht ich sage es, wollte er damit sagen, ich habe es nicht gesagt. Du bist es, der dies sagt. Wenn du meinst, bitte.

Als aber die Hohenpriester und Ältesten ihn anklagten, gab er keine Antwort.

Das muß ebenfalls verstanden werden. Pilatus hatte er geantwortet; zumindest hatte er gesagt: „Du sagst es." Aber als die Priester und die Ältesten ihm alles mögliche vorwarfen, antwortete er nichts. Warum? Pontius Pilatus war ein Fremder. Es ist manchmal möglich, zu einem Fremden zu sprechen. Es ist sehr schwierig, zu Leuten zu sprechen, die dich zu kennen meinen, die bereits denken, sie wüßten, wer du bist. Es ist unmöglich, zu den Leuten zu reden, die dich zu kennen meinen, denn da kannst du sagen, was du willst, es bringt nichts – sie kennen dich schon. Sie werden dich auf die alte Art und Weise interpretieren, auf ihre Weise, so wie sie dich verstehen. Pilatus war absolut ein Fremder. Er war ein römischer Statt-

halter, er war kein Jude. Er war überhaupt nicht an der jüdischen Religion interessiert. Jesus sah den Statthalter an und sagte: „Du sagst es.“ Vielleicht vermochte er wenigstens Jesus zu begreifen. Und es heißt, Pilatus habe sehr viel Mitgefühl mit ihm gehabt. Er verstand, ein wenig. Als Fremdem war es ihm möglich, diesen Mann zu verstehen. Wenigstens konnte er ihn ohne Vorbehalt betrachten. Die ganze Sache ging ihn nichts an. Er war kein Jude, er war kein Priester, er war ein Fremder. Er konnte sich diesen Mann unverstellt ansehen, ohne irgendwelche Wolken im Kopf. Er hatte Mitgefühl mit diesem Mann. Dieser Mann wirkte absolut unschuldig. Ja, Pontius Pilatus wollte, daß man ihn freiließe.
Zwei weitere Personen sollten an dem Tag gekreuzigt werden: zwei Diebe, zusammen mit Jesus. Und es war Sitte, daß das Volk fordern durfte, einen freizulassen. Eine Person konnte vom Statthalter freigelassen werden, und so hoffte der Statthalter, daß sie um die Freilassung von Jesus bitten würden. Er ließ es sogar durchblicken. Er schickte Botschaften an die Ältesten, an die Priester, die besagten: „Es wäre gut, wenn Jesus freigelassen würde. Der Mann scheint unschuldig zu sein.“ Aber nein, das Volk wollte sein Blut. Sie forderten, einen der Diebe freizulassen, nicht Jesus.
Ein Dieb, ein Mörder wurde freigelassen, und ein vollkommen unschuldiger Mensch wurde gekreuzigt. Der Mann, der Dieb, den man freiließ, wurde selbst ein Jünger von Jesus. Als er die Unschuld dieses Mannes sah, konnte er nicht glauben, wie man ihn hatte freilassen können. Er war es nicht wert. Das ganze Phänomen veränderte sein Leben.

Als aber die Hohenpriester und Ältesten ihn anklagten, gab er keine Antwort.
Da sagte Pilatus zu ihm: Hörst du nicht, was sie dir alles vorwerfen?
Er aber antwortete ihm auf keine einzige Frage, so daß der Statthalter sehr verwundert war.

Warum wunderte sich der Statthalter so über das Schweigen von Jesus? Sein Schweigen war sehr, sehr beredt. Sein Verharren in Schweigen zeigte vieles, was nicht gesagt werden konnte. Wann immer sich jemand schuldig fühlt, beginnt er sich zu verteidigen. Das ist natürlich. Wann immer du das Gefühl hast, nicht recht zu haben, beginnst du zu streiten. Das ist natürlich. Wann immer du das Gefühl hast, daß etwas schiefgelaufen ist, beginnst du zu rationalisieren. Das ist natürlich.

Wenn du wirklich unschuldig bist, was gibt es da zu verteidigen, zu streiten, zu rationalisieren? Wenn du wirklich unschuldig bist, kann nur Schweigen etwas aussagen. Wörter werden nicht helfen. Pilatus, der Statthalter, muß viele Verbrecher in seinem Leben gesehen haben, allesamt wortreich.

Ich habe eine Geschichte gehört. Es geschah einmal, daß ein großer russischer Zar – Peter – sein Gefängnis besichtigen ging. Einmal im Jahr ging er hin, und es war an ihm, jemanden freizulassen. Wenn es ihm so gefiel, jemanden freizulassen, konnte ihn niemand hindern. Also ging er dann immer von einer Zelle zur anderen, und die Verbrecher – große Verbrecher, Mörder – sagten einer nach dem andern: „Majestät, wir sind unschuldig. Man hat uns zu Unrecht eingesperrt. Es war jemand anders. Habt Erbarmen mit uns."

Nur ein einziger Mann, er war des Mordes beschuldigt und zu lebenslänglicher Haft verurteilt worden, sagte: „Majestät, ich bin ein Verbrecher. Ich habe den Mord begangen. Und ich fühle, daß nicht einmal ein ganzes Leben lang im Gefängnis Strafe genug ist. Straft mich mehr! Ich bin schuldig!"

Peter sagte: „Laßt den Schurken sofort frei! Er wird sonst die anderen verderben. Alle sind sie so unschuldig, bis auf diesen Schurken." Der Mann wurde augenblicklich freigelassen.

Unschuld akzeptiert. *Reine* Unschuld braucht nichts von sich zu weisen, nichts zu akzeptieren. Wenn du ein Verbrecher bist, ist dein ganzes Denken und Trachten darauf gerichtet, wie du rauskommst. Akzeptierst du aber, dann bist du schon draußen. Aber Jesus war überhaupt kein Verbrecher. Er hatte kein Verbrechen begangen. Er war die reinste Seele, die es je gab. Er brauchte nichts zu akzeptieren, nichts von sich zu weisen – das ist der Sinn seines Schweigens.

...daß der Statthalter sehr verwundert war.

Er hatte noch nie einen so stillen Menschen gesehen, dem Tod so nah und so friedlich, dem Tod so nah und so entspannt, dem Tod so nah und so gar nichts abstreitend, dem Tod so nah und ohne jeden Versuch, sich zu retten – so hingegeben.

Er aber antwortete ihm auf keine einzige Frage, so daß der Statthalter sehr verwundert war.

Jesus war als Rebell erfolgreich. Als Revolutionär scheiterte er. Wenn ihr die Buddhas fragt, werden sie sagen, daß er Erfolg gehabt hat. Wenn ihr gewöhnliche Leute fragt, werden sie sagen, daß er gescheitert ist.

Eine große Menge hatte sich an jenem Tage versammelt, als er gekreuzigt werden sollte, um zu sehen, ob er irgendein Wunder vollbringen würde. Sie gingen frustriert nach Hause. Kein Wunder geschah, nicht das geringste Wunder. Er starb still, so wie jeder gewöhnliche Mensch gestorben wäre. Da war kein Unterschied, keine Spur von Unterschied.

Aber ich will euch eines sagen: Schenkt Blumen *den* Rebellen, die scheitern. Denn alle, die je Erfolg hatten, haben noch stets die Revolution verraten.

Bisher war noch jede Revolution eine gescheiterte Revolution. Nur ein Rebell, der total scheitert, ist ein wirklicher Rebell, denn um Erfolg zu haben, muß er sich der Mittel und Wege dieser Welt bedienen. Und indem er sich der Mittel und Wege dieser Welt bedient, scheitert er. Jesus starb als schlichter Mensch, in völliger Hingabe, ohne jede Macht. Darin liegt sein Triumph.

Die Kirche ist gescheitert, weil die Kirche als eine riesige Institution triumphierte. Heute ist die christliche Kirche die etablierteste Institution auf Erden. Die Fords und die Rockefellers, die Morgans und die Carnegies sind gar nichts dagegen. Die christliche Kirche ist heute das größte Business auf der Welt. Andere Großunternehmen sind ganz, ganz kleine Fische im Vergleich mit der christlichen Kirche. Es ist ein weltumklammernder Konzern. Die Kirche triumphierte – und scheiterte. Jesus scheiterte – und triumphierte.

Schenkt eure Blumen den Rebellen, die scheiterten, weil sie die wahrhaft rebellischen Menschen sind.

Ein rebellischer Mensch bleibt Einzelmensch; anders geht es nicht. Er blüht, er entfaltet sich und verschwindet. Er läßt keine Spur von seinem Triumph zurück. Ja, es gibt nicht einmal Beweise, daß Jesus überhaupt existiert hat. Außer den Evangelien, die ein christliches Dokument sind, gibt es keinen anderen Beweis für seine Existenz. Nirgendwo sonst wird er erwähnt. Wie kommt es, daß ein so großes Phänomen keinerlei Spuren hinterließ?

Je größer das Phänomen, desto geringer die Spuren in der Geschichte. Je größer das Phänomen, desto geringer die Spuren in der Zeit. Sein Triumph liegt auf der Ebene der Ewigkeit; er scheitert in der Zeit. Wer in der Zeit triumphiert, scheitert in der Ewigkeit.

Schenkt eure Blumen den Rebellen, die scheiterten...

Und Jesus ist der größte Schiffbruch auf der Welt. Er scheiterte ungeheuer, er scheiterte schön. Er ist ein Gipfel des Scheiterns – der Höhepunkt schlechthin, denn er ist ein Rebell, kein Revolutionär. Lenin triumphierte, Gandhi triumphierte, Mao triumphierte. Das sind Revolutionäre, das sind keine Rebellen. Sie alle verrieten die Revolution. Sobald eine Rebellion zur Revolution wird, ist sie schon auf dem Weg zum Verrat.

Wenn du wirklich ein Rebell sein willst – und das ist der einzige Weg, ein religiöser Mensch zu sein –, dann mußt du allein sein. Dann mußt du eine einzelne Flamme sein in der unendlichen Dunkelheit ringsum, ohne jede Organisation, ohne jedes Establishment.

Du mußt allein leben. Nur Gott ist dein Gefährte, sonst niemand. Und selbst das läßt sich so nicht sagen – daß Gott dein Gefährte sei. Denn Gott ist dein innerstes Sein.

Kapitel 8

DER GANZE HIMMEL GEHÖRT DIR

Die erste Frage:

Du sagtest, wir leiden aufgrund unseres Egos. Und dann sagst du auch, daß das Ego nicht existiert. Mein Leiden ist wirklich. Wie kommt es, daß es von etwas verursacht wird, das nicht wirklich ist, das nicht existiert?

Du kannst in einem Traum leiden, du kannst in einem Alptraum leiden. Solange er währt, scheint er, jedenfalls was dich betrifft, wirklich zu sein. Aber wenn du erwachst, dann weißt du, daß er nicht wirklich war, aber dann weißt du dennoch, daß du gelitten hast. Du magst vielleicht immer noch schwitzen, du magst vielleicht immer noch zittern aufgrund des Alptraums. Dein Herz mag vielleicht immer noch schneller schlagen als gewöhnlich.

Im Wachzustand weißt du, daß es nur ein Traum war, und dennoch hast du gelitten. Nicht nur das, sondern selbst jetzt, wo du wach bist, hast du noch einen Katzenjammer. Die Nachwirkungen halten noch an.

Du leidest an einem Ego, das nicht existiert. Ja, du leidest, weil es nicht existiert und du immerzu weiter glaubst, daß es existiere. Wenn du an etwas glaubst, das nicht ist, mußt du zwangsläufig leiden, weil du dir auf jede erdenkliche Weise Mühe gibst, zu fühlen, daß es existiere. Aber es kann nicht existieren. Gib einfach acht: Wann immer du leidest, gib acht. Wo drückt der Schuh? – du wirst immer feststellen, daß es das Ich ist, das Ego, das drückt.

Du würdest gern ein Leben haben, wo es kein Leiden gibt; aber so ein Leben ist nicht möglich, wenn du unentwegt das Ego mit dir herumschleppst. Du kannst dir das Leben nicht so um dich her gestalten, daß das Leiden verschwindet. Wenn du das Ego mitschleppst, wirst du wieder und wieder gegen irgendeine Wirklichkeit rennen, die dem Unwirklichen wehtut. Wann immer es zu einem Zusammenstoß zwischen dem Wirklichen und dem Unwirklichen kommt, erzeugt das Unwirkliche Leid.

Ich habe einmal eine Anekdote über einen sehr berühmten Mann gehört – Oscar Wilde. Auf einer öffentlichen Veranstaltung sollten Berühmtheiten ihre Meinung zu bestimmten Themen äußern. Oscar

Wilde sollte die hundert besten Bücher aufzählen. „Ich fürchte", sagte er, „daß das unmöglich sein wird." „Warum?" wurde er gefragt. Er antwortete: „Weil ich erst fünf geschrieben habe."
Ihr seht auf das Leben immer nur von einem ganz bestimmten Punkt aus – euch selbst. Die Menschheit hat einmal geglaubt, daß die Erde das Zentrum des Universums sei, und der Mensch, natürlich, das Zentrum der Erde; und du, natürlich, das Zentrum der Menschheit.
Ich habe einmal von einem Professor der Philosophie an der Universität Paris gehört. Eines Tages erklärte er: „Ich bin der Größte auf der Welt."
Die Anhänger lachten: Er war ein mittelloser Philosoph. Aber wenn *er* etwas sagte, dann mußte etwas dahinterstecken, also fragten sie ihn: „Sie sind Logiker, also beweisen Sie das bitte."
Er brachte eine Weltkarte in den Unterricht mit und sagte zu den Studenten: „Was ist das wichtigste, das größte Land auf der Welt? Könnt ihr mir das verraten? Könnt ihr es mir zeigen?"
Sie waren alle Franzosen, folglich war Frankreich das größte Land auf der Welt.
Also sagte er: „Nun, dann können wir die restliche Welt ja außer Acht lassen. Wenn ich beweisen kann, daß ich der größte Mann in Frankreich bin, hab ich recht."
Sie sagten: „Das klingt richtig." Aber so ganz wohl fühlten sie sich jetzt schon nicht mehr.
Er sagte: „Und was ist die größte Stadt in Frankreich?"
Natürlich – sie waren ja alle Pariser – war das Paris. Jetzt wurde ihnen noch mulmiger zumute. Der Augenblick der Wahrheit rückte immer näher.
Und dann sagte er: „Was ist der größte und heiligste Ort in Paris?"
Natürlich war das die Universität.
„Und was ist die größte Fakultät an dieser Universität?"
Das war natürlich die Philosophische Fakultät.
Und er sagte: „Ich leite diese Fakultät!"
Als man zum ersten Mal entdeckte, daß die Erde nicht das Zentrum des Universums war, war das menschliche Ego enorm ramponiert.

Die Kirche kämpfte dagegen an, weil es nicht nur um die Erde ging. Tief im Kern ging es um das menschliche Ich: Wenn die Erde nicht das Zentrum ist, dann kann der Mensch nicht das Zentrum sein; und wenn die Erde nur ein gottverlassener Außenposten und nicht Zentrum der Existenz ist, dann ist der Mensch ja vielleicht nur ein Zufall – höchstens! Die sogenannt religiösen Menschen kämpften gegen diese Vorstellung an.

Galileo wurde vor Gericht zitiert, ein alter Mann, und wurde aufgefordert, seine Sünde zu bekennen – daß er einen Fehler begangen habe und ihn eingestehen solle. Er hatte gesagt und bewiesen, daß nicht etwa die Sonne sich um die Erde dreht, sondern daß sich die Erde im Gegenteil um die Sonne dreht. Wenn die Erde sich um die Sonne dreht, dann ist die Sonne das Zentrum. Er sagte: „Ich kann gern zugeben, daß ich einen Fehler begangen habe, und ich bekenne mich schuldig; aber eines muß ich euch dazu sagen: Ob ich mich schuldig bekenne, ob ich es eingestehe oder nicht, ist egal. Die Erde dreht sich auch so um die Sonne. Sie wird ihren Kurs nicht ändern, nur weil Galileo um Gnade bittet. Ihr könnt mich umbringen, und ich bin bereit, um Verzeihung zu bitten. Ich bin bereit einzugestehen, daß ich einen Fehler begangen habe, aber mein Eingeständnis wird nichts helfen. Die Erde wird sich weiter um die Sonne drehen, die Erde ist nicht das Zentrum."

Warum war die Kirche so unbeugsam? Das hatte seinen Grund, einen sehr, sehr wichtigen Grund: Sobald die Erde nicht mehr im Mittelpunkt steht, steht der Mensch nicht mehr im Mittelpunkt. Dann verschwindet ihr in einem unendlichen All. Eigentlich hätten die religiösen Leute ja dafür sein müssen, denn sie waren ja immer gegen das Ego. Aber leider sind religiöse Leute, wirklich religiöse Leute, sehr dünn gesät.

Der Religion ist nur an einem gelegen, nämlich wie man das Ego los wird. Ihr geht es allein darum, wie man das Phänomen des Egos knackt und seine ganze Unwirklichkeit *erkennt*.

Es *ist* unwirklich, und dein Leiden, ich weiß, ist wirklich. Das Unwirkliche kann wirkliches Leid erzeugen. Darin steckt kein Problem, weil das Unwirkliche nahezu wirklich wird, sobald du an es glaubst – glaub an einen Geist, und der Geist ist da.

In meiner Stadt, gleich neben meinem Haus, gab es einen sehr alten Baum. Mein Fenster war gleich neben dem Baum, und es gefiel mir nicht, daß die Leute da vorbeiliefen, ein ewiges Kommen und Gehen. Also brachte ich ein Gerücht in Umlauf, daß da ein Geist wäre. Nach und nach wurde eine Wirklichkeit daraus. Erst lachten die Leute, aber selbst in ihrem Lachen war Angst.

Ich hatte einen alten Diener, also trug ich ihm eines Tages auf, sich einfach in den Baum zu setzen und jedesmal, wenn jemand vorbeikam, ein Geräusch zu machen. Für die ganze Stadt stand bald fest, daß dies die Wahrheit war. Meine Familie wußte, daß ich es so absolut still um den Baum herum haben wollte, daß niemand mehr vorbeikommen sollte. Aber nach und nach bekam auch sie Angst: „Wer weiß, wer weiß?" Ich sagte ihnen: „Ihr wißt doch, daß das nur ein Trick ist!" Aber sie sagten: „Wenn die ganze Stadt es glaubt und niemand nachts den Weg entlanggeht und die Leute sich selbst bei Tage fürchten... wer weiß?"

Sobald du dran glaubst, wird das Unwirkliche wirklich. Dein Glaube macht es wirklich: Dann tut es weh, dann tut es fast so weh, als wäre es wirklich. Es ist nur eine Frage des Glaubens. Der Mensch ist ein gläubiges Tier. Was immer du glaubst, das machst du durch deinen Glauben wirklich. Und du lernst die Wirklichkeit erst dann kennen, wenn du alles fallenläßt, was du glaubst.

Merkt euch das: Ihr könnt der Wirklichkeit erst ins Gesicht sehen, wenn ihr alles aufgebt, was ihr glaubt – alle Vorstellungen über sie –, und ihr nackt werdet, nackt und bloß, ohne eine Philosophie, einen Glauben oder dergleichen mitzuschleppen, nicht einmal den Glauben „Ich bin". Auch das ist ein Glaube.

Tritt einfach leer an, unschuldig, ohne irgendetwas zu wissen, und dann wird dir das Mysterium offenbart werden, eher nicht. Und das Ego ist eines der unwirklichsten Dinge überhaupt. Nur möchte man gern daran glauben, man möchte jemand sein. Niemand zu sein erfordert viel Mut. Ein Nichts zu sein, erfordert unendlichen Wagemut. Nur ein Buddha oder ein Jesus – ganz seltene Menschen – gelangen zur Erkenntnis dieser Leere. Und durch diese Leere hindurch wird die Fülle des Lebens erkannt.

Die zweite Frage:

Manchmal habe ich das Gefühl, als existiere ich nicht. Wenn ich ein Zimmer betrete, sieht mich niemand. Wenn ich spreche, hört niemand. Wenn ein Freund mich berührt, bin ich nicht fest, fühle ich mich wie ein Stück Quecksilber, das einem durch die Finger läuft. Wie kann ich mich verlieren, wenn ich nicht da bin?

Es ist eine sehr grundlegende Frage. Man muß sie in vielen Einzelschritten klären.
Erstens: Niemand kann dich sehen, außer dir selbst, weil andere nur deine Oberfläche sehen können, nicht dich. Sie können deinen Körper sehen: Sie können deine Augen, dein Gesicht sehen, aber nicht dich. Du bist tief dahinter versteckt. Das alles sind Vorhänge, das alles sind gleichsam Wolken. Dein Licht, deine Lebensflamme, ist tief dahinter verborgen. Niemand kann dorthin dringen, und du bist undurchdringlich. Außer dir kann niemand dich sehen. Außer dir kann dich niemand berühren. Außer dir kann niemand fühlen, wer du bist.
Die Leute können ewig um dich herumlaufen, aber nur an der Peripherie; niemand kann den Mittelpunkt erreichen. Ebensowenig kannst du den Mittelpunkt eines anderen erreichen. Der innerste Kern ist absolut privat. Selbst Liebende können nicht bis dahin vordringen. Ihr mögt noch so tief lieben, aber dort kommt ihr nicht hin. Das ist das Elend der Liebenden. Sie möchten einander gern durchdringen, sie möchten so weit wie möglich vordringen, sie möchten sich begegnen und vermischen und eins werden, und alle Mühen schlagen fehl. Was immer sie anstellen – sie merken, daß es nichts fruchtet. Irgendwo bleiben sie zwei. Irgendwo hält die Getrenntheit an. Sie können vergessen, daß sie getrennt sind, aber sie können nicht eins werden.
Das ist das Elend der Liebe, das Leiden, die Qual, weil Liebe gern eins werden möchte. Liebe möchte gern alle Getrenntheit, alle Grenzen verlieren. Aber wieder und wieder kommt man zu der Grenze, der Einschränkung.
Das ist also die erste grundlegende Tatsache, die es zu verstehen gilt: daß außer dir selbst niemand in dein Privatreich vordringen

kann. Das ist der Unterschied zwischen Materie und Bewußtsein. Materie hat keinen Privatbereich. Bewußtsein hat einen Privatbereich. Materie kann von außen verstanden werden, weil die Materie kein Inneres hat. Es gibt nichts dergleichen in der Materie. Alles ist äußerlich. Und im Bewußtsein trifft genau das Gegenteil zu: Alles ist innerlich, und nichts ist äußerlich.

Bewußtsein ist eine grenzenlose Innenwelt.

Bewußtsein ist Tiefe, Materie ist Oberfläche. Materie ist wie die Wellen auf dem Ozean; du – das Bewußtsein –, du bist die Tiefe des Ozeans. Und in diese Innenwelt kann man nicht vordringen, denn sobald man dorthin vordringen könnte, würde es zu einer öffentlichen Sache, würde es zum Objekt. Dann ist es nichts Innerliches mehr, dann wird es äußerlich. Wenn jemand dich sehen kann, wirst du dadurch zum Objekt, zum Ding. Du bist dann kein Mensch.

Versucht, das zu verstehen. Das ist der Grund, warum ihr euch jedesmal unbehaglich fühlt, wenn euch einer ansieht, anstarrt.

Auf Hindi nennen wir diese Art Mensch *lucha*. Das Wort heißt „einer, der dich anstarrt". Das Wort *lucha* kommt von *lochan*; *lochan* bedeutet „das Auge". Jemand, der dich ständig anstarrt, dich immerzu anstarrt, der tritt dir zu nahe, der überschreitet das Limit. Er ist nicht zivilisiert. Er ist unzivilisiert, hat kein Benehmen.

Es gibt eine gewisse Grenze, eine Zeitgrenze. Psychologen haben herausgefunden, daß diese bei etwa drei Sekunden liegt. Wenn du drei Sekunden lang jemanden anschaust, ist es noch kein Problem, ist es nur ein beiläufiger Blick. Zwei Fremde, die sich auf der Straße begegnen, dürfen sich drei Sekunden lang anschauen. Bis dahin ist es ein beiläufiger Blick. Wenn es länger dauert, dann ist der Blick nicht mehr beiläufig. Jetzt versuchst du, in die andere Person einzudringen. Wenn du den Betreffenden liebst, ist das zulässig, denn Liebende sind offen für einander. Aber wenn du den Betreffenden nicht liebst und diese Person dich nicht liebt, dann beleidigst du sie. Dann ist es Gewalt. Dann dringst du in die Privatsphäre des anderen ein, und der andere wird sich beleidigt fühlen, wird sich unbehaglich fühlen. Er wird sich rächen.

Warum? – achtet mal drauf: Du sitzt allein in deinem Zimmer; du bist völlig anders als sonst. Dann kommt jemand rein; du veränderst dich augenblicklich, weil jetzt zwei Augen da sind. Du bist nicht mehr privat. Oder du sitzt im Badezimmer in der Wanne und summst, schneidest Grimassen im Spiegel, und dann plötzlich merkst du, daß jemand durchs Schlüsselloch guckt: Du veränderst dich. Dieses Starren, dieser Blick durchbohrt dich wie ein Schwert. Es gibt dich nicht mehr – das Summen hört auf; man hat deine Privatsphäre verletzt.

Warum fühlst du dich verletzt, wenn jemand durchs Schlüsselloch guckt? – weil du dadurch zu einem Ding herabgewürdigt wirst. Man hat deine Subjektivität nicht geachtet. Du bist kein Ding. Man sollte dich um Erlaubnis bitten, bevor man dich anschaut. Ohne deine Erlaubnis belästigt dich jeder, der dich anschaut wie ein Dieb. Er macht ein Objekt aus dir. Du bist ein Bewußtsein, ein Subjekt. Du kannst nicht zu einem Ding gemacht werden.

Wo immer du das Gefühl hast, zu einem Ding gemacht zu werden, fühlst du dich nicht frei, fühlst du dich nicht wohl, fühlst du dich nicht glücklich, fühlst du dich sehr, sehr unterdrückt. Das ist das Elend des Sklavendaseins oder des Dienerdaseins. Du liest deine Zeitung, im Wohnzimmer sitzend; dein Diener kommt vorbei – du schaust ihn nicht einmal an, du erkennst nicht einmal an, daß ein Mensch vorbeigekommen ist. Es ist, als wäre ein Roboter vorbeigekommen, eine Maschine, kein Mensch. Du sagst nicht hallo, du sagst nicht guten Morgen. Du hast so etwas nicht nötig, es ist ein Diener. Du behandelst den Mann, als hätte er kein Innenleben, als wäre er ein äußerliches Ding – Diener. Diener ist eine Rolle und kein Sein. Er hat Gefühle, es tut ihm weh, daß er als Ding behandelt wurde.

Geh zu einer Prostituierten: Du zahlst, weil du mit ihr Liebe machen willst, und sie fühlt sich verletzt, weil sie keine Ware ist, du sie aber zu einer Ware machst. Das Leben hat sie irgendwie gezwungen, ein Ding auf dem Markt zu sein. Selbst die häßlichste Frau ist schöner als die allerschönste Prostituierte, weil es eine gewisse Anmut und Würde verleiht, eine Frau und kein Ding zu sein. Selbst die allerschönste Prostituierte ist häßlich. Und Leute, die zu ihr gehen, müssen Leute sein, die keinen Sinn für Ästhetik haben. Wie kannst du mit einer Frau schlafen, wenn du sie erst zu einem Ding gemacht hast? Du schläfst mit einer Schaufensterpuppe. Du schläfst mit einem toten Körper, einer Leiche. Du schläfst mit deinem Geld. Du schläfst nicht mit einer Person, weil eine Person eine Innenwelt ist und eine Person nicht gekauft werden kann.

Schau immer genau hin, und du wirst sehen, daß die Person nicht greifbar ist. Du kannst den Körper greifen, aber nicht die Seele. Niemand kann das.

Deine Frage lautet: „Manchmal habe ich das Gefühl, als existierte ich nicht. Wenn ich ein Zimmer betrete, sieht mich niemand" – niemand *kann* dich sehen. Aber glaub nicht, daß du nicht bist, nur weil dich niemand sehen kann. Ja, wäre es umgekehrt, so wäre das ein Fluch gewesen: Wenn die Menschen dich sehen könnten, wärst du ein Ding, ein Stuhl, ein Fels.

Fühl dich gesegnet, daß niemand dich sehen kann, wie sehr sie es auch versuchen mögen. Selbst wenn sie mit Vergrößerungsgläsern kämen, könnten sie dich nicht sehen. Du bist ungreifbar – das ist deine Subjektivität, das ist deine Seele, das ist deine Würde. Das ist die Schönheit und das Geheimnis des Lebens: daß niemand dich sehen kann außer dir selbst. Das ist deine Privatsphäre. Schön ist die Welt, weil wenigstens eines privat ist – dein eigenes Bewußtsein. Sonst würde alles auf dem Markt veräußert. Es läßt sich nicht verdinglichen. Genau das sagen auch die Upanishaden: Der Erkennende ist nicht zu erkennen, der Seher ist nicht zu sehen. Der Erkennende kann sich wohl selbst spüren, der Seher kann sich wohl selbst sehen.

Zweitens: Wenn ihr schon nicht von andern gesehen werden könnt, wie könnt ihr verlangen, daß Gott von euch gesehen werden soll? Selbst ein menschliches Wesen hat tief in sich eine solche Privatheit, daß niemand hingelangen kann – was soll man da erst von Gott sagen?

Die Leute kommen zu mir, und sie sagen: „Sag uns, wie wir Gottes ansichtig werden können" – törichte Leute. Sie halten sich für sehr, sehr intelligent und glauben, daß sie da eine sehr intelligente Frage stellen. Nicht einmal menschliches Bewußtsein ist jemals gesehen worden, wie soll man da das Bewußtsein des Ganzen sehen können? Du kannst eins mit ihm werden, aber du kannst es nicht sehen. Du kannst dich darin auflösen, aber du kannst es nicht sehen.

Ich habe eine Anekdote gehört: Als Yuri Gagarin aus dem All zurückkehrte, wurden ihm viele Fragen gestellt. Eine dieser Fragen lautete: „Hast du Gott im All gesehen?" Yuri Gagarin soll geantwortet haben: „Ich war im All draußen und habe Gott nicht gesehen. Also gibt es keinen Gott." Heute stehen diese Worte in großen Lettern an den Wänden des Anti-Gott-Museums in Leningrad. Direkt auf dem Eingangstor, in goldenen Lettern, prangen diese Worte: „Ich war im All draußen und habe Gott nicht gesehen. Also gibt es keinen Gott."

Das erste, was Yuri Gagarin fragen sollte, ist: Kann *er* gesehen werden? Hat irgendwer schon Yuri Gagarins Privatestes, seine innerste Seele, je gesehen? Gott ist nicht im Weltraum draußen, weil Gott nicht Materie ist. Gott ist im inneren Weltraum, weil Gott absolutes Bewußtsein ist. Der Mensch ist partielles Bewußtsein: Selbst das ist schon nicht zu sehen – was soll man da erst vom totalen, vom ganzen sagen!

Glaub nicht, nur weil du nicht zu sehen bist, daß du nicht bist. Du bist, aber du bist kein Objekt. Du bist Subjektivität. Du bist der Sehende, nicht das Gesehene. Du siehst, aber du kannst nicht gesehen werden. Dein wahres Wesen ist es, ein Seher, ein Zeuge zu sein. Dein wahres Wesen ist es, kein Objekt zu sein.

„Wenn ich spreche, hört niemand. Wenn ein Freund mich berührt, bin ich nicht fest..."

Niemand kann dich berühren. Alles, was berührt werden kann, bist nicht du. Und ich weiß noch etwas: Alles, was berührt werden kann, ist ohnehin nicht fest. Der Körper ist in Fluß, ewig in Fluß.

Frag die Physiologen. Die sagen, daß sich der Körper innerhalb von sieben Jahren vollkommen erneuert. Nicht einmal eine einzige Zelle bleibt die alte. Er ist ein flußartiges Strömen, unentwegt in Fluß. Er sieht fest aus, genau wie die Wand fest aussieht, aber er ist es nicht. Alle Physiker sagen, daß die Wand in Fluß ist. Ihre Atome wirbeln mit der gleichen Geschwindigkeit wie Licht, ständig in Bewegung.

Die Bewegung ist so schnell, und die Geschwindigkeit ist so ungeheuer, daß du die Bewegung nicht sehen kannst. Du kannst die Geschwindigkeit nicht sehen, und die Wand erscheint wie fest.
Dein Körper ist in ewigem Fluß – er fließt wie der Fluß. Aber das Strömen ist so stark, daß du nichts siehst. Und du meinst, er wäre substantiell, fest – das ist er nicht. Genausowenig wie dein Denken fest ist: Unentwegt bewegen sich die Gedanken. Wie Wolken kommen Formen und verschwinden.
Aber du? – *du* bist kein Fließen, du bist kein sich veränderndes Phänomen. Du bist Ewigkeit. Womit ich nicht sage, daß du fest wärst. Du bist weder fest noch flüssig, du übersteigst alle Kategorien. Du bist nur Raum, ungeheure Leere. Und aus dieser Leere blühen all diese Blumen.
Ihr seid Blumen der Leere, Formen des Nichts.
Und genau das meinen wir, wenn wir sagen: „Gott hat keine Form, aber ihr alle seid seine Formen. Gott hat keinen Namen, aber alle Namen sind sein." Das Formlose läßt sich in Millionen von Formen nieder, und das Namenlose nimmt Millionen von Namen an.
Niemand kann dich berühren. Niemand kann dich sehen. Niemand kann dich hören; denn all dies Gehörte, Gesehene, Berührte – all das gehört dem Körper an, nicht dir. Du bist immer das Flüchtige, das, was sich nicht greifen läßt, das Geheimnisvolle, das Unbekannte und das Unerkennbare.
Aber weil dem so ist, darfst du nicht das Gefühl haben, du wärest nicht da. Du bist da, aber du bist Subjektivität, unreduzierbar auf ein Objekt. Dies ist das ganze Bestreben der Meditation: dich bis zu dem Punkt zu bringen, wo du in deine eigene Subjektivität fallen kannst, wo du in deiner eigenen Tiefe verschwinden kannst, wo du dir innewerden kannst, was in dir beschlossen liegt – ungeboren, nicht sterbend, ewig.
„Wie kann ich mich verlieren, wenn ich nicht da bin?" – versteh einfach, was ich hier sage, und du verlierst dich. Das Ich, für das du dich hältst, bist nicht du. Und an das Ich, das du bist, hast du noch nie auch nur gedacht. Das Ich, für das du dich hältst, ist das Ich, das von anderen gesehen, von anderen gehört, von anderen berührt,

von anderen geliebt, von anderen gehaßt wird. Das Ich, das Ego, ist nichts als die Meinungen anderer über dich selbst, die du gesammelt hast. Dieses Ich bist du nicht, aber du bist damit identifiziert. Du bist das Ich, das kein Mensch je gesehen hat, das kein Mensch je berührt hat. Unkorrumpiert, unberührt, unverschmutzt, jungfräulich, absolut rein, die Reinheit selbst – das bist du.
Laß fallen, was du nicht bist, damit du das erfahren kannst, was du bist. Mein ganzes Lehren ist: Laßt einfach fallen, was ihr nicht seid. Es sieht paradox aus: Ich sage, ihr sollt von dem lassen, was ihr nicht habt! Werft weg, was ihr nicht habt, damit das, was ihr seid, für euch manifest werden kann, sich euch offenbaren kann.

Die dritte Frage:

Als ich mit Gurdjieff-Leuten arbeitete, verlangten sie, daß ich mich anstrenge, kämpfe, arbeite. Als ich mit buddhistischen Meistern arbeitete, verlangten sie, daß ich nichts mache, einfach sitze. Du sagst beides. Ich merke, daß ich manchmal verwirrt bin.

Ja, ich sag beides. Und ich kann deine Verwirrung verstehen.
Gurdjieff folgt dem Pfad des Willens. Er sagt: „Leg dich total ins Zeug – bis zum Höhepunkt, so daß du dich total kristallisierst. Kämpfe hart, gib dir jede erdenkliche Mühe."
Wenn du zu Zen-Meistern gehst, zu Buddhisten, bestehen diese auf Mühelosikeit, auf Selbstaufgabe. Sie halten nichts vom Kämpfen. Sie sagen: „Laß alle Mühe fahren, setz dich einfach still hin, tu gar nichts – Nicht-Tun. Eines Tages wird es passieren; denn machen läßt es sich nicht, es passiert."
Beide sind klar umrissen. Wenn du Gurdjieff folgst, bist du gegen die Zen-Leute, wenn du Zen folgst, bist du gegen Gurdjieff. Alles ist kristallklar, logisch. Bei mir muß es notgedrungen zu Verwirrungen kommen, weil ich beides sage. Ich sage arbeitet hart, ich sage legt euch total ins Zeug, damit eines Tages alle Mühe abfallen kann und ihr mühelos werden könnt. So wie ich die Dinge sehe, bringt euch der Wille zur Hingabe und bringt euch die Mühe zur Mühelosigkeit. Ich will euch ein paar Beispiele nennen, dann werdet ihr es besser verstehen können.

Lin Chi, ein großer Zen-Meister, hatte jahrelang unter seinem eigenen Meister gearbeitet. Der Meister hatte ihn das Malen gelehrt. Durch Malen lehrte er ihn Meditation. Zwölf Jahre lang arbeitete Lin Chi, dann war er perfekt, war er der größte Maler. Da sagte der Meister: „Jetzt sind deine Mühen abgeschlossen. Jetzt wirf diese Pinsel, diese Farben, diese Bilder fort und schlag dir die ganze Malerei aus dem Kopf."

Zwölf Jahre Anstrengung, Tag und Nacht! Und sein Meister hatte es ihm keineswegs leicht gemacht! Nach so viel Anstrengung, so viel äußerster Härte, war wirklich etwas zustande gekommen. Und da sagt jetzt der Meister: „Wirf alles weg." Einem Meister muß man aufs Wort gehorchen: Lin Chi warf die Pinsel, die Tinte, die Bilder weg und schlug sich die ganze Sache aus dem Kopf.

Sechs Jahre vergingen, und dann sagte der Meister: „Jetzt kannst du anfangen zu malen."

Lin Chi fragte: „Was hat das zu bedeuten?" Der Meister sagte: „Jetzt hast du die mühelose Mühe erreicht."

Erst muß man die Anstrengung lernen. Dann muß man die Anstrengungslosigkeit lernen. Solange deiner Kunst die Kunst anzumerken ist, ist es keine große Kunst. Wenn du malst und es mit Mühe tust, bist du noch kein großer Meister; denn schon die bloße Mühe verrät, daß du mit dem Malen nicht eins geworden bist. Wenn du singst und beim Singen Mühe zu spüren ist, dann bist du kein großer Sänger. Dann versuchst du immer noch nach Kräften etwas zu beweisen. Wenn du wirklich zu einem großen Sänger geworden bist, fällt alle Mühe ab. Du singst spontan. Dein Singen wird wie das Singen der Vögel. Dein Singen wird spontan.

Der große Musiker ist der, der sein Instrument in die Hand nimmt und darauf spielen kann, ohne zu wissen, was er tun wird. Er selbst ist überrascht, wenn etwas dabei herauskommt. Nicht nur das Publikum ist das Publikum – er selbst ist auch Teil des Publikums. Der große Meister wird zum Vehikel, hingegeben. Aber um zu einer solchen Hingabe zu gelangen, mußt du dich rein machen.

Es bedarf einer ungeheuren Mühe, ehe du soweit bist, sie fallenzulassen. Wenn du deinen Willen Gott aufopfern willst – und nichts anderes heißt Hingabe –, mußt du ihn erst würdig dazu machen. Mit häßlichen, stinkenden Egos tretet ihr vor Gott hin und bietet sie ihm dar. Bietet ihm Blumen dar. Laßt euch selbst erst zu einer Blume, einem Duft werden, und dann...

Ihr glaubt, indem ihr euch einfach so auf den Boden setzt, würde schon etwas passieren? Nichts wird passieren. Der Marktlärm geht weiter in eurem Kopf. Ihr könnt ewig so weitersitzen wie ein Standbild, tot.

Als Bokuju zu seinem Meister kam, fragte der Meister: „Weshalb bist du gekommen?" Er sagte: „Mach, daß du fortkommst! Wir haben schon eintausend tote Buddhas hier." Er wohnte nämlich in einem Tempel mit eintausend Buddhas aus Stein. Er sagte: „Mach, daß du wegkommst, sofort! Der Ort hier ist schon gerammelt voll mit Buddhas. Wir brauchen keine mehr."

Was wollte er damit sagen? Er wollte sagen: „Du wirst zum steinernen Buddha, wenn du nur sitzt." Du kannst die Stellung lernen, du kannst den Trick lernen, wie man stundenlang dasitzt, aber was wird dann aus deinem Geist? Du magst in einem Tempel sitzen, aber du wirst nicht da sein, du wirst woanders sein. Du bist immer da, wo deine Wünsche sind.

Um alle Mühe fallenzulassen, mußt du erst lernen, was Mühe ist. Gurdjieff ist der Anfang; Zen ist das Ende. Gurdjieff ist das ABCD, Zen ist das XYZ. Du kannst zum Zen nur auf dem Umweg über Gurdjieff kommen. Wenn du direkt zum Zen kommen willst, wirst du nie ankommen.

Genau das passiert heute im Westen. Zen ist absolut mißverstanden worden. Geht nach Japan und schaut euch japanische Klöster an: Ein Zen-Mönch muß zwanzig, vierundzwanzig Jahre lang, ja sogar dreißig Jahre lang hart arbeiten. Er muß sechs Stunden, acht Stunden, zehn Stunden, zwölf Stunden, sogar achtzehn Stunden pro Tag meditieren. Dann kommt der Augenblick, wo der Meister sagt: „Jetzt entspanne dich." Nur am Gipfelpunkt wird Entspannung erlaubt.

Im Westen ist Zen sehr, sehr mißverstanden worden. Es ist leicht, Zen mißzuverstehen, denn seine Sprache ist so poetisch. Seine Sprache ist so paradox, daß im Westen eine Art Hippie-Zen entstanden ist. „Es gibt nichts zu tun", sagen die Zen-Leute. „Man braucht nirgends hin", sagen die Zen-Leute. Das paßt herrlich zu eurer Faulheit.

Setzt euch nur hin und seid faul! Ohne das geringste zu tun, ohne irgendwo hinzumüssen – wird aus euch kein Buddha werden! Buddha selber hat in seinem letzten Leben sechs Jahre hart gearbeitet. Wenn ihr seine früheren Leben mitrechnet, dann hat er sich Tausende von Leben lang ins Zeug gelegt. Aber selbst noch in seinem letzten Leben, in dem er erleuchtet wurde, hat er sehr hart gearbeitet. Dann eines Tages ließ er sich fallen – er wurde erleuchtet. Als die Leute ihn fragten: „Wie wurdest du erleuchtet?", antwortete er: „Indem ich alle Mühe aufgab."

Er spricht die Wahrheit, aber er ist leicht mißzuverstehen.

Erst braucht ihr die Mühe, um sie eines Tages aufzugeben. Ihr habt euch bis jetzt noch keine Mühe gegeben – wie wollt ihr sie da schon aufgeben? Wenn ihr still dasitzen möchtet, müßt ihr meilen- und meilenweit laufen, und erst dann könnt ihr euch still hinsetzen.

Um das Denken aufzugeben, mußt du meilen- und meilen- und meilenweit denken, erst dann kannst du die Unsinnigkeit allen Denkens erkennen. In dieser Erkenntnis selber bleibt das Denken stehen.

Ich mag also verwirrend für dich klingen. Das Mißverständnis ist deinerseits. Ich mache aus beidem nur ein Ganzes. Gurdjieff ist halb – nichts als Technik, nichts als Arbeit. Zen wird ebenfalls mißverstanden und wurde aufgrund des Mißverständnisses halb – Nichtstun.

Ich lehre euch das *Tun*, vieles zu tun, so daß ihr eines Tages zu der Blüte des Nicht-Tuns gelangen könnt, einfach dasitzen könnt, ohne irgendetwas zu tun, nicht einmal meditieren.

Da liegt die Wirklichkeit – wenn du überhaupt nichts tust und all die Wellen auf dem Geist sich gelegt haben und dein ganzes Sein einfach still ist. Dies ist keine Faulheit. Dies ist gewaltige Energie – unmotiviert, nirgendwo hinstrebend. Es ist ein Stausee an Energie, nicht Faulheit. Du bist voller Energie, ungeheuer am Gipfel der Energie, aber ohne irgendwo hinzustreben, weil es kein Ziel zu erreichen, nichts zu leisten, keinen Wunsch mehr gibt. Nicht einmal Gott ist jetzt ein Wunsch. Nicht einmal *moksha, nirvana,* die endgültige Vollendung, ist jetzt ein Wunsch. Alle Wünsche sind verflogen, man sitzt einfach zu Hause.

In diesem Moment kommt das Ganze zu dir. Die ganze Existenz bricht über dich herein, aus jeder Richtung und jeder Daseinsebene. Du bist angenommen.

Du wirst zu einer Lotusblüte. Ohne jede Mühe schwebst du einfach auf dem Wasser. Das Wasser berührt dich nicht, kann dich nicht berühren. Du bist nach wie vor in dieser Welt und doch nicht von dieser Welt.

Ich lehre euch beides, Mühe und Mühelosigkeit. Denn solange du noch nicht zur mühelosen Mühe, solange du noch nicht zur aktiven Passivität, solange du noch nicht zu einer singenden Stille gelangt bist – so paradox es aussieht! –, solange du noch nicht zu einem reglosen Tanz gelangt bist, bist du noch nicht angelangt.

Deute es also bitte nicht als Konfusion. Was ich dir hier sage, ist ein Mysterium. Wenn du es logisch betrachtest, muß es dir als Konfusion erscheinen. Wenn du es durch die Liebe betrachtest, wird es dir als Mysterium erscheinen. Es ist ein Mysterium; du mußt es dir einfach nur einmal durch die Liebe anschauen. Dann wirst du augenblicklich verstehen, und dann wirst du die beiden Pole verknüpfen, und du wirst sehen, daß viel Aktivität dazu gehört, um zur Passivität zu gelangen.

Die vierte Frage:

Es ist jetzt ein Jahr her, daß ich Sannyas genommen habe, aber wenn ich dich beschreiben höre, was ein Sannyasin ist, fühle ich mich nicht wie einer.

Genau dieses Gefühl wird von einem Sannyasin erwartet. Sobald du das Gefühl hast, angekommen zu sein, bist du schon auf dem Holzweg. Das bloße Gefühl, angekommen zu sein, ist egoistisch. Man lernt und lernt und lernt immer weiter, und es wird nie zu Wissen. Man geht immer weiter, man kommt dem Ziel näher und

näher, aber das Ziel wird nie erreicht, weil das Ziel unendlich ist – es läßt sich nicht erreichen, du kannst es nicht greifen.
Wenn du ein wahrer Sannyasin bist, wirst du dir immer bewußt sein, daß es noch viel zu tun gibt. Du wirst niemals zufrieden sein. Das Leben ist so riesig; nur mittelmäßige Geister stellen sich zufrieden. Das Leben ist so groß; nur kleine Geister können denken, sie wären angekommen. Je mehr du verstehst, desto mehr wirst du sehen, daß du nicht verstehst. Je mehr du weißt, desto mehr wirst du wissen, daß du nicht weißt. Das höchste Maß an Wissen ist es, so unwissend zu werden wie ein kleines Kind – überhaupt nichts zu wissen. In dieser Unschuld liegt das Ziel.
Bleib immer unzufrieden; dann wächst du. Dann kennt das Wachstum keine Grenzen. Ein Gott werden heißt ewig weiterwachsen. Gott ist kein Ding, sondern ein ewiger Prozeß, eine unbegrenzte Bewegung. Ein Gott werden heißt erkennen, daß die Existenz immer und immer weitergeht; es ist eine ununterbrochene Entdeckung neuer Kontinente des Seins. Und das Sein ist unbegrenzt, also wird es nicht eines Tages enden. Es wird niemals enden.
Die Reise beginnt, aber endet nie.

Die sechste Frage:

Tag für Tag in deiner Nähe, und plötzlich mag ich meine Traurigkeit! Was geht mit mir vor, Osho?

Genau so sollte es sein. Wenn du sogar deine Traurigkeit mögen kannst, dann ist die Traurigkeit nicht mehr traurig. Die Traurigkeit ist traurig, weil du sie nicht magst. Die Traurigkeit ist traurig, weil du lieber nicht in ihr wärst. Die Traurigkeit ist traurig, weil du sie zurückweist. Selbst Traurigkeit kann zu einem Aufblühen von ungeheurer Schönheit, Stille, Tiefe werden, wenn du sie magst. Nichts ist verkehrt daran. Genauso möchte ich euch: daß ihr alles mögt, was passiert, selbst Traurigkeit. Selbst der Tod muß geliebt werden; nur dann werdet ihr den Tod transzendieren. Wenn ihr den Tod akzeptieren, lieben und willkommen heißen könnt, dann kann euch der Tod jetzt nicht töten – ihr habt ihn transzendiert.

Wenn Traurigkeit kommt, akzeptiert sie. Lauscht ihrem Lied. Sie hat euch etwas zu geben. Sie hat ein Geschenk für euch, das kein Glück euch bescheren kann; nur Traurigkeit kann es bescheren.

Glück ist immer seicht, Traurigkeit immer tief. Glück ist wie eine Welle, Traurigkeit ist wie die innerste Tiefe eines Ozeans. In der Traurigkeit bleibst du bei dir, allein gelassen. Im Glück mischst du dich unter die Leute, teilst du dich ihnen mit. In der Traurigkeit schließt du die Augen, tauchst du tief in dein Inneres ein. Traurigkeit hat ein Lied – ein sehr tiefes Phänomen ist Traurigkeit. Akzeptiere sie. Genieße sie. Koste von ihr, ohne jede Zurückweisung, und du wirst sehen, daß sie dir viele Gaben bringt, die dir kein Glück jemals bringen kann.

Und wenn du die Traurigkeit akzeptieren kannst, ist es keine Traurigkeit mehr. Du hast eine neue Qualität in sie hineingelegt. Du wirst dadurch wachsen. Jetzt wird sie nicht mehr ein Stein sein, ein Felsblock auf dem Pfad, der dir den Weg versperrt. Sie wird eine Stufe sein.

Und vergiß nie: Jemand, der nie tiefe Traurigkeit kennengelernt hat, ist ein armer Mensch. Er wird nie einen inneren Reichtum haben. Jemand, der immer nur glücklich gelebt hat, lächelnd, seicht, hat den innersten Tempel seines Seins nie betreten. Er hat den innersten Schrein verfehlt.

Bleibe fähig, mit allen Extremen Schritt zu halten. Wenn Traurigkeit kommt, sei wirklich traurig. Versuche nicht, ihr zu entkommen – laß sie zu, unterstütze sie. Laß sie sich in dir auflösen, und löse du dich in ihr auf. Werde eins mit ihr. Sei wirklich traurig: kein Widerstand, kein Kampf, kein Sträuben. Wenn Glück kommt, sei glücklich: Tanze, sei ekstatisch. Wenn das Glück kommt, dann versuch es nicht festzuhalten. Sag nicht, daß es für immer und ewig verweilen soll; das ist der sicherste Weg, es zu verlieren. Wenn die Traurigkeit kommt, sag nicht: „Komm nicht zu mir" oder: „Wenn du schon da bist, bitte mach, daß du fortkommst." Das ist der sicherste Weg, sie zu verfehlen.

Weise die Traurigkeit nicht ab, und klammere dich nicht an das Glück, und bald wirst du verstehen, daß Glück und Traurigkeit nur zwei Seiten der gleichen Medaille sind. Dann wirst du erkennen, daß im Glück auch eine gewisse Traurigkeit steckt, und in der Traurigkeit ein gewisses Glück steckt. Dann wird sich dein inneres Dasein bereichert fühlen.

Dann kannst du anfangen, alles zu genießen: den Morgen und auch den Abend, das Sonnenlicht und auch die dunkle Nacht, den Tag und die Nacht, den Sommer und den Winter, das Leben und den Tod – du kannst alles genießen.

Wenn du nichts bevorzugst, bist du bereits transzendental, hast du schon transzendiert. Dann spaltet dich die Dualität nicht mehr. Du bleibst ungespalten. Und dies ist *adwait*; dies ist es, was Shankara meint, wenn er von „Nicht-Dualismus" spricht. Dies ist es, was die Upanishaden lehren: daß man nicht-dual sein soll, eins sein soll.

Eins sein heißt nicht wählen. Denn wenn du wählst, spaltet dich deine Wahl. Du sagst: „Ich möchte glücklich sein, ich möchte nicht unglücklich sein." Jetzt bist du gespalten. Sag einfach: „Was immer geschieht, alles ist willkommen. Meine Türen sind offen. Es kommt Traurigkeit? Komm, sei mein Gast. Es kommt Glück? Komm, sei mein Gast. Ich werde für alles der Gastgeber sein, ohne Zurückweisung, ohne Wahl, ohne Gefallen, ohne Mißfallen."

Plötzlich kann niemand dich spalten. Du hast eine innere Einheit erreicht – eine innere Melodie, eine innere Musik, eine innere Harmonie.

Die siebente Frage:

Liebe ist der springende Punkt. Wenn du über Liebe sprichst, fühle ich eine Pistole auf der Brust. Darf ich dich meinen Gangster der Liebe nennen?

Ganz genau, das bin ich. Und dir sitzt die Pistole auf der Brust. Auf Tod oder Leben.

Der Liebe ins Auge schauen heißt dem Tod ins Auge schauen. Denn wer nicht bereit ist zu sterben, zu sterben als Ego, wird nicht fähig sein zur Liebe. Und wer dich gefangenhält, ist niemand anders als dein eigenes Ego – eine falsche Selbst-Vorstellung, die dich gefangenhält. Laß es fallen! – und die ganze Existenz mit all ihrer Schönheit wird sich dir öffnen.

Ich will dir eine Geschichte erzählen. Folgendes ist einmal passiert: Ein Mann erbte ein Grundstück nahe der Meeresküste. Er wanderte eine Weile in stiller Freude auf seinem Land umher und beschloß dann, zur Küste hinunter zu schlendern. Mit dem angenehmen Vorgefühl, gleich Wellen und Sand zu sichten, folgte er dem absteigenden Pfad, aber da kam er plötzlich zum Stillstand, denn eine hohe Mauer versperrte ihm den Weg. Enttäuscht überlegte er: „Irgendwer wünscht nicht, daß ich sein Grundstück betrete. Nun, es ist seine Mauer, da ist nichts zu machen."

Mit den Tagen wuchs das Bedürfnis, direkten Zugang zum Meer zu haben. Er nahm sich vor, den Besitzer der frustrierenden Mauer ausfindig zu machen. Im Grundbuchamt konnte er schließlich den Besitzer der Mauer identifizieren. Nun wußte er, wer ihm den Weg versperrte, und konnte daher den Weg öffnen. Die Mauer war sein eigener Besitz, sie gehörte ihm.

Wir blockieren unseren eigenen Weg; wir können uns deblockieren. Niemand versperrt uns den Pfad. Du bist Erbe unbegrenzter Möglichkeiten. Du vermauerst dir deinen eigenen Weg, blockierst deinen eigenen Weg. Sobald ich also von Liebe rede, wirst du dir natürlich sofort der Mauer bewußt, die dich umfängt. Sobald ich von Liebe rede, wirst du dir natürlich deiner Gefangenschaft bewußt. Wann immer ich von Freiheit rede, wirst du dir, wenn du Gefangener bist, deines eigenen Gefängnisses bewußt. Und das gefällt dir nicht, weil du dich jedesmal, wenn von Freiheit die Rede ist, daran stößt, daß du ein Gefangener bist. Das magst du nicht. Leute im Gefängnis reden nicht gern von Freiheit. Das schmerzt.

Liebe ist absolute Freiheit. Sie ist Freiheit des Bewußtseins. Liebe kennt kein Ende, keine Grenzen. Und solange du nicht alle Grenzen fallenläßt, wirst du nicht wissen, was Liebe ist. Liebe ist ein anderer Name für Gott, und zwar ein besserer Name, weil der Name „Gott" von den Frommen verdorben wurde. Er ist längst zur Ware auf dem Marktplatz geworden. Liebe ist ein anderer Name für Gott, und ich sage: ein besserer.

Und dein Gefühl trügt nicht: daß dir immer, wenn ich von ihr spreche, die Pistole auf die Brust gesetzt wird. Die Pistole ist da, lauf nicht vor ihr davon! Akzeptiere den Tod in der Liebe, akzeptiere Hingabe, Vertrauen. Denn so wie du bist, bist du nur ein Bettler.
Ich möchte, daß ihr Kaiser seid. Nur Liebende sind Kaiser, niemand sonst.
Aber dafür werdet ihr einen Preis zahlen müssen. Eigentlich ist es gar nichts: Der Preis ist, das Ego fallenzulassen.

Die achte Frage:

Ich habe viel von deinem Segen durch „shaktipat" aufgesogen, habe mich aber ablenken und verführen lassen, so daß ich es nicht halten konnte. Geht dieser Teufelskreis von Gewinn und Verlust ewig weiter? Unter diesen Umständen ist es sehr schwer geworden, den Sprung zu wagen. Die endgültige Erleuchtung scheint unmöglich, es sei denn, du ziehst mich regelrecht aus der Schwerkraft des Egos heraus.

Die endgültige Erleuchtung kann dir von niemandem aufgezwungen werden. Es ist deine Freiheit, sie zu wollen oder nicht zu wollen. Allenfalls kann ich dir eine Einladung geben, mehr kann da nicht getan werden. Und das ganze Problem ist, daß du dich überhaupt nicht hingibst. Im Gegenteil, du versuchst mich zu benutzen; und zwischen diesen beiden Dingen ist ein himmelweiter Unterschied.
Wenn du dich hingibst, gibst du dich hin. Dann ist dir die endgültige Erleuchtung egal. Dann sagst du: „Was immer geschieht, ist gut." Wenn du mich aber benutzen willst, machst du dir immer Sorgen: „Die Erleuchtung bleibt aus, das *samadhi* bleibt aus"; dies bleibt dann aus und jenes bleibt aus. Und dann fühlst du nach und nach einen gewissen Widerwillen aufkommen, eine Anklage gegen mich, als würde ich dich da nicht herausholen. Niemand kann dich herausholen. Du allein kannst da herausspringen. Und außerdem hat dich niemand gezwungen, dort festzusitzen. Du bist da hineingegangen, und du wirst da herauskommen müssen. Ich kann dir eine Hand reichen, aber du wirst meine Hand ergreifen müssen. In Wirklichkeit wird

meine Hand dich nicht herausholen; sie wird nur ein Vorwand sein. Ich will dir eine Geschichte erzählen.

Ein Quäker stellte auf dem leeren Grundstück neben seinem Haus ein Schild auf: „Dies Stück Land schenke ich demjenigen, der wirklich zufrieden ist." Ein reicher Bauer kam vorbei, hielt an und sagte zu sich: „Da mein Freund, der Quäker, dieses Stück Land weggeben will, kann ich es ebensogut nehmen wie jeder andere. Ich bin reich, hab alles, was ich brauche, also habe ich die nötige Qualifikation." Er ging zur Tür und erklärte, warum er gekommen sei. „Und bist du auch wirklich zufrieden?" fragte der Quäker. „Ja, ich habe alles, was ich brauche, und bin wirklich zufrieden." „Mein Freund", gab der Quäker zurück, „wenn du zufrieden bist, was willst du dann mit meinem Stück Land?"

Wenn wirklich etwas mit dir passiert, wenn du das Gefühl hast, daß durch *shaktipat*, durch die Nähe zu mir, etwas mit dir passiert, dann wirst du keinen Gedanken mehr an die „endgültige" Erleuchtung verschwenden. Denn dann ist selbst das schon zuviel. Du wirst dich dankbar fühlen dafür. Du wirst nicht verlangen, noch mehr zu bekommen. Du wirst sagen: „Ich war nicht einmal hierfür würdig. Ich bin dankbar." Und wenn du das fühlen kannst, wird bald mehr möglich sein. Denn einer, der sich dankbar fühlt, wird fähig, mehr zu erlangen, mehr anzuziehen.

Durch Dankbarkeit ziehst du Segen an. Dankbarkeit ist die magnetische Kraft, die dir Segen bringt, aber du scheinst nicht damit zufrieden zu sein. Tatsächlich hat derjenige, der diese Frage gestellt hat, schon viele Fragen über Erleuchtung gestellt, immer wieder. Ich habe sie bisher nicht beantwortet, weil diese Fragen unsinnig sind.

Sei hier und jetzt in diesem Augenblick bei mir, und schlag dir die Zukunft aus dem Kopf. Wenn du hier und jetzt total bei mir sein kannst, glücklich, dankbar, dann kommt die Zukunft aus eigenen Stücken, unweigerlich. Die Erleuchtung *kommt*; niemand kann sie *herbeiführen*. Sei du nur bereit. Öffne die Türen, die Fenster; der Wind wird wehen, und der Wind wird viele Düfte bringen; die Sonne wird kommen, und die Sonnenstrahlen werden bis in die dunkelste Ecke deines Hauses dringen. Niemand kann diese Winde herbeiführen, niemand kann die Sonnenstrahlen heranholen. Bleib du einfach nur offen, das ist alles. Offen sein ist alles.

Und denk an die menschliche Neigung, die Neigung des menschlichen Denkens, wie es sich zu allererst an weltliche Dinge klammert – Geld, Macht, Ansehen –, sich dann aber enttäuscht davon abkehrt. Dann fängt es an, sich an Gott zu klammern, an *samadhi*, Erleuchtung, *moksha*; aber die Mentalität ist genau die gleiche.

Alles Klammern muß aufhören. Alles Wünschen muß aufhören.

Nur in einem wunschlosen Moment geschieht das, wonach du verlangst – aber nur in einem wunschlosen Moment.

Die Leute kommen zu mir und sagen: „Lehre uns, wunschlos zu werden." Jetzt wünschen sie Wunschlosigkeit, was albern ist, was nicht möglich ist. Du kannst dir Wunschlosigkeit nicht wünschen. Du kannst höchstens die Sinnlosigkeit des Wünschens einsehen – daß es nirgends hinführt. Indem du das verstehst, fällt es ab. Plötzlich bist du wunschlos.

Ich will dir eine Geschichte erzählen, eine sehr berühmte und sehr alte Geschichte. *Bhagwawat Purana* erzählt die Geschichte von einer Krähe, die mit einem Stück Fleisch im Schnabel flog, bedrängt von zwanzig Krähen, die sie verfolgten, die sie angriffen, die das Fleisch an sich reißen wollten. Sie flog hoch hinaus, um ihnen zu entkommen, wurde müde, war verwundet... Plötzlich ließ sie das Fleisch fallen, und die zwanzig Krähen stürzten kreischend und um Beute kämpfend in die Tiefe. Da dachte die Krähe, die oben flog: „Wie gut es ist, nichts zu tragen. Der ganze Himmel gehört mir."

Sie hatte nur ein Stück Fleisch im Schnabel getragen, und dieses Stück Fleisch war das ganze Problem gewesen: Zwanzig Krähen hatten gekämpft, hatten ihr wehgetan, hatten das Stück Fleisch wegschnappen wollen. Kaum war das Stück gefallen, waren all diese Kämpfer weg. Die Krähe blieb allein zurück.

Und wie schön dieser Satz: „Der ganze Himmel gehört mir."

Sobald das Wünschen verschwindet, das Fleisch der Wünsche fallengelassen wird, gehört der ganze Himmel dir.

Genau das heißt Erleuchtung. Erleuchtung ist kein Ding, sondern der unendliche Raum, ohne Wünsche... Der ganze Himmel gehört dir.

Kapitel 9

ELI, ELI, LAMASA-BACHTANI

Matthäus 27

26 *Darauf ließ er Barabbas frei und gab den Befehl, Jesus zu geißeln und zu kreuzigen.*

46 *Um die neunte Stunde rief Jesus laut: Eli, Eli, Lamasabachtani?, das heißt: Mein Gott, mein Gott, warum hast du mich verlassen?*

47 *Einige von denen, die dabeistanden und es hörten, sagten: Er ruft nach Elija.*

48 *Sogleich lief einer von ihnen hin, tauchte einen Schwamm in Essig, steckte ihn auf einen Stock und gab Jesus zu trinken.*

49 *Die anderen aber sagten: Laßt doch, wir wollen sehen, ob Elija kommt und ihm hilft.*

50 *Jesus aber schrie noch einmal laut auf. Dann hauchte er den Geist aus.*

51 *Da riß der Vorhang im Tempel von oben bis unten entzwei. Die Erde bebte, und die Felsen spalteten sich.*

52 *Die Gräber öffneten sich, und die Leiber vieler Heiligen, die entschlafen waren, wurden auferweckt.*

53 *Nach der Auferstehung Jesu verließen sie ihre Gräber, kamen in die Heilige Stadt und erschienen vielen.*

Nichts ist neu unter der Sonne, und auch nichts ist alt. Es kommt auf den Verstand an. Wenn der Verstand alt ist, dann ist alles alt; wenn der Verstand neu ist, dann ist alles neu. Und ein neuer Verstand ist ein Nicht-Verstand. Nur ein alter Verstand ist ein Verstand.

Verstand ist die Vergangenheit, die angesammelte Vergangenheit, der angesammelte Staub der Vergangenheit. Der Verstand ist eine Fahrrinne, eine Routine. Er ist niemals neu. Er wiederholt sich immerzu selbst. Er ist wie eine Schallplatte, die festhakt. Die Nadel ist irgendwo steckengeblieben, und nun wiederholt sie dieselbe Rille, dieselbe Rille. Jahrhunderte sind vergangen, aber der Verstand verhält sich nach wie vor nach dem alten Muster. Er tötete Sokrates, vergiftete ihn. Er kreuzigte Jesus, er tötete Mansur, und noch heute hat sich da nichts geändert. Wenn Jesus wiederkommt, wird er gekreuzigt.

Ich habe eine sehr schöne Geschichte gehört. Es ist ein Sufi-Witz von ungeheurer Bedeutung.

Ein Bektasi-Derwisch – Bektasi ist ein Sufi-Orden, einer der wichtigsten Orden, sehr revolutionär –, ein Bektasi-Derwisch näherte sich einem gewissen Bischof und sagte: „Ich habe von einem jungen Mann gehört, der die Massen aufhetzt, ihnen rät, das Gesetz zu brechen, behauptet, überirdische Verbindungen zu haben, Wunder vollbringt und sich ständig widerspricht."

„Das reicht", sagte der Bischof, „er soll vor Gericht gestellt werden, wegen Gotteslästerung und Gefährdung der öffentlichen Ordnung. Wenn er nicht widerruft, mag er zum Tode verurteilt werden, als Ketzer oder Verführer. Sag mir nur seinen Namen, und ich werde seine Festnahme veranlassen."

„Ich wünschte, Ihr könntet ermessen, wie sehr ich von Eurer Kompetenz beeindruckt bin", sagte der Bektasi-Derwisch. „Sein Name ist Jesus."

Selbst die Christen würden ihn töten, wenn er wiederkäme. Es waren ja nicht nur die Juden, die ihn töteten. Es hatte überhaupt nichts mit Juden zu tun. Laßt es mich wiederholen: Es hatte nichts mit Juden zu tun. Es hat etwas mit dem Verstand selber zu tun.

Wenn er wiederkommt, werden die Christen ihn kreuzigen, weil er wieder das Neue und Frische bringen wird und der Verstand alt ist und immer vor dem Neuen und Frischen Angst hat. Er wird wieder das Unbekannte bringen, aber der Verstand ist das Bekannte, und das Bekannte ist immer in Angst vor dem Unbekannten. Er wird wieder Unsicherheit bringen, und der Verstand ist immer auf der Suche nach Sicherheit. Er wird Chaos bringen, und der Verstand wünscht ein komfortables, bequemes Leben, obwohl ein komfortables, bequemes Leben kein wirkliches Leben ist – je komfortabler, desto weniger lebendig. Das komfortabelste Leben ist im Grabe.

Wenn du lebendig bist, gibt es Unbequemlichkeiten. Wenn du lebendig bist, gibt es Herausforderungen. Wenn du lebendig bist, dann mußt du dich jeden Augenblick der Wirklichkeit stellen, mußt dich mit der Wirklichkeit herumschlagen. Jeden Augenblick mußt du bereit sein, dich zu ändern und weiterzuziehen. Die Wirklichkeit hat keine Sicherheit, und das ist das Schöne an ihr. Weil es keine Sicherheit gibt, gibt es Abenteuer. Weil die Zukunft unbekannt ist, weiß niemand, was im nächsten Moment passieren wird. Eben darum gibt es Herausforderung, Wachstum, Abenteuer. Wenn du dir das Abenteuer entgehen läßt, läßt du dir alles entgehen. Wenn dein Leben kein Abenteuerleben ist, keine Suche nach einem unbekannten Etwas, dann lebst du umsonst.

Jesus, oder ein Mann wie Jesus, bringt euch immer das Unbekannte. Er bringt immer die Herausforderung. Der bequeme Verstand, der festgelegte Verstand, fühlt Gefahr. Entweder wird Jesus euren Verstand töten, oder ihr werdet Jesus töten müssen, um euren Verstand zu retten. Dies sind die einzigen beiden Alternativen: Entweder du kannst mit Jesus gehen – dann wirst du dich nach und nach auflösen –, oder du wirst Jesus töten müssen, ehe er dich in seinen Bann zieht.

Laßt es mich einmal so sagen: Die Juden haben Jesus nicht deshalb getötet, weil er gegen sie war, sondern weil sie sich zutiefst von ihm angezogen fühlten – ein tiefes Angezogensein, ein tiefer Magnetismus. Das war das einzige Mittel, um sich zu schützen. Die Juden wollten ihn eigentlich nicht töten, sie wollten sich nur vor ihm schützen.

Dieser Mann war gefährlich; er wollte ein Fenster zum Abenteuer aufstoßen. Er rief sie zu einem Abenteuer, zu einer gefährlichen Reise, zu einer Pilgerfahrt ohne Landkarten, zu einer Pilgerfahrt in unbekannte Gefilde. Er rief sie aufs wilde Meer hinaus, und sie hatten sich auf ihren Ufern verschanzt. Sie hatten sich kleine Häuser der Bequemlichkeit gebaut, und sie klammerten sich ans Ufer. Und dieser Mann ließ nicht davon ab, sie zu rufen, dieser Mann verfolgte sie bis in den Schlaf, dieser Mann wurde zu einer ständigen Gefahr. Sie töteten ihn, um sich zu schützen. Seid ihnen nicht böse. Wenn ihr ihnen böse seid, verfehlt ihr den springenden Punkt.

Jesus wird wieder getötet werden, wenn er kommt – diesmal werden die Christen ihn töten, weil dasselbe Problem wieder auftreten wird. Jetzt ist das Christentum eine eingefahrene Sache, und Religion kann niemals eine eingefahrene Sache sein.

Religion ist eine Kontinuität von Revolution, eine kontinuierliche Revolution. Sie ist nie eine feste Sache. Sie ist immer ein Prozeß, weil Religion Leben ist. Eine Kirche ist nur ein Kirchhof. *Tote* Religion wird zu einer Kirche; *tote* Religion wird zu Christentum, Islam, Hinduismus, Buddhismus. Lebendige Religion ist Jesus, Buddha; sie hat einen vollkommen anderen Geschmack.

Die Christen werden es wieder tun, weil er wieder die Wildnis in ihre wohleingerichtete Welt bringt, er wieder Chaos in euer angeblich so wohlgeordnetes Leben bringt. Er bringt Unordnung, er ist ein Anarchist. Er bringt Anarchie. Er ist ein Rebell, der alles zerstört, womit ihr euch geborgen fühlt.

Warum ist das so? Warum ist er so gegen Gesetz, Ordnung? – weil er ein größeres Gesetz kennt, weil er eine größere Ordnung kennt.

Laßt es mich euch erklären. Es gibt zwei Arten von Ordnung auf der Welt: eine von Menschenhand und eine göttliche. Eine von Menschen gemachte Ordnung ist nur Vortäuschung falscher Tatsachen. Sie ist keine wirkliche Ordnung, sie deckt nur die Unordnung zu. Tief unten geht die Anarchie weiter. Auf der Oberfläche werdet ihr zum Narren gehalten, als gäbe es eine Ordnung. Mit der göttlichen Ordnung ist es genau umgekehrt. Auf der Oberfläche herrscht Chaos, und ganz unten in den Tiefen herrscht Ordnung. An der Oberfläche gibt es hohen Wellenschlag, und im Innersten ist der Ozean still. Sein Zentrum birgt einen Kosmos, und die Peripherie ist mit Chaos bedeckt. Das ist göttliche Ordnung. Die menschliche Ordnung hat innen Chaos und nur auf der Oberfläche einen Kosmos – so tief wie die Haut, wenn überhaupt.

Jesus bringt Unordnung, Chaos; denn er weiß, daß ihr nicht zum innersten Kern vordringen könnt, solange eure Peripherie nicht durcheinander gerät. Wenn eure Oberfläche durcheinander kommt, gibt es keinen anderen Ausweg mehr als den Weg nach innen. Wenn außen Unordnung und Anarchie herrscht, wo sollst du dann hin, wohin wendest du dich, wo suchst du und forschst du nach einem Zuhause? – du fängst an, nach innen zu gehen, du kommst zu deinem Zentrum. Wenn du glaubst, daß draußen alles okay ist, daß nichts verkehrt ist – wer macht sich da die Mühe, nach innen zu gehen? Nur wenn das äußere Leben in Chaos gerät, wird das innere Leben geboren. Das innere Leben ist nur möglich in einem äußeren Chaos.

Alle großen religiösen Menschen sind Rebellen; sie müssen es sein. Sie müssen eure Illusion von Ordnung zerstören, so daß ihr anfangen könnt, nach der wirklichen Ordnung zu suchen und zu forschen. Sie ist das, was Laotse das Tao nennt. „Tao" bedeutet die wirkliche Ordnung, die nicht von Menschenhand ist, die einfach nur Teil der Wirklichkeit ist, wesenhaft zu ihr gehört. Sie besteht nicht aus den Gesetzen, die der Mensch zustandegebracht hat, sondern ist *Das Gesetz*, aus dem heraus der Mensch entspringt. Denkt daran, es gibt viele vom Menschen gemachte Gesetze, aber es gibt nur *Ein Gesetz*, das *Tao*; das, was Buddha das *Dhamma* nannte.

Jesus bringt Unordnung, um euch wachzurütteln. Er ist wie ein Wecker. Er will euch aufwecken, aber ihr fühlt euch beleidigt. Er stört euren Schlaf, und vielleicht träumtet ihr grade so schön. Er stört euren Traum. Ihr wollt, daß er euch nicht stört. Und doch ist da eine tiefe Anziehungskraft, weil sein Ruf eure Tiefe reizt. Der Ruf erfolgt von Tiefe zu Tiefe. Euer Verstand sagt nein, aber euer innerstes Sein fängt schon an, ja zu sagen – daher die Angst. Die Juden hatten nicht Angst vor dem, was Jesus sagte, die Juden hatten

Angst, weil sie tief drinnen eine Anziehung verspürten, einen Ruf, einen Reiz. Indem sie Jesus ermordeten, verteidigten sie sich selber, verteidigten sie ihre eigene Peripherie gegen ihr eigenes Zentrum. Oder man kann sagen, sie verteidigten die Ordnung von Menschenhand gegen die Ordnung von Gotteshand. Sie verteidigten das Gesetz des Moses gegen das Gesetz Gottes selbst. Genau das bedeutet es, wenn Jesus sagt: „Moses bringt euch das Gesetz, ich aber bringe euch die Liebe." Die Liebe ist das Tao.

Habt ihr es beobachtet? – Liebe ist die undiszipliniertste und zugleich die diszipliniertesten Sache von der Welt, die anarchischste und zugleich die diszipliniertesten Sache von der Welt. Wenn du einen Menschen liebst, folgst du keinen Regeln; alle Regeln werden über Bord geworfen. Wenn du einen Menschen liebst, werden Regeln nicht benötigt. Die werden nur benötigt, wenn du einen Menschen *nicht* liebst. Aber dann bringt die Liebe ihre eigene Regel, bringt die Liebe ihre eigene Ordnung mit. Wenn du mich liebst, dann bringt eben diese Liebe eine gewisse Disziplin mit sich. Wenn du mich nicht liebst, dann müssen Regeln durchgesetzt werden. In alten indischen Schriften heißt es: Wann immer ein Meister erscheint, entsteht eine Disziplin. Nicht, daß er die Disziplin erzwingt; aber allein seine Präsenz und die Liebe, die er ringsum ausstrahlt, bringt ihre eigene Disziplin mit sich. Liebe hat keine Disziplin, und dennoch besitzt die Liebe, und *nur* die Liebe, wirkliche Disziplin. Wenn Jesus sagt: „Ich bringe euch die Liebe", meint er: Ich bringe eine gewisse Disziplin, die dem innersten Sein, dem Zentrum zugehört.

Aber den Leuten, die die Hüter des Gesetzes waren, machte das natürlich Angst. Sie mußten die Gesellschaft, das Gesetz, die Disziplin, den Tempel, die Religion verteidigen, Jesus war eine Gefahr für das alles. Als sie anfingen, Jesus zu verstehen – oder vielmehr mißzuverstehen, als sie ihn hörten –, wurden ihnen nach und nach gewisse Dinge klar, gewisse Dinge, die ihre Sicherheiten darstellten, die ihre Bequemlichkeiten darstellten, gewisse Dinge, an die sie sich klammerten, durch die sie dem Leben auswichen, gewisse Dinge, die wie Wände, Gefängnismauern waren, hinter denen sie sich versteckten und sicher fühlten. Jesus fing an, sie aus ihrem Schlaf aufzurütteln. Sie konnten nicht sehen, wer Jesus war, sie konnten ihn nicht direkt sehen. Sie konnten ihn nur in Bezug auf die Sicherheiten sehen, die durch diesen Mann zerschlagen würden. Er war ein gewaltiges Phänomen, aber sie konnten nur ein paar winzige Punkte sehen.

Und so geht es immer. Das, was ich zu euch sage – ihr hört es nicht in seiner Ganzheit. Nur ein paar Dinge laßt ihr rein, Dinge, zu denen ihr irgendeinen Bezug habt, die euch irgendwie beunruhigen oder irgendwie trösten. Ihr hört nicht mich, ihr hört mich in Bezug auf euch selbst. Und aufgrund dieser Selbstbezogenheit verwirrt sich alles. Ihr verliert die Klarheit.

Laßt mich euch eine Geschichte erzählen.

Da ist die Geschichte von einem Mann, der zu einem Lexikonautor ging und ihn fragte, warum er nur am Sex interessiert sei. Der Lexigraph war ziemlich überrascht und sagte: „Wo haben Sie das denn her?"

„Aus ihren eigenen Schriften!" sagte wütend der Besucher.

„Aber ich habe doch nur dies eine Buch geschrieben, das ist mein ganzes Werk", sagte der Autor.

„Das weiß ich", sagte der Besucher, „und genau das Buch habe ich auch gelesen."

„Aber in dem Buch da stehen hunderttausend Wörter drin, und ich vermute mal, daß höchstens ein Dutzend davon mit Sex zu tun haben!"

„Was reden Sie von all den anderen Wörtern", sagte der Besucher, „wo ich sie doch nur wegen der schweinischen Wörter zur Rede stelle!"

Einhunderttausend Wörter, aber dieser Mann hat nur die zwölf Wörter zum Sex gelesen. Er muß das Zölibat gelobt haben, er muß den Sex unterdrückt haben. Unter hunderttausend Wörtern sind ihm nur ein paar Wörter wichtig. Ja, für die anderen Wörter ist er praktisch blind, nur für diese paar wenigen Wörter ist er nicht blind. Wenn ihr ein Buch lest, lest ihr nie das Buch, das der Autor geschrieben hat, sondern irgendein anderes Buch, das ihr zu lesen imstande seid. Wenn ihr mich hört, dann hört ihr nicht das, was ich

sage. Ihr mögt zwar akustisch hören, was ich sage, aber ihr hört nicht das, was ich sage. Ihr hört nur auf die Dinge, die schon in irgendeiner Weise mit eurer Vorstellungswelt verknüpft sind. Das Hören ist nicht schwer, das *Zu*hören ist das Problem.
Zuhören heißt, daß du nicht auswählst.
Wenn Jesus, oder ein Mann wie Jesus, explodiert, ist die Explosion riesig. Er bringt Millionen von Sonnen aus sich hervor, das Licht ist gewaltig und unendlich. Aber ihr fangt an, an euch selber zu denken, ihr macht euch Sorgen um eure kleinen Luxusvergnügen, Bequemlichkeiten, Annehmlichkeiten – Trivialitäten. Ihr bekommt Angst um all diese Dinge und ihr fangt an euch zu verteidigen, weil dieser Mann euer Zentrum anlockt. Die Gedankenwelt ist die Peripherie, das Sein ist das Zentrum – dieser Mann lockt euer Sein an. Und laßt mich euch sagen: Wenn ihr Jesus kreuzigt, kreuzigt ihr euer eigenes Sein zugunsten eurer Peripherie.
Als die Juden an jenem Tage Jesus töteten, entschieden sie sich dafür, ihren Verstand ihrem eigenen Sein vorzuziehen. Jesus war ihre Essenz. Er war ihre innerste Essenz, war das eigentliche Aufblühen ihrer gesamten Geschichte. Er war der eigentliche Zweck ihres ganzen Hierseins. Aber sie entschieden sich, entschieden sich für den Verstand und kreuzigten das Sein.
Jesus ist das gekreuzigte Sein.
Und dies ist nicht nur eine historische Sache, die irgendwann mal passiert ist, und mit der ihr jetzt fertig wärt. Es ist etwas, das jeden Moment passiert, in jedermanns Leben. Merkt es euch: Ihr kreuzigt immerzu euren Jesus zugunsten eures Verstandes. Hört mit dieser Kreuzigung auf. Wenn ihr mich richtig versteht – das, was ich euch hier sagen will –, dann werdet ihr mit dieser Kreuzigung aufhören.
Ich habe eine Geschichte gehört:
Ein unfähiger Zimmermann baute sich einmal ein windschiefes Haus und hielt es nicht instand. Das Dach drohte einzubrechen, die Fußböden ließen sich kaum begehen. Seine Nachbarn wiesen ihn auf die Gefahren und die Reizlosigkeit seines Hauses hin, aber er weigerte sich wütend, auf sie zu hören, weil es nicht nur ein Haus war, sondern auch ein Egotrip. Es war SEIN Haus, und ER hatte es

gebaut. Wenn einer was gegen sein Haus sagte, nahm er es als eine persönliche Beleidigung. Das ist genau die Art, wie der Kopf reagiert.
Schließlich hatte er die ungebetenen Ratschläge satt und verstopfte sich die Ohren mit Ohrenstöpseln. Die Warnungen hörten nicht auf, aber nun lächelte der Zimmermann nur, da er kein Wort hörte. Wie es kommen mußte, brach sein Haus eines Tages zusammen. Zum Glück entkam der Mann mit geringen Verletzungen. Seine Nachbarn schalten ihn und sagten: „Siehst du? Wir hatten dich gewarnt. Du bist durch deine eigene Dickköpfigkeit gestraft worden." Der Zimmermann lächelte nur liebenswürdig. Er hatte immer noch seine Ohrenstöpsel. Unfaßbar: Trotz des Unglücks machte der Zimmermann sofort mit den gleichen Dummheiten weiter.
Das Ego ist sehr hartnäckig.
Selbst wenn du das Gefühl hast, einen Fehler begangen zu haben, machst du dir das nicht klar. Du versuchst ihn auf tausendundeine Weise zu rationalisieren, zu verteidigen, willst beweisen, daß es kein Fehler ist. Und du machst ihn wieder, in der Hoffnung, daß diesmal alles Okay sein wird. Das heißt gegen alle Hoffnung anhoffen.
Unfaßbar: Trotz des Unglücks machte der Zimmermann sofort einfach weiter mit den gleichen Dummheiten. Er baute sich ein neues windschiefes Haus und lebte darin. Wieder wurde er gewarnt, aber er ließ nie von seiner gefährlichen Lebensweise ab. Und zwar weil er inzwischen seine Ohrenstöpsel nicht nur für die normale, sondern auch die angenehmste Lebensweise hielt.
So erklärt sich das tragische Leben von Männern und Frauen, die darauf bestehen, psychologische Ohrenstöpsel zu tragen. Und denkt daran, nicht nur die Juden sind versessen auf psychologische Ohrenstöpsel – jeder auf Erden ist es. Wann immer euer Ego in Gefahr ist, könnt ihr nicht mehr zuhören. Oder ihr fangt an, etwas zu hören, was gar nicht gesagt worden ist. Oder ihr fangt an, es eurem eigenen Ego mundgerecht zu machen. Jeder, der auf der Suche ist nach der Wahrheit, muß diese Tricks verstehen, denn diese Tricks sind die Fallen. Diese Tricks sind die Möglichkeiten, wie ihr den Pfad verfehlen könnt. Der Pfad ist sehr gerade und klar.

Aber euer Verstand ist sehr schlau und erfindet immerzu neue, illusorische Pfade. Und ihr hört immer auf ihn. Und ihr habt immer und immer auf ihn gehört, und immer hat es sich als falsch herausgestellt. Aber es ist euer Verstand, und ihr meint, das wärt ihr selber. Es ist euer Ego. Seht ganz einfach den springenden Punkt.

Die Botschaft von Jesus war in gewisser Weise sehr einfach und geradeheraus. Jeder hätte sie verstehen können, aber niemand verstand sie. Und die Leute gerieten so in Wut, daß sie diesen einfachen und unschuldigen Mann töteten. Er hatte keine Sünde begangen. Er war kein Verbrecher, aber er wurde als Verbrecher behandelt; nicht nur wie ein Verbrecher, er wurde noch schlimmer behandelt. Darum geht es in den Sutras von heute.

Drei Personen sollten an jenem Tage hingerichtet werden: zwei Diebe und Jesus. Einer der Diebe trug den Namen Barabbas. Pontius Pilatus hoffte – denn es war Tradition, es war Sitte, daß der Generalgouverneur jedes Jahr einen Menschen begnadigen durfte –, er hoffte, die Juden würden darum bitten, Jesus zu begnadigen, ihn freizulassen und nicht zu töten. Aber die Juden forderten, daß Jesus getötet werde und Barabbas, ein Verbrecher, freigelassen werde. Sie behandelten Jesus noch schlimmer als einen Verbrecher.

Was war sein Verbrechen? – ein Verbrecher hat nur ein Gesetz gebrochen, oder schlimmstenfalls zwei Gesetze. Jesus aber brach alle Gesetze auf einmal. Er war kein Verbrecher. Ja, er hatte keinen Fehltritt begangen, aber er war gefährlich. Der Verbrecher war nicht gefährlich; er war schlimmstenfalls ein Dieb, oder schlimmstenfalls mag er ein Mörder gewesen sein; aber da stand nicht die ganze Gesellschaft auf dem Spiel, war nicht die ganze Gesellschaft in Gefahr. Er mag ein Gesetzesbrecher gewesen sein, aber er war nicht gegen das Gesetz. Selbst Leute, die zu Verbrechern werden, sind für das Gesetz. Sie fühlen sich schuldig, und sie wissen, daß sie falsch gehandelt haben. Dieser Mann Jesus war gefährlich. Er hatte kein Unrecht begangen, aber er war gegen jegliches Gesetz.

Er ist für die Liebe und gegen das Gesetz.

Eintausendundein Verbrecher sind nicht so gefährlich wie dieser Mann. Alle Verbrecher zusammengenommen wiegen nicht die

Gefahr auf, die dieser Mann bringt, weil er die Grundfesten eurer Gesellschaft zerstört. Eure Gesellschaft mag nichts weiter als ein Irrenhaus sein, aber für euch ist sie eben eure Gesellschaft. Und dieser Mann zerstört die eigentlichen Grundfesten.

Sie forderten, daß einem Verbrecher vergeben werde, aber Jesus mußte gekreuzigt werden. Er war der größte Verbrecher, und er hatte überhaupt kein Verbrechen begangen! Aber er brachte eine Revolution in das Denken der Menschen, er brachte eine Revolution in ihre Köpfe. Die größte Revolution, die es gibt, ist die Revolution für die Liebe und gegen das Gesetz; denn das Gesetz macht, daß das Leben sich versteift, und die Liebe macht es wieder schmelzen. Das Gesetz macht euer Leben gefroren, die Liebe schmilzt es durch seine Wärme. Gesetz ist häßlich. Jesus sagte damit aber nicht: „Seid ungesetzlich!" Genau da lag das Mißverständnis: Er war gegen das Gesetz, aber er war nicht für Gesetzlosigkeit. Er war gegen das Gesetz und für die Liebe. Er war gegen das Gesetz, aber er sagte damit nicht, daß man gesetzlos werden solle. Er sagte damit: „Erhebt euch über das Gesetz, geht über es hinaus; greift nach den Gipfeln der Liebe!" Dann wird kein Gesetz benötigt – eure Liebe wird alles regeln. Liebe ist genug, das Gesetz wird nicht benötigt.

Ich habe einmal mitgehört, wie zwei kleine Jungen sich auf der Straße unterhielten. Der ältere sagte: „Heute ist Sonntag, da dürfen wir nicht arbeiten." Sie müssen Christen gewesen sein. Der jüngere sagte: „Aber sieh mal, der Polizist da, der arbeitet ja, der hat Schicht. Und der Priester sagt, daß alle, die sonntags arbeiten, nicht in den Himmel kommen. Was ist mit den Polizisten?" Der ältere sagte: „Polizisten werden dort nicht benötigt."

Wo Liebe existiert, wird kein Gesetz benötigt. Das Gesetz ist ein armseliger Ersatz für Liebe. Jesus gab ihnen ein höheres Gesetz, und er wurde mißverstanden. Die Leute dachten, er würde ihr Gesetz, ihre Gesellschaft, ihre Struktur zerstören, aber er gab ihnen nur eine mehr fließende Struktur.

Ich wiederhole ständig, daß ich gegen jeglichen Charakter bin. Da könnt ihr mich mißverstehen. Ihr könnt meinen, ich würde damit Charakterlosigkeit lehren. Nein, ich lehre damit nur einen höheren

Charakter – einen Charakter, der nicht steif ist, einen Charakter, der nicht fixiert ist, einen Charakter, der nicht tot ist; einen Charakter, der lebendig ist wie ein Fluß, einen Charakter, der fließt; einen Charakter, der keine Grenzen kennt, einen Charakter, der spontan der Situation entsprechen kann; einen Charakter, der sich nicht an die Vergangenheit klammert, sondern der immer auf die Gegenwart eingeht. Die größten Charaktermenschen sind immer charakterlos. Buddha und Jesus, die sind gesetzlos, charakterlos, asozial, weil sie ein höheres Gesetz in die Welt bringen. Aber eure Augen können sich nicht so hoch erheben, und ihr könnt nicht sehen, was sie bringen. Sie bringen uns den Himmel, und wir haben uns so sehr daran gewöhnt, auf dem Boden zu kriechen, daß wir die Freiheit, die sie bringen, nicht sehen können. Ihre Freiheit scheint riskant.

Folgende Geschichte:

Es gab einmal fünf Narren, die zusammen reisten. Sie waren müde. Sie setzten sich gegen einen Baum, und alle fünfe streckten sie ihre Beine von sich. Sie sagten: „Was sollen wir jetzt tun? Wir werden nicht mehr aufstehen können. Wir können nicht mehr feststellen, welche von all diesen Beinen zu wem gehören!" Sie steckten wirklich tief in der Klemme – „Was sollen wir jetzt nur machen?!" Sie fingen an zu weinen und zu jammern: „Wir werden einfach für immer und ewig hier sitzenbleiben müssen. Wir sitzen fest. Niemand weiß, welche Beine zu wem gehören." Da saßen sie nun und jammerten und heulten, wurden hungrig und durstig und konnten nicht aufstehen.

Ein Mann kam vorbei, und er sagte: „Was macht ihr denn hier? Warum heult und jammert ihr so? Was ist mit euch passiert, welches unselige Mißgeschick ist euch widerfahren?"

„Ja, da sitzen wir nun", sagten die Narren, „und können nicht aufstehen."

„Aber warum könnt ihr nicht aufstehen? Ich kann kein Problem erkennen", sagte der Mann. „Ihr wirkt völlig gesund."

„Weil wir nicht wissen, zu wem welche Beine gehören."

„Ach du lieber Himmel! Wieviel wollt ihr mir geben, wenn ich euch das verrate?"

„Nun", sagten die Narren, „wir werden dich schon belohnen, solange

du uns nur sagst, welche von diesen Beinen zu wem gehören."
Er nahm eine große Stecknadel und fing an, sie damit zu stechen.
Er stach das erste Bein: „Autsch!"
„Das ist deins. Zieh es ein!"
Er stach ein anderes: „Autsch!"
„Das ist deins, das da. Zieh es ein."
Und so stach er sie einen nach dem anderen, bis er den letzten auf den Beinen hatte.
Das ist die Situation der Menschheit. Die ganze Menschheit hat sich sehr wie Narren benommen. Ihr braucht jemanden, der euch einen harten Schlag versetzt, damit ihr bewußt werdet. Und jedesmal, wenn einer kommt und euch aus lauter Mitgefühl schlägt, werdet ihr böse, mißversteht ihr ihn.
Jesus hämmerte den Leuten auf den Köpfen herum, um ihnen eine gewisse Wahrheit klarzumachen: daß niemand dich einsperrt außer du selbst, daß niemand diesen Schlamassel aus deinem Leben gemacht hat als du selbst, daß niemand dir diese Falle gestellt hat – niemand als du selber. Diese häßliche Lage, diese elende Lage ist dein eigenes Werk: Das ist die ganze Botschaft. Aber jedesmal, wenn jemand sagt: „Das ist dein Werk", wollt ihr zurückschlagen. Ihr wollt, daß er jemand anders dafür verantwortlich macht; das wahrt euer Gesicht. Jedesmal, wenn euch jemand sagt: „Nur du bist verantwortlich!", schlagt ihr zurück, reagiert ihr, werdet ihr wütend. Ihr? – wie könnt ihr verantwortlich sein? Ihr seid so weise! Und sich selber für weise zu halten, ist die Definition eines dummen Menschen.

Jetzt zu den Sutras.

Darauf ließ er Barabbas frei und gab den Befehl, Jesus zu geißeln und zu kreuzigen.
Um die neunte Stunde rief Jesus laut: Eli, Eli, Lamasabachtani?, das heißt: Mein Gott, mein Gott, warum hast du mich verlassen?

Dieser Satz ist von ungeheurer Bedeutung und muß sehr tief und sehr sorgfältig verstanden werden. Ob ihr Jesus verstehen könnt oder nicht, das wird sehr von eurem Verständnis dieses

Satzes abhängen. Es gibt viele Interpretationen.
Einige meinen, daß Jesus zu zweifeln begann. Sie meinen – ein paar Interpreten meinen –, daß auch er auf ein Wunder hoffte: daß Gott vom Himmel herabsteigen und ihn retten werde und ein großes Wunder stattfinden werde. Aber das Wunder geschah nicht, und er stand direkt vor der Kreuzigung! Er wurde ans Kreuz getan und rief: „Eli, Eli! – mein Gott, mein Gott, warum hast du mich verlassen?" – „Was habe ich falsch gemacht, daß du mich im Stich gelassen hast? Warum unternimmst du nichts, um mich zu retten? Wo ist dein Versprechen, wo ist dein Wunder?"
Nein, diese Interpretation ist falsch. Jesus sagt nichts dergleichen. Er wurde nicht zum Zweifler, und er erwartete auch kein Wunder. Andere erwarteten eins, richtig; die Menge erwartete eines, richtig. Aber Jesus erwartete keinerlei Wunder. Denn ein Mann wie Jesus weiß, daß es schon das allergrößte Wunder ist, einfach nur dazusein. Ein größeres Wunder ist nicht möglich. Einfach nur zu sein ist genug, mehr als genug. Um mehr kann man nicht mehr bitten. Einfach lebendig zu sein inmitten von so viel Tod, lebendig zu sein im Ozean des Todes, ist das größte Wunder. In so viel Finsternis, dichter Finsternis, bewußt und lebendig zu sein, ist alles. Was mehr kannst du wollen?
Nein, er wartete nicht auf ein Wunder. Warum aber sagte er dann: „Warum hast du mich verlassen?" Das passiert jedem, der zur letzten Stufe gelangt – dem, der unmittelbar an die Schwelle des Samadhis, an die letzte Schwelle zur Erleuchtung kommt. Das passiert jedem. Es ist, wie wenn ein Fluß kurz davor ist, in den Ozean zu stürzen – das Bekannte wird jetzt dem Unbekannten begegnen, das Leben wird jetzt den Tod umfassen. Es ist natürlich, es ist absolut natürlich. Es ist nicht ein Zweifeln, es hat nichts mit Skepsis zu tun, es ist keine Einbuße an Vertrauen. Nein, es ist einfach menschlich, daß einen, ehe man sich auflöst, ein Schauer, eine Angst erfaßt. Man wird jetzt entwurzelt, dem Leben entrissen.
Es ist die gleiche Angst, die ein Kind fühlt, wenn es geboren werden soll. Wenn das Kind unmittelbar davor ist, aus dem Mutterschoß herauszukommen, wird dir *jedes* Kind sagen: „Eli, Eli – mein Gott,

mein Gott, warum hast du mich verlassen?“ Es hatte bis dahin ein anderes Leben. Jetzt wird dieses ganze Leben entwurzelt, und man hat keine Ahnung, wohin man gerät. Man sieht ewigen Abgrund, man schaut in einen bodenlosen Abgrund. Man fängt an zu zittern. Das ist die Menschenseite in Jesus.

In seinem Aufschrei „Eli, Eli!“ schrie an jenem Tage die ganze Menschheit auf. Das ist das Schöne an Jesus. Buddha würde das nicht tun; er würde nicht aufschreien. Es ist, als gäbe es in ihm keinen menschlichen Teil – alles nur Stein, Marmor. Jesus ist ein Mensch aus Fleisch und Blut, genau wie du und ich, ein gebrechliches Wesen, das in den ewigen Abgrund schaut. Es geschah nicht aus Zweifel, daß er aufschrie – denn wäre da Zweifel gewesen, hätte er nicht gesagt: „Eli, Eli – Mein Gott, mein Gott!“ Dann hätte er das nicht gesagt. Wäre da Zweifel gewesen, hätte er gesagt, was Nietzsche zwanzig Jahrhunderte später sagte: „Gott ist tot. Es gibt keinen Gott.“

Wenn er auf irgendein Wunder gewartet hätte, dann wäre dies der Moment gewesen zu sagen: „Du existierst nicht, und ich hab mich von meinen eigenen Illusionen, meinen eigenen Träumen zum Narren halten lassen.“ Wenn Jesus skeptisch gewesen wäre, hätte er gesagt: „Es gibt keinen Gott mehr. Ich irrte, wenn ich dir glaubte. Du existierst nicht.“ Oder er hätte ihn herausgefordert: „Dies ist der Punkt, wo du mir beweisen kannst, ob es dich gibt oder nicht. Jetzt tu dein Wunder und beweise mir, daß es dich gibt!“

Genau das ist einem Philosophen passiert, Edmund Burke; er ging zur Kirche, als dort gerade Gottesdienst war, holte seine Taschenuhr hervor und sagte: „Ich werde an Gott glauben, wenn er diese Uhr anhalten kann, und zwar jetzt gleich.“ Er schaute nach oben und sagte: „Wenn es dich gibt, wenn du existierst, dann vollbringe wenigstens dieses winzige Wunder. Es ist kein großes Wunder, um das ich hier bitte. Halte diese Uhr an!“ Und die Uhr blieb nicht stehen...

Also war bewiesen, daß Gott nicht existiert. Edmund Burke bat nicht um ein großes Wunder, sondern um ein kleines Wunder, ganz klein, nichts Aufregendes. Aber die Frage ist nicht, ob du um ein großes oder kleines Wunder bittest – die Frage ist vielmehr:

Forderst du einen Beweis? Dann läßt sich der Beweis nicht erbringen. Denn die Existenz hat nicht das geringste Interesse daran, sich selber irgendwem zu beweisen. Ja, wer unbedingt beweisen will, daß es Gott gibt, bezweifelt irgendwie sein Dasein. Gott bezweifelt sich nicht, also könnt ihr sagen, was ihr wollt – er macht leise weiter, still lächelnd. Ihm ist es egal. Er IST, und was gibt es da groß zu beweisen?
Jesus wollte keine Beweise, sonst hätte er nicht gesagt: „Mein Gott, mein Gott," – Gott bleibt nach wie vor *mein* – „warum hast du mich verlassen?" Das ist einfache Menschlichkeit, gebrechliches Menschsein. Alleingelassen, überkommt es jeden. Diese Kreuzigung erreicht jeden. Wenn du tiefer in Meditation gehst, wirst du eines Tages die Bedeutung dieses Satzes finden – „Eli, Eli, lamasabachtani." Eines Tages wirst du finden – dich langsam, ganz langsam vortastend –, daß du an den Punkt kommst, wo du dich auflöst, wo du verschwindest. Das ist der Punkt der Kreuzigung, und auch du wirst aufschreien: „Mein Gott, warum hast du mich verlassen? Ich löse mich auf, ich verdunste!" Es ist einfach ein Zeichen gebrechlichen Menschseins, nichts weiter. Und es zeigt die Authentizität der Erfahrung, weil dies nur passiert, wenn man tatsächlich vor diesem Augenblick völligen Verendens, völliger Kreuzigung steht, wo das Ego vollends verschwindet. Man bleibt in völliger Leere zurück.
Es steckt kein Zweifeln darin, es steckt keine Forderung nach irgendeinem Wunder darin. Es ist keine Frage, sondern ein Ausdruck der Menschlichkeit von Jesus: „Ich bin ein gebrechliches Menschenwesen, ein Sohn der Menschen, und ich fürchte mich. Ich zittere, und ich würde gern umkehren."
Aber jetzt gibt es kein Zurück mehr, weil dies der Punkt ohne Wiederkehr ist. Was kann man da anderes tun als aufschreien? „Mein Gott, mein Gott, warum hast du mich verlassen?"

Einige von denen, die dabeistanden und es hörten, sagten: Er ruft nach Elija.

Seht ihr, was ich meine? Wann immer ihr einen Mann wie Jesus hört, interpretiert ihr ihn auf eure Weise. Elias ist ein alter Prophet.

Die Leute interpretierten es so, als hätte er nach Elias gerufen. Er rief den lebendigen Gott, der jetzt ist, und die Leute glaubten, daß er nach Elias riefe, der irgendwann in der Vergangenheit war. Der Verstand denkt ans Vergangene, ein Nicht-Verstand antwortet dem Gegenwärtigen.

Jesus rief nach Gott – der jetzt im Augenblick ist, und der immer jetzt ist, der keine Vergangenheit hat und keine Zukunft, der einfach gegenwärtig ist. Er rief Gott, das Gegenwärtige an, das Lebendige, das ihm jetzt im Augenblick gegenüber war. Aber die Leute glaubten, er riefe Elias an, den alten Propheten.

Einige von denen, die dabeistanden und es hörten, sagten: Er ruft nach Elija.

Sogleich lief einer von ihnen hin, tauchte einen Schwamm in Essig, steckte ihn auf einen Stock und gab Jesus zu trinken.

Die anderen aber sagten: Laßt doch, wir wollen sehen, ob Elija kommt und ihm hilft.

Jesus aber schrie noch einmal laut auf. Dann hauchte er den Geist aus.

Noch einmal schrie er: „Mein Gott, mein Gott, warum hast du mich verlassen?" Warum zweimal? Als er das erste Mal aufschrie, muß er gehofft haben, daß eine Antwort kommen werde, daß eine Erwiderung kommen werde. Nichts geschah.

Die Existenz ist still. Du hörst nur deine Echos.

Es kam keine Antwort von der Existenz. Er schrie noch einmal – vielleicht hatte man ihn nicht gehört? Die Existenz antwortet nie. Nicht, daß sie nicht antwortete – sie antwortet nie verbal, sie antwortet nie deinem Verstand. Sie antwortet auf existentielle Weise. Sie *hat* geantwortet, aber Jesus konnte in dem Moment nicht folgen – in dem Moment kann niemand folgen. In dem Moment zittert man nur und sieht die Erde unter sich weggleiten und sieht sich selber in Luft auflösen. Und da kommt keine Antwort.

Erst später, als Jesus auferstanden war, konnte er schließlich die Antwort verstehen.

Die Antwort wird in der Sprache der Existenz gegeben, nicht in der Sprache des Intellekts, des Verstandes. Sie ist nicht verbal. Die

Antwort ist Auferstehung. Sterbe total, und dann erstehst du auf. Und das war die Antwort: „Ich habe dich nicht verlassen. Ich bin immer da, tief in dir; wie kann ich dich verlassen? – denn ich bin du. Wie kann ich dich verlassen? Wie kann ich von dir fortgehen? – denn ich bin dein innerster Kern. Das, was am Kreuz gestorben ist, ist weder du noch ich. Es ist nur ein Vehikel, ein Haus, ein Traum, dessen du dich bedientest. Es ist weder du noch ich." Und diese Leute, die Jesus gekreuzigt hatten, sie hatten nur den Körper gekreuzigt, nicht den Geist. Der Geist kann nicht gekreuzigt werden. Er ist unsterblich. Aber diese Antwort kommt erst ein bißchen später, wenn Jesus gestorben ist. Er schrie noch einmal:

Jesus aber schrie noch einmal laut auf. Dann hauchte er den Geist aus.

Noch einmal versuchte er, die Antwort zu erfahren – irgendeine Erwiderung vonseiten des Ganzen, des Ozeans. Da keine Antwort kam, starb er, verschwand er.
Dies ist es, was Buddha *nirvana* nennt, das „endgültige Verlöschen der Flamme". Er ergab sich. Das ist die Bedeutung von „hauchte er den Geist aus" – er ergab sich. Er sagte: „Ja, dein Wille geschehe. Laß es so sein, wie du willst."

Da riß der Vorhang im Tempel von oben bis unten entzwei. Die Erde bebte, und die Felsen spalteten sich.

Ein Mann wie Jesus ist der Gipfel der Bewußtheit, eine unschätzbare Blüte. Er ist einer, dessen Kommen sich langsam, langsam über Jahrhunderte hin, über zahllose Wiedergeburten hin angebahnt hat, immerzu wachsend. Und dann kommt die Blütezeit. Die ganze Existenz feiert, die ganze Existenz spürt die Herrlichkeit Gottes. Und wenn so ein Mann tot umfällt, den Körper verläßt, breitet sich eine gewisse Traurigkeit über die gesamte Existenz aus.
Wie könnte es anders sein... denn wir sind nicht voneinander getrennt. Wir sind untereinander verbunden, wir sind miteinander verknüpft. Wir sind eine einzige Masse von Bewußtsein. Individualität ist nur eine egoistische Vorstellung. Wann immer also ein Jesus zur Blüte gelangt, fühlt die gesamte Existenz den Segen; und wann

immer ein Jesus seinen Körper aufgibt, fühlt die gesamte Existenz die Trauer. Hier wird dies mit symbolischen Mitteln zum Ausdruck gebracht: „Da riß der Vorhang im Tempel von oben bis unten entzwei. Die Erde bebte, und die Felsen spalteten sich.“ So muß es auch sein.

Es heißt, daß jedesmal, wenn Mohammed in die Wüste ging, ihm eine Wolke folgte, um ihm Schatten zu spenden, wie ein Sonnenschirm. Das mag nicht historisch sein, aber es ist bedeutsam. Es ist poetisch, symbolisch – es *besagt* etwas.

Es heißt, als Buddha erleuchtet wurde, hätten die Bäume zur falschen Jahreszeit geblüht. Vielleicht blühten sie nicht, vielleicht ist das keine wissenschaftliche Aussage. Aber eine Aussage braucht nicht wissenschaftlich zu sein, um *wahr* zu sein, eine Aussage muß nicht historisch sein, um *wahr* zu sein. Es gibt Schichten über Schichten der Wahrheit. Auch eine poetische Wahrheit hat ihre Qualitäten. Sie ist nicht historisch, sie ist nicht wissenschaftlich, aber sie ist nichtsdestoweniger wahr. Sie ist eine *poetische* Wahrheit. Und eine poetische Wahrheit steht auf einer höheren Ebene als irgendeine wissenschaftliche Wahrheit, weil die wissenschaftlichen Wahrheiten sich ständig ändern. Eine poetische Wahrheit ist ewig. Wissenschaftliche Wahrheit ist mehr oder weniger ein Faktum. Eine poetische Wahrheit ist kein Faktum, sondern eine tiefe Bedeutung, ein Sinn, ein Mythos.

Von Mahavir heißt es, wenn er von Dorf zu Dorf ging – und er ging unbekleidet, ein nackter Mann, ohne Schuhe, ohne Kleidung – und es lagen Dornen auf seinem Weg, hätten die Dornen sich sofort abgewandt, um seine Füße zu schonen. Das haben die Dornen vielleicht nicht getan – das wäre zuviel verlangt von den Dornen. Selbst von Menschen wäre das zuviel verlangt. Aber trotzdem, der Gedanke ist bedeutsam. Er zeigt einfach eines: daß wir Glieder sind voneinander. Dornen sind ebenfalls Teil von uns, und wir sind Teil der Dornen. Blumen sind ebenfalls Teil von uns, und wir sind Teil der Blumen. Wir sind eine Familie. Wir sind keine Fremden, keine isolierten Inseln: ein riesiger Kontinent des Seins, in sich verwoben.

Die Erde mag nicht gebebt haben, aber ich sage, das Evangelium spricht wahr. Und wann immer sich ein Widerspruch zeigt zwischen einer poetischen Wahrheit und einer wissenschaftlichen Wahrheit, glaubt immer der poetischen. Die wissenschaftliche ist sehr platt. An die poetische Wahrheit zu glauben, ist außergewöhnlich. Sie gibt euch Klarsicht, sie hebt euch auf eine höhere Ebene des Seins. Einfach indem ihr einer poetischen Wahrheit vertraut, beginnt ihr zu fliegen, so als würden euch plötzlich Flügel wachsen. Ihr kriecht nicht länger auf der Erde dahin, ihr fliegt im Himmel. Wenn eine Wahrheit Schwingen hat, wird sie poetisch.

Da riß der Vorhang im Tempel von oben bis unten entzwei. Die Erde bebte, und die Felsen spalteten sich.
Die Gräber öffneten sich, und die Leiber vieler Heiligen, die entschlafen waren, wurden auferweckt.

Natürlich, so soll es auch sein. Selbst wenn es nicht so gewesen ist – so hätte es sein sollen. Wann immer ein Jesus gekreuzigt wird, müssen alle Heiligen der Vergangenheit es in ihren Gräbern spüren; sie müssen es spüren.
Ja, Buddha hat gesagt: „Wann immer ein Buddha geboren wird, spüren es nicht nur die vergangenen Buddhas, ja selbst die zukünftigen Buddhas spüren es – die, die es erst noch werden sollen." Denn Zeit ist eine menschliche Kategorie, aber in Wirklichkeit gibt es keine Zeit. Alles ist ewig, alles ist ein Ganzes, aus einem Stück.

Die Gräber öffneten sich, und die Leiber vieler Heiligen, die entschlafen waren, wurden auferweckt.

Daß Jesus gekreuzigt wurde, war ein solcher Schock! Es war ein solcher Schock, ein so schwertartiger, scharfer Stich in das Dasein! Da wurde nicht nur Jesus gekreuzigt, da wurde an jenem Tag die Religion selber, wurden alle Heiligen mit Jesus gekreuzigt.
Was hat das zu bedeuten? Das bedeutet, daß die Gegenwart die gesamte Vergangenheit in sich birgt, daß dieser Moment die ganze Vergangenheit enthält. Nichts verschwindet je, nichts kann je verschwinden. Wo soll es hin? Diese Rose hier enthält alle Rosen der Vergangenheit, und wenn ihr verstehen könnt, so laßt mich sagen:

Sie enthält auch all die zukünftigen Blüten. Diese hier ist nur eine einzige Blüte, die all die Blüten der Vergangenheit und Zukunft vertritt. Wir sind hier; in diesem Moment gibt sich die gesamte Existenz ein Stelldichein. Die gesamte Vergangenheit und die gesamte Zukunft trifft sich in diesem Moment. Dieser Moment ist die Brücke zwischen der Vergangenheit und der Zukunft. In *dir* trifft sich im Augenblick alles. Wenn du bewußt werden kannst, dann bist du noch in diesem Moment die gesamte Existenz. Das ist die Bedeutung des upanischadischen Wortes *Aham Brahmasmi*: Ich bin das Ganze. Dies ist die Bedeutung, wenn Jesus sagt, wieder und wieder sagt, *Ich und mein Vater sind eins*: Ich bin das Ganze. Dies hatte Al-Hillaj Mansur im Sinn, als er sagte *An'al'haq*: Ich bin die Wahrheit.
In jedem Moment fließt das Ganze zusammen. Jeder Moment vertritt das Ganze, die gesamte Vergangenheit und die gesamte Zukunft. Jesus ist nicht nur Jesus: All die Buddhas sind mit dabei, all die Heiligen sind mit dabei, und nicht nur die der Vergangenheit, sage ich euch, sondern auch die der Zukunft.

Die Gräber öffneten sich, und die Leiber vieler Heiligen, die entschlafen waren, wurden auferweckt.
Nach der Auferstehung Jesu verließen sie ihre Gräber, kamen in die Heilige Stadt und erschienen vielen.

Und dies wurde von vielen gespürt. Dies wurde nicht nur von den paar Jüngern aufgeschrieben. Selbst andere, die empfänglich dafür waren, spürten es.
Es kommt auf deine Empfänglichkeit an.
Das, was ich euch da jetzt sage, das könnt ihr in diesem Moment, wenn ihr wirklich empfänglich seid, das kann jeder spüren: daß die ganze Vergangenheit und die ganze Zukunft in dir in eins fällt. Und im selben Moment bist du nicht mehr ein winziges Wesen, sondern bist du das Ganze. Die, die empfänglich waren, sie konnten es sehen. Sie konnten spüren, wie unbekannte Kräfte um sie her walteten.
Jener Tag der Kreuzigung von Jesus war kein gewöhnlicher Tag. Die Leute, die eine Spur von Gebet in sich trugen, mußten gewisse

unbekannte Kräfte in Bewegung gespürt haben. Leute, die eine Spur von Meditation in sich hatten, mußten es gefühlt, mußten es wahrgenommen haben. Wer einmal geliebt hatte, oder wer eine poetische Vision hatte oder das Feingefühl eines Künstlers, der muß es gemerkt haben. Leute, die irgendeine Herz-Qualität hatten, müssen überall um sich her viele Präsenzen gespürt haben.

Die Evangelienschreiber wußten nichts von den Schriften Indiens, sonst hätten sie es ein wenig klarer gemacht. In Indien haben wir eine sehr lange Tradition, und wir haben auf vielen Ebenen versucht, das Unbekannte zu deuten. Als Buddha sprach, so heißt es, waren nicht nur menschliche Wesen anwesend, um ihm zuzuhören. Auch Götter kamen, auch Tiere, auch Bäume lauschten. Wenn ihr buddhistische Schriften lest, werdet ihr überrascht sein, von welch riesigen Zuhörerschaften da die Rede ist. Das muß euch überraschen – wie kann Buddha zu so riesigen Mengen gesprochen haben? – das Mikrophon gab es nicht, es gab keine Möglichkeit der Kommunikation. Aber da ist ein Mißverständnis. Diese Zahlen betrafen nicht nur menschliche Wesen. Der größere Teil von ihnen waren *devas*, Götter, die von oben gekommen waren, um Buddha zu lauschen; dann die Tiere, die keine Sprache verstehen, aber fühlen konnten; dann die Bäume und Pflanzen und Vögel, die überhaupt keine verbale Kommunikation brauchten, denen die bloße Präsenz Buddhas Nahrung genug war; und *dann erst* die menschlichen Wesen.

Die Menschen gaben nur einen sehr unerheblichen Teil der gesamten Zuhörerschaft ab. Und das gleiche ist die Geschichte mit Mahavir und mit anderen *teerthankaras* und Buddhas. Von Mahavir heißt es, als er zum ersten Mal anfing zu sprechen, da hätten ihn nur die Götter verstehen und hören können, weil er auf einer so hohen Ebene sprach, daß ihn unmöglich irgendwer sonst zu verstehen vermochte. Da überredeten ihn die Götter: „Bitte komm ein bißchen weiter herunter, um der Menschheit zu helfen." Von da ab sprach er mehr und mehr auf einer niedrigeren Ebene, und die Menschheit konnte verstehen. Dann überredeten ihn die Götter, noch etwas weiter herunter zu kommen, weil da noch die Tiere wären, und die Bäume und die Felsen...

Solche Geschichten sind schön. Sie besagen nur eines: daß wir alle untereinander verwandt sind, daß wir nicht getrennt sind. Der höchste Punkt ist mit dem untersten verwoben. Wir sind allesamt Sprossen auf einer einzigen Leiter – die unterste gehört genauso zur gleichen Leiter wie die höchste.

Wer empfänglich war, muß die unbekannte, seltsame Präsenz überall gespürt haben.

Aber es kommt ganz auf deine Empfangsbereitschaft an; etwas anderes ist nicht nötig. Keine große intellektuelle Vollendung ist dazu nötig, kein großer logischer Scharfsinn ist nötig. Wenn Jesus zu dir kommt und an deine Tür klopft, ist nur eines nötig: eine tiefe Empfangsbereitschaft.

Laßt mich eine ganz kleine Anekdote erzählen.

Ein guter und rücksichtsvoller König bot auf der Landstraße einem müden Reisenden an, in seine Kutsche einzusteigen. Der Reisende, dem böse Könige schon übel mitgespielt hatten, fragte zögernd: „Herr, was muß ich dafür geben?"

Verständnisvoll antwortete der König: „Nur eines: daß du das Angebot annimmst."

Ja, das ist alles, worum dich ein Jesus bittet: daß du das Angebot annimmst.

Kapitel 10

ICH BIN DAS MEER, DAS DU SUCHST

Die erste Frage:

Du scheinst dein Leben der Aufgabe zu widmen, anderen Menschen zu helfen. Aber die Leute um dich herum sind offenbar nur daran interessiert, sich selber zu helfen. Wenn es ihr Ziel ist, ihr Ego loszuwerden, wäre es dann nicht eine bessere Methode, ganz in der Hilfe für andere aufzugehen?

Das ist von einer neuen Sucherin, Virginia. Weil sie neu ist, kann sie nicht verstehen, was hier passiert.

Als erstes mußt du dir merken: Du kannst anderen erst helfen, wenn du dir selbst geholfen hast, eher nicht. Du kannst anderen erst helfen, wenn du verschwunden bist, eher nicht. Du kannst dein Ego nicht dadurch verlieren, daß du anderen hilfst. Du kannst dein Ego verlieren – und *dann* kannst du anderen helfen. Ja, wenn du schon dein Ego hast und dann anderen hilfst, wirst du es zu einem sehr kultivierten, subtilen, frommen Ego bringen – zu mehr nicht. Egolosigkeit wird so nicht eintreten. Das Ego wird religiös werden, und wenn ein Gift religiös wird, wird es erst recht gefährlich.

Ich helfe euch, weil ich nicht bin. Ihr seid hier, um euch erst einmal selber zu helfen. Wenn ihr verschwindet, dann ist es übrigens gar nicht nötig, anderen zu helfen, es passiert von allein.

Laß mich dir eine Anekdote erzählen:

Eine Frau ging immer zur Kirche, und nach jeder Predigt befand sie: „Weiß Gott, die heutige Lektion könnten sich die Leute aber hinter die Ohren schreiben." Eines verschneiten Sonntagmorgens war sie die einzige in der Kirche. Der Pfarrer hielt trotzdem seine Predigt. Als er sie zur Tür brachte, sagte sie: „Wären die Leute dagewesen, hätten sie sich diese Lektion aber hinter die Ohren schreiben können."

Die Lektion gilt *dir*. Spiel keine Spielchen mit dir. Geh nicht auf einen neuen Ego-Trip. Sie gilt nicht *denen*, sie gilt *dir*. Ich spreche zu jedem einzelnen direkt. Ich spreche nicht zu einer Masse. Wenn ich etwas sage, dann sage ich es direkt zu dir, nicht zu den Nachbarn.

Und der einzige Weg, wie du der Welt irgendwie eine Hilfe sein kannst, ist, daß du verschwindest, zu einer Leere wirst. Aus dieser

Leere steigt die Flamme der Liebe und des Mitgefühls auf. Aus dieser Leere steigt ein Duft von Göttlichkeit auf. Und dann hilfst du Millionen, ohne je zu erfahren, daß du ihnen hilfst. Du wirst zu einem Vehikel Gottes, du wirst zu einer Inkarnation. Aber bis dahin kannst du nur Missionar werden, was ein schmutziges Wort ist; aber bis dahin kannst du nur Wohltäter werden, was sehr gefährlich ist; aber bis dahin kannst du nur ein sehr frommer Egoist werden: Indem du anderen hilfst, fühlst du dich ihnen überlegen: „Ich bin heiliger als du", so lautet dann deine Devise. Schon in deinen Augen lesen sie ihre Verdammung – und du kannst niemandem helfen, indem du verdammst, sondern nur durch Mitgefühl.

Aber wie ist Mitgefühl mit dem Ego vereinbar? Mit dem Ego ist Gewalt vereinbar, ist Verdammung vereinbar. Liebe und Mitgefühl? – nein, die sind mit ihm unvereinbar. Paß also bitte auf. So ist es jedesmal: Wann immer man einem Meister nahekommt und man die Botschaft hört, fängt der Verstand an, alles zu verdrehen; er sagt: „Das sollten die sich aber merken!" Die ganze Welt soll es sich merken, nur du nicht. Paß auf: *Du* mußt es dir merken. Du bist „die". Die Welt ist nicht von dir getrennt, die Welt bist du – vervielfacht. Und laß mich dir sagen, daß ich die Selbstsucht lehre. Ich lehre nicht, daß du hingehen und anderen helfen sollst. Ich lehre: Liebe dich selbst, diene dir selbst, damit das, was in dir verborgen ist, in Erscheinung tritt. Allein schon dadurch, daß es in Fluß kommt, ist anderen geholfen. Wo immer du gehst, was immer du tust, wird dann eine Hilfe sein. Nicht, daß du nun anderen ausdrücklich zu helfen versuchst – nein, dein bloßes Dasein wird hilfreich sein.

Die zweite Frage:

Da ich nun jenen friedlichen Geisteszustand erlangt habe, den du Indien nennst – wie kann ich ihn unter dem Druck des Westens aufrechterhalten? Mir war das unmöglich.

Ja, ich nenne Indien nicht ein Land, sondern einen inneren Zustand. Ich nenne Indien nicht etwas, das es in der Geographie, auf den Landkarten gibt. Ich nenne Indien das, was verborgen in eurem

Inneren existiert, etwas, das ihr noch nicht entdeckt habt. Indien ist euer innerster Raum. Indien ist keine Nation, sondern ein geistiger Zustand.

Der Fragesteller sagt: „Da ich nun jenen friedlichen Geisteszustand erlangt habe, den du Indien nennst – wie kann ich ihn unter dem Druck des Westens aufrechterhalten? Mir war das unmöglich."

Wenn du ihn einmal erlangt hast, kannst du ihn nicht verlieren. Selbst wenn du ihn verlieren möchtest, kannst du ihn nicht verlieren. Nichts wahrhaft Erlangtes geht je verloren. Dann mußt du dir eingebildet haben, jenen innersten Zustand erlangt zu haben. Dann mußt du dich selber betrogen haben. Dann muß dir irgendetwas die Vorstellung in den Kopf gesetzt haben, daß du ihn erlangt hättest.

Zum Beispiel: Du gehst in den Himalaja, da ist es friedlich und still. Ewige Stille herrscht dort. In dieser Stille beginnst du, dich still zu fühlen, spiegelst du Stille wider. Glaub nicht, daß du still geworden wärest. Es ist der Himalaja, der sich da in dir spiegelt. Die Stille gehört dem Himalaja, nicht dir. Wenn du in die Ebene hinunter kommst, ist diese Stille weg. Wieder steckst du im Gewühl, wieder bist du das Gewühl, wieder die Qual und die Angst. Und du meinst, du hättest etwas verloren, was du erlangt gehabt hättest? Nein, du hast es von Anfang an nie erlangt gehabt. Es gehörte zum Himalaja. Es gehört immer noch dorthin. Du bist in eine gewisse Situation geraten, aber du bist nicht in einen gewissen Zustand geraten. Die Situation ist etwas außerhalb von dir, der Zustand ist etwas *in* dir. Und du hast dich selber betrogen. Es ist so leicht, sich selbst zu betrügen. Man möchte gern fühlen, angekommen zu sein, weil auch das dem Ego eine tiefe Befriedigung verschafft: Ich bin angekommen!

Es kommen viele Menschen nach Indien. Wenn man aus dem Westen kommt, wirkt Indien still, friedlich, arm, aber zufrieden. Indien ist in gewisser Hinsicht zweitausend Jahre zurück. Wenn man von New York nach Indien kommt oder von London zum Himalaja, geht man in der Zeit zurück. Man kommt in die Zeit von Jesus, zweitausend Jahre zurück. Alles ist primitiv, wild, ungezähmt. Man fühlt sich wohl: Man spürt wieder eine gewisse Freiheit. Der Lärm, die Angst, die Angespanntheit, die ewige Hast, dieses typisch westliche „Immer-irgendwohin-müssen-ohne-zu wissen-warum" entfällt einfach. Alles geht langsam voran. Alles scheint nirgendwohin zu gehen, ganz still. Eine gewisse Musik ist noch in der Luft. Die Inder mögen es nicht spüren, weil sie hineingeboren wurden, so wie ein Fisch nie das Meer spürt. Aber wenn Menschen aus dem Westen kommen, werden sie in eine gewisse Bewußtheit hineingeschockt. Ihr Schlaf ist gebrochen, und sie fangen an, zu fühlen und zu glauben, daß sie einen gewissen Zustand erlangt hätten. Einen gewissen Zustand zu erlangen ist nicht so einfach. Es ist keine Flugreise. Man kann nicht einfach aus dem einen geistigen Zustand in den anderen Geisteszustand fliegen. Es ist keine Reise, es ist eine Pilgerschaft. Und der Unterschied zwischen einer Reise und einer Pilgerschaft ist folgender: Bei einer Reise bewegt man sich vom einen Punkt im Raum zu einem anderen Punkt im Raum, bei einer Pilgerschaft bewegt man sich von außen nach innen, vom Raum zum Nichtraum. Hier kannst du sehr leicht getäuscht werden – nicht durch andere, sondern durch dich selbst.

Dann kehrst du nach Hause zurück, und jene Freiheit, jene Stille, jene Meditation, jene Andacht ist hin. Daher die Frage: „Da ich nun jenen friedlichen Geisteszustand erlangt habe, den du Indien nennst – wie kann ich ihn unter dem Druck des Westens aufrechterhalten?"

Es ist nicht nötig, ihn aufrechtzuerhalten. Er ist so lebendig, er ist so vital, daß er sich selber aufrechterhält. Er hat ungeheure Energie. Er braucht niemandes Hilfe. Ja, du wirst nicht gebraucht, um ihn aufrechtzuerhalten. Er erhält *dich* aufrecht. Er ist größer als du, höher als du, tiefer als du, weiter als du: Er ist deine ursprüngliche Natur. Er ist deine endgültige Herrlichkeit. Nichts ist nötig, um ihn aufrechtzuerhalten, und nichts kann dich von ihm weglocken. Einmal erlangt, ist er für immer erlangt. Du kannst ihn nicht verlieren. Wenn du ihn verlierst, dann wisse, daß du dich selbst betrogen hast.

„Wie kann man ihn unter dem Druck des Westens aufrechterhalten?" Wenn er sich unter dem Druck nicht aufrechterhält, ist er ohne Wert. Jede Meditation, die Wert hat, wird sogar auf dem Marktplatz lebendig sein. Denn was kann einem der Marktplatz

schon anhaben, wenn man einmal zum meditativen Zustand gefunden hat? Kein Markt kann ihn stören, kein Markt kann dich von ihm ablenken. Er wird wie Atmen. Ja, du wirst ihn mehr auf dem Marktplatz spüren als im Himalaja, weil im Himalaja der Kontrast fehlen wird. Wenn du wirklich davon gekostet hast, was Alleinsein ist, dann wirst du es mehr in der Masse als auf einem Gipfel des Himalaja spüren, denn in der Masse hast du den Kontrast... Wenn du der inneren Musik schon gelauscht hast, wirst du sie im Verkehrslärm noch mehr hören, aufgrund des Kontrastes. Nur in der Nacht kannst du die Sterne am Himmel sehen, nicht am Tag – weil der Kontrast fehlt. Die Nacht ist so dunkel: In diesem samtenen Dunkel kannst du jene Sterne, schönen Sterne sehen. Am Tage verschwinden sie. Sie sind immer noch da, wo sie sind, sie sind nirgendwohin gegangen, sie bleibem am Himmel – aber der Kontrast fehlt aufgrund des Sonnenlichts. Jetzt fehlt ihnen jeglicher Hintergrund.
Das ist meine Erkenntnis, das ist meine Erfahrung: Was du erlangst, das wirst du mehr und mehr spüren, davon wirst du mehr und mehr kosten, mehr merken. Es wird in deinem Dasein um so klarer zutagetreten, ja kristallklar, wenn du zum Gegensatz gehst. Wenn die Meditation echt ist, wird sie dir in New York klarer sein, wirst du sie in London mehr fühlen. Indem du dich mitten in den Gegensatz begibst, wird sie klarer pulsieren. Ist sie unecht, dann kannst du in den Osten kommen, dich dort gut fühlen, und wenn du dann wieder im Westen bist – weg ist sie. Sie war ein Trip, keine Pilgerschaft. Du hast eine Reise gemacht, vom einen zum anderen Punkt im Raum, aber du bist nicht vom Raum zum Nichtraum gewandert. Meditation bedeutet eine Pilgerschaft von außen nach innen, vom Äußeren zum Inneren. Wenn du einmal angelangt bist, kannst du es nicht mehr verlieren, selbst wenn du wolltest.

Die dritte Frage:

Wenn ich ein Buch schreibe, bin ich voll von strömender Energie und Freude. Aber wenn ich damit fertig bin, bin ich so leer und tot, daß ich es fast nicht aushalten kann zu leben. Im Augenblick stehe ich gerade am Anfang eines Buches, aber obwohl die Arbeit nach wie vor genußvoll ist, werde ich in den Meditationen von einer Angst vor einer Leere überwältigt, die noch monateweit weg ist.

Das ist von Pankaja; sie schreibt Romane. Ich bin ihre Romane durchgegangen, und sie sind schön. Sie hat den Bogen raus – wie man eine Geschichte gut erzählt, wie man eine Geschichte webt.
Und nicht nur sie macht diese Erfahrung, sondern praktisch jeder, der in irgendeiner Weise kreativ ist. Aber trotzdem stimmt die Interpretation nicht, und auf die Interpretation kommt es an.
Wenn eine Frau ein Kind austrägt, ist sie voll. Natürlich wird sie sich, wenn das Kind geboren ist, leer fühlen. Sie wird das neue Leben vermissen, das in ihrem Leib pulsiert und sich geregt hat. Das Kind ist hinausgegangen, sie wird sich ein paar Tage lang leer fühlen. Aber sie kann das Kind lieben, und sie kann ihre Leere darüber vergessen, daß sie das Kind liebt und dem Kind zu wachsen hilft.
Für einen Künstler ist nicht einmal das möglich. Du malst, oder du schreibst ein Gedicht oder einen Roman. Sobald es fertig ist, fühlst du eine tiefe Leere. Und was kannst du jetzt mit dem Buch anfangen? Der Künstler ist also in einer noch schwierigeren Lage als eine Mutter. Sobald ein Buch fertig ist, ist es fertig. Jetzt braucht es keine Hilfe, keine Liebe; es wird nicht wachsen. Es ist vollendet, es kommt ausgewachsen zur Welt. Ein Gemälde ist fertig – es ist vorbei, ein Künstler fühlt sich sehr leer. Aber man muß in diese Leere hineinschauen. Sag nicht, daß du erschöpft bist, sag lieber, du hast dich verausgabt. Sag nicht, daß du leer bist, weil jede Leere auch eine Fülle in sich hat. Du schaust vom falschen Ende her.
Du kommst in einen Raum: Es sind Möbel da, Bilder an den Wänden und sonstige Sachen. Dann sind diese Sachen und Bilder weg, und du kommst in den Raum: Was wirst du jetzt sagen? Wirst du ihn leer nennen, oder wirst du ihn einen vollen Raum nennen? „Raum" heißt Leere, „Raum" heißt Geräumigkeit. Wenn die Möbel entfernt sind, ist der Raum voll. Als die Möbel da waren, war der Raum nicht

voll; wegen der Möbel fehlte dem Raum ein Stück seiner selbst. Jetzt ist der Raum komplett, ist die Leere total.

Du kannst von zwei Enden her schauen. Wenn du allzu möbel-orientiert bist, so daß du nur auf die Stühle und Tische und das Sofa schaust und die Raumheit des Raumes nicht siehst, dann wird er sich leer anfühlen. Aber wenn du es besser weißt und du die Leere unmittelbar sehen kannst, wirst du eine ungeheure Freiheit sehen, die zuvor nicht da war, weil der Raum fehlte und du dich in ihm nicht bewegen konntest. Stopfe ihn immer weiter mit Möbeln voll, und es kommt der Punkt, wo du dich nicht mehr bewegen kannst, weil der ganze Raum fort ist.

Einmal war ich im Hause eines sehr reichen Mannes zu Gast. Er war sehr reich, hatte aber keinen Geschmack. Sein Haus war so voll, daß es überhaupt kein Haus war. Man konnte sich nicht bewegen, und man hatte immer Angst, sich zu rühren, weil er so wertvolle Antiquitäten besaß. Er selbst hatte Angst, sich zu rühren. Die Diener waren ständig besorgt. Er gab mir den besten, den allerschönsten Raum in seinem Hause. Und ich sagte zu ihm: „Das ist doch kein Raum, sondern ein Museum. Bitte gib mir etwas, wo ich mich bewegen kann, dann wird ein Raum draus. Dies hier ist kein Raum. Der Raum ist fast verschwunden." „Der Raum" heißt: die Freiheit, die einem der Raum gibt.

Wenn du arbeitest, kreativ schaffst, ist dein Kopf voller Dinge. Der Kopf ist besetzt. Wenn du einen Roman schreibst, ist der Kopf besetzt. Wenn du ein Gedicht schreibst, ist der Kopf besetzt; es sind zu viele Möbel darin – die Möbel des Kopfes: Gedanken, Gefühle, Romangestalten. Dann ist das Buch fertig. Plötzlich sind die Möbel weg. Du fühlst dich leer. Aber das ist kein Anlaß, traurig zu werden. Wenn du es dir recht besiehst – und genau das nannte Buddha „rechtes Sehen", *samyak drasthi* –, wenn du richtig hinschaust, dann wirst du dich von einer Besessenheit, von einer ganzen Besatzungsmacht befreit fühlen. Du wirst dich wieder rein, entlastet fühlen. Diese Gestalten aus dem Roman gehen nicht mehr in dir um. All diese Gäste sind weg, und der Gastgeber ist völlig entspannt. Genieß es! Es ist deine falsche Interpretation, was dir die Traurigkeit und

Angst einträgt. Genieß es! Hast du nie beobachtet, daß du dich gut fühlst, wenn ein Gast kommt, aber noch besser fühlst, wenn er geht? Endlich hast du wieder deine Ruhe, und jetzt hast du deinen eigenen Spielraum.

Einen Roman zu schreiben macht einen verrückt, denn da werden so viele Gestalten zu Gästen, und jede Figur hat ihren eigenen Willen. Sie hört durchaus nicht immer auf den Autor, absolut nicht. Manchmal hat sie ihren eigenen Willen, und dann zwingt sie den Autor in eine bestimmte Richtung. Der Autor fängt den Roman an, aber beendet ihn nie. Später beenden seine Gestalten ihn in eigener Regie.

Es ist genau, wie wenn man ein Kind zur Welt bringt. Du kannst ein Kind zur Welt bringen, aber dann fängt das Kind an, sich von selber zu bewegen. Die Mutter mag gedacht haben, daß das Kind Arzt wird, und nun wird ein Tramp aus ihm. Was kannst du machen? Du gibst dir alle Mühe, aber er wird ein Tramp.

Genau das gleiche passiert, wenn du einen Roman schreibst: Du fängst mit irgendeiner Figur an – du hattest vor, einen Heiligen daraus zu machen, und nun wird ein Sünder draus. Und ich sage dir, es ist genau so, wie es einem mit einem Kind ergeht: Die Mutter macht sich Sorgen; der Schriftsteller macht sich Sorgen. Er wollte, daß diese Person ein Heiliger wird, und nun wird ein Sünder draus, da läßt sich nichts machen. Er fühlt sich geradezu ausgeliefert, geradezu von den Gestalten hintergangen. Sie sind deine Phantasiegeschöpfe, aber wenn man erst einmal mit ihnen zusammenarbeitet, werden sie fast Wirklichkeit. Und wenn du sie nicht loswirst, wirst du nie deinen Frieden haben. Wenn du ein Buch in deinem Kopf trägst, muß es geschrieben werden, um es loszuwerden. Es ist eine Katharsis, ein Ballastabwerfen.

Das ist auch der Grund, warum kreative Leute fast immer wahnsinnig werden. Durchschnittsköpfe werden nie wahnsinnig – sie haben nichts, worüber sie wahnsinnig werden könnten, sie haben nichts Zum-Wahnsinn-Treibendes in ihrem Leben. Schöpfermenschen werden fast immer wahnsinnig. Ein van Gogh wird wahnsinnig, ein Nijinski wird wahnsinnig, ein Nietzsche wird wahnsinnig. Woher

kommt es, daß sie wahnsinnig werden? – weil sie so besetzt sind, weil so viele Dinge in ihrem Kopf passieren. Sie haben keinen eigenen Raum mehr in sich. Da wohnen so viele Leute, gehen ein und aus! Es ist fast, als säßen sie mitten im Verkehr auf der Straße. Jeder Künstler muß dafür zahlen.
Denk daran, dich froh zu fühlen, wenn ein Buch fertig und ein Kind geboren ist. Genieße den Freiraum, denn früher oder später wird ein neues Buch auftauchen. So wie Blätter aus einem Baum kommen, so wie Blüten aus einem Baum kommen – ganz genau so kommen Gedichte aus einem Dichter, kommen Romane aus einem Romancier, kommen Gemälde aus einem Maler, werden Lieder aus einem Sänger geboren. Da läßt sich nichts machen, sie sind natürlich.
Manchmal also – wenn es Herbst ist und die Blätter gefallen sind und der Baum steht allein ohne Blätter gegen den Himmel – genieß es. Nenn es nicht Leere, nenn es lieber eine neue Art Fülle – voll von dir selbst. Es ist niemand da, der sich jetzt einmischen kann, du ruhst in dir selbst. Diese Periode der Ruhe hat jeder Künstler nötig; es ist ein natürlicher Vorgang. Der Körper jeder Mutter braucht ein wenig Ruhe. Das eine Kind ist geboren, und das nächste wird schon empfangen – so war es früher, so war es früher im Westen, und so ist es in Indien auch noch heute: Eine Frau ist mit dreißig fast schon eine alte Frau, ununterbrochen bringt sie Kinder zur Welt, ohne Pause, um sich zu erholen, um ihr Dasein zu verjüngen, um mit sich allein zu sein. Sie ist erschöpft, ermüdet. Ihre Jugend, ihre Frische, ihre Schönheit ist hin. Man braucht eine Zeit der Ruhe, wenn man ein Kind zur Welt bringt. Du brauchst eine Ruheperiode.
Und wenn das Kind ein Löwe werden soll, ist eine lange Ruheperiode nötig. Und ein Löwe bringt nur ein einziges Kind zur Welt, weil es mit Haut und Haar geschieht. Und dann kommt eine Ruhezeit, eine lange Ruhezeit zum Erholen, zur Wiederherstellung der Energie, die du dem Kind geschenkt hast, zur Rückgewinnung deiner selbst, damit etwas aus dir geboren werden kann.
Wenn du einen Roman schreibst und es wirklich ein großes Kunstwerk war, dann wirst du dich leer fühlen. Wenn es nur etwas Jour-

nalistisches war, das du um des Geldes willen geliefert hast, weil irgendein Verleger einen Vertrag mit dir gemacht hat, dann, dann geht die Sache nicht sehr tief. Dann wirst du dich hinterher nicht leer fühlen, dann wirst du unverändert bleiben. Je tiefer dein Werk, desto größer wird hinterher deine Leere sein. Je größer der Sturm, desto größer wird die Stille sein, die auf ihn folgen wird. Genieße sie. Der Sturm ist gut – genieße ihn. Und die Stille, die darauf folgt, ist ebenfalls gut. Der Tag ist schön, voller Aktivität; die Nacht ist ebenfalls sehr schön, voller Inaktivität, Passivität, Leere. Man schläft. Am Morgen hat die Erde dich wieder, mit voller Energie zu arbeiten, zu handeln.

Hab keine Angst vor der Nacht. Viele Leute haben Angst. Es gibt eine Sannyasin, der ich den Namen „Nisha" gegeben habe. Nisha bedeutet: die Nacht. Sie kommt immer wieder zu mir und sagt: „Bitte ändere meinen Namen." Warum? Sie sagt: „Ich habe Angst vor der Nacht. Warum hast du mir ausgerechnet diesen Namen gegeben? Ändere ihn!" Aber ich werde ihn nicht ändern. Ich habe ihn ihr absichtlich gegeben, ihrer Angst wegen – ihrer Angst vor der Dunkelheit, ihrer Angst vor Passivität, ihrer Angst vor Entspannung, ihrer Angst vor Hingabe. All das ist mit dem Wort „Nacht", *nisha*, ausgedrückt.

Man muß auch die Nachtseite akzeptieren. Erst dann wird man komplett, voll, ganz.

Verstehe die Sache also nicht falsch, Pankaja. Diese Leere ist schön, schöner als die Tage der Kreativität, denn diese Kreativität *kommt* aus der Leere, diese Blüten *kommen* aus der Leere. Genieße diese Leere, fühle dich selig und gesegnet. Akzeptiere sie, heiße sie wie einen himmlischen Segen willkommen, und bald wirst du sehen, daß du wieder voller Aktivität bist und ein noch größeres Buch zur Welt kommen will. Mach dir keine Sorgen darum. Es gibt keinen Grund zur Sorge. Es ist nur eine Fehldeutung eines schönen Phänomens.

Aber der Mensch lebt in Worten. Wenn du eine Sache erst einmal beim falschen Namen nennst, fängst du an, dich vor ihr zu fürchten. Sei sehr, sehr exakt. Mach dir immer klar, was du sagst, denn Sagen ist nicht nur Sagen. Es hat tiefe Assoziationen in deinem Sein.

Wenn du eine Sache erst einmal „Leere" nennst, bekommst du Angst – das bloße Wort!

In Indien haben wir bessere Wörter für Leere. Wir nennen es *shunya*. Das bloße Wort ist positiv, ihm haftet nichts Negatives an. Es ist schön. Es bedeutet einfach nur Raum ohne Grenzen: *shunya*. Und wir haben das höchste Ziel *shunya* genannt. Buddha sagt, wenn du *shunya* wirst, wenn du absolut nichts wirst, ein Nichts, dann bist du angekommen.

Ein Dichter, ein Künstler, ein Maler ist auf dem Wege, ein Mystiker zu werden. Alle künstlerische Tätigkeit ist auf bestem Wege, religiös zu werden. Wenn du aktiv bist, ein Gedicht schreibst, bist du im Verstand. Wenn das Gedicht geboren ist, bist du verausgabt, und der Verstand ruht sich aus. Nutze diese Momente, um in dein Sein zu fallen. Nenn es nicht Leere, nenne es Ganzheit, nenne es Sein, nenne es Wahrheit, nenne es Gott. Und dann wirst du in der Lage sein, den Segen darin zu spüren.

Die vierte Frage:

Ich möchte dir nahekommen, Osho, aber ich liebe es, unter freiem Himmel zu sein und am Meer. Was kann ich also tun?

Ich sehe das Problem nicht. Kannst du einen freieren Himmel finden als mich? Und kannst du ein wilderes Meer finden als mich?

Ich bin absolute Gesetzlosigkeit.

Da ist kein Problem. Versuche nicht, ein Problem zu schaffen, wo keins ist. Schau einfach in meine Augen: Ich bin das Meer, das du suchst. Und ich bin der riesige freie Himmel, nach dem du schon immer gesucht hast, viele deiner Leben hindurch. Jetzt, durch Zufall, ganz unbeabsichtigt, bist du mir nahe gekommen. Verpaß diese Chance nicht. Es gibt viele Möglichkeiten, sie zu verpassen, es gibt nur eine Möglichkeit, sie nicht zu verpassen. Es gibt tausendundeinen Weg, von mir wegzugehen, es gibt nur einen Weg, mir nahezukommen. Es ist also fast unmöglich, daß du in der Lage sein wirst, mir nahezukommen, weil die Möglichkeiten, in die Irre zu laufen, größer sind – eintausendeinmal so groß. Du kannst so viele

Gründe finden, von mir wegzugehen, und du kannst sie rechtfertigen, du kannst rationalisieren und dich völlig im Recht fühlen, warum du von mir gehst. Aber mir nahezukommen, das wird sehr mühselig und schwierig werden. Denn jeder will Freiheit. Jedenfalls glaubt das jeder – daß er Freiheit will. Aber ich treffe selten auf einen Menschen, der wirklich Freiheit will. Er meint, daß er Freiheit will. Denn frei sein heißt niemand sein. Wenn du jemand bist, wird diese „Jemandheit" deine Gefangenschaft sein.

Den unendlichen Himmel zu finden heißt, daß du dich wirst auflösen müssen. Weil ihr eure eigenen Grenzen um euch her schafft, immerzu schafft, müßt ihr, wenn ihr auf das wilde, unerforschte Meer hinauswollt, all eure Karten, all eure Schriften, all eure Religionen, all eure Begriffe und Ideologien über Bord werfen. In den Himmel vorstoßen, der keine Grenzen hat, heißt: für das Bekannte tot sein und sich ganz dem Unbekannten anvertrauen – was das Allerschwerste von der Welt ist.

Ich will dir eine Geschichte erzählen. Es ist eine sehr alte Geschichte, und eine der schönsten, die mir je begegnet sind.

Es gab einmal einen sehr weisen König. Sein eigener Premierminister übte Verrat: Er lieferte dem Nachbarland, dem Feind, einige Geheimnisse aus. Der Premierminister wurde auf frischer Tat ertappt. Es gab nur eine Strafe dafür – den Tod. Aber der alte König hatte den Mann immer geliebt. Er wurde zum Tode verurteilt, aber der alte Mann gab ihm eine Chance. Am letzten Tag rief er den ganzen Hof zusammen. Auf der einen Seite war ein Gewehr, zum Abfeuern auf den Mann bereit, auf der anderen Seite war eine schwarze Tür. Und der König sagte: „Du kannst wählen, entweder zu sterben – und den Tod hast du verdient; oder du kannst diese schwarze Tür wählen. Es ist an dir." Der Premierminister fragte: „Was ist hinter dieser schwarzen Tür?" Der König sagte: „Das ist nicht erlaubt. Niemand weiß es, denn niemand hat sie bisher gewählt. Zu Zeiten meines Vaters, zu Zeiten meines Großvaters, viele Male ist diese Chance geboten worden, aber niemand hat sie je ergriffen, also weiß es niemand. Und niemand darf es wissen. Nicht einmal ich weiß es. Ich habe den Schlüssel, aber als mein Vater starb, sagte er mir: ‚Ich will die Tür aufmachen und hineingehen, und ich werde sie schließen. Hineinschauen darfst du nicht.‘ Aber du kannst nachschauen, denn du hast die Wahl. Du kannst entdecken, was dort ist. Es ist an dir.“

Der Premierminister brütete und brütete, und dann entschied er sich für das Gewehr. Er sagte: „Töte mich mit dem Gewehr. Ich will nicht hinter die schwarze Tür gehen.“ Der Premierminister wurde getötet. Die Königin war sehr neugierig. Sie überredete den König irgendwie, nachzuschauen, was dahinter sei. Der König lachte. Er sagte: „Ich weiß es – es ist gar nichts dahinter. Da ist einfach Freiheit; da ist nicht einmal ein Zimmer. Die Tür führt in die weite Welt hinaus. Da ist nichts, aber bisher hat das noch niemand gewählt.“

Die Leute wählen lieber den Tod, als daß sie das Unbekannte wählen. Die Leute wählen lieber das Unglück, bevor sie das Unbekannte wählen. Das Unbekannte scheint gefährlicher als selbst der Tod zu sein. Und Freiheit ist die unbekannte Tür. Freiheit heißt, ins Unbekannte gehen, ohne zu wissen, wohin man geht, ohne zu wissen, was im nächsten Moment passiert. Es ist eine schwarze Tür. Selten, nur hin und wieder, wählt ein Jesus oder ein Buddha die Tür; alle anderen wählen das Gewehr.

Ihr sterbt mit jedem Tag, aber trotzdem klammert ihr euch an dieses Leben, das euch nichts anderes gibt als den Tod. Ihr wählt den Tod, ihr wählt nicht das wirkliche Leben. Wirkliches Leben ist gefährlich, unsicher. Ihr redet von wilden Meeren, ihr redet von unendlichen Himmeln: Schau in mich, und du wirst es mit der Angst zu tun bekommen. Schau tief in mich, und du wirst dich fürchten.

Es gibt nur einen Weg, der zu mir führt, und der ist Liebe. Mich lieben heißt, für die Vergangenheit gestorben sein. Mich lieben heißt vertrauen, sich ausliefern.

Und da ist kein Problem. Wenn du wirklich offene Himmel liebst und das wilde Meer – ich lade dich ein.

Die fünfte Frage:

Sie stammt von einem neuen Sucher, Greg Ewart.

Osho, ich möchte ein Sannyasin werden. Aber Hingabe heißt Liebe, und ich habe noch nie Liebe erfahren, und ich habe auch noch nie eine sinnvolle Beziehung zu irgendwem sonst hergestellt. Wenn ich jetzt Sannyas nehme, wird mein Entschluß, es zu tun, ein intellektueller, vielleicht sogar ein heuchlerischer sein. Ich hätte das Gefühl, dich zu mißbrauchen. Wie kann ich ein einfacher, aufrichtiger Sannyasin werden?

Ich bin die schwarze Tür – und es gibt keinen anderen Weg, mich zu kennen, als in mich hineinzugehen. Du sagst, du hättest nie geliebt. Wie willst du es kennenlernen, außer indem du liebst? Du sagst, du wärst noch nie in einer tiefen, intimen Beziehung gewesen – wie willst du es kennenlernen, außer indem du in einer bist?
Liebe, Hingabe, Vertrauen sind wie Schwimmen. Du mußt zum Fluß gehen. Du kannst nicht die Bedingung stellen, daß du nicht eher in den Fluß steigen willst, als bis du schwimmen kannst. Wenn du die Bedingung stellst, wirst du es nie lernen, weil es keinen anderen Weg gibt, es zu lernen. Du mußt reinsteigen – vorsichtig natürlich, langsam natürlich. Du brauchst ja nicht gleich zur tiefsten Stelle zu gehen. Aber steig rein, such dir ein Fleckchen, wo du das Schwimmen lernen kannst und wo du nicht Angst hast zu sterben.
Komm nicht gleich in mich hinein, gib mir einfach erstmal die Hand. Genau das ist Sannyas nämlich. Es ist nur erst ein Anfang, der Anfang vom Anfang. Es ist nur eine Geste deinerseits, daß du bereit bist, mit mir zu kommen. Wenn du Schwimmen lernst, mußt du dem Lehrer vertrauen, der es dir beibringt. Es ist gefährlich, denn wer weiß? Aber wenn du vertraust, wirst du nach und nach fähig, fähig, zu den tieferen Stellen des Flusses zu gehen. Wenn du das Schwimmen erst einmal beherrschst, dann ist keine Angst mehr da. Ob es einsachtzig tief ist oder eintausendachthundert Meter, das spielt, wenn du erst einmal schwimmen kannst, keine Rolle mehr.
Ich sage nicht: Spring zu! Ich sage einfach nur: Steige langsam in den Fluß. Bleib nah am Ufer, wo du jederzeit das Gefühl haben kannst, bei Gefahr ans Ufer zurückgelangen zu können. Gib mir nur deine Hand, vertraue einfach. Und es gibt keinen anderen Weg.

Um zu wissen, was Vertrauen ist, muß man vertrauen. Um zu wissen, was Liebe ist, muß man lieben.
Du hast dein ganzes Leben vertan, weil du dem Unbekannten nie erlaubt hast, in dein Leben zu dringen. Du hättest lieber, daß es dir vorher bekannt sei.
Jetzt tust du wieder das gleiche. Du möchtest ein Sannyasin werden: Es ist natürlich, daß das anfangs ein Entschluß vom Verstand her sein wird. Dein Kopf wird sich entschließen müssen. Und natürlich wird das nur die *eine* Seite deines Kopfes sein, kann es nicht total sein. Erst nach und nach wird es total werden. Manchmal mag es nicht einmal die Mehrheit in deinem Kopf sein, ist es vielleicht nur die Minderheit: Zehn Prozent von dir möchten Sannyasin werden, und neunzig Prozent von dir haben Angst; aber die neunzig Prozent, die Angst haben, sind bereits tot. Du hast diese neunzig Prozent gelebt, und du hast nichts gefunden.
Dies ist das Charakteristische am Mut: immer bereit zu sein, das Unbekannte zu suchen, das Noch-nicht-Entdeckte. Denn das, was du bis jetzt entdeckt hast, hat sich als sinnlos erwiesen. Geh weiter, sei mutig! Es gibt Schätze zu entdecken, du hast sie in dir. Ich werde dir nicht etwas geben, das du nicht bereits hast. Du hast es. Du hast den Schatz, du hast den Schlüssel. Allerhöchstens kann ich dir zeigen, wie du aufschließt, wie du den Schlüssel gebrauchst. Allerhöchstens kann ich dir zeigen, wo das Schloß ist und wo der Schlüssel in deinem Innern ist. Ich kann die Schlüsselpartie und die Schloßpartie zusammenbringen, mehr nicht. Der Schatz ist dein, er ist bereits da. Aber du wirst etwas unternehmen müssen.
Anfangs wirst du es zögernd tun. Anfangs magst du sogar das Gefühl haben, daß es heuchlerisch ist, weil du nicht total bist. Gut – das ist ein gutes Zeichen, daß du Angst davor hast, heuchlerisch zu sein. Es ist ein gutes Zeichen, daß du gern Sannyas nehmen möchtest und dennoch weißt, daß nur ein Teil von dir will, und daß du dir selbst da nicht sicher bist, ob es wirklich ist oder Einbildung, Illusion, Selbsttäuschung.
Man muß sich trotz aller Zweifel in Bewegung setzen: Genau das ist Mut. Ein mutiger Mann zu sein heißt nicht, daß du keine Ängste

hast. Ein Mensch, der Mut hat, unterscheidet sich im Grunde nicht von einem Feigling. Der Feigling schreckt vor der Vorstellung zurück, ins Dunkle, ins Unbekannte zu gehen, und der mutige Mensch hat dieselbe Angst. Aber der mutige Mensch ist der, der auf den Ruf des Unbekannten hört, den Schlagbäumen des Bekannten zum Trotz; und der Feigling ist der, der auf das Bekannte hört, dem Ruf des Unbekannten zum Trotz. Er hört auf das Bekannte, und der mutige Mensch hört auf das Unbekannte. Das ist der einzige Unterschied.

Beide Seiten sind in jedem Menschen vorhanden. Hinter jedem mutigen Menschen steht sein eigener Feigling, aber er hört nicht auf ihn. Und hinter jedem Feigling verstecken sich seine eigenen mutigen Eigenschaften, nur hat er nicht auf sie gehört. Und je nachdem, auf welchen Teil du hörst – das wirst du.

Faß dir also ein Herz. Nimm immer die Einladung des Unbekannten an, und dein Leben wird zu einem Abenteuer.

Ein Sannyasin ist jemand, der das Leben als Abenteuer akzeptiert hat, als eine Pilgerfahrt, als ein Fluß, der zum Meer strömt.

Die sechste Frage:

Ich habe manchmal eine solche Angst, nicht zu begreifen, so als säße ich in der Schule und müßte sitzenbleiben, wenn ich's nicht richtigmache.

Ja, du *bist* in einer Schule. Dies ist eine Schule. Wir lernen hier, wir selbst zu sein. Wir wagen das größte Abenteuer, daß es überhaupt gibt – sich selbst zu entdecken, in seinen innersten Kern vorzudringen. Es ist ein Ort des Lernens, es ist eine Schule. Aber der ganze Sinn und Zweck, das ganze Lehren dieser Schule besteht darin, sich nicht um richtig oder falsch zu kümmern, sich nicht um gut oder böse zu kümmern, sich nicht um Moral oder Unmoral zu kümmern, sich nicht um höher oder niedriger zu kümmern.

Der ganze Sinn und Zweck dieser Schule besteht darin, wahl-los zu werden.

Ich werde euch die Frage jetzt noch einmal vorlesen: *Ich habe*

manchmal eine solche Angst, nicht zu begreifen, so als säße ich in der Schule und müßte sitzenbleiben, wenn ich's nicht richtig mache.
Hier bei uns heißt „das Richtige“: sich nicht um richtig oder falsch zu kümmern. Hier heißt „das Richtige“: sich selbst zu akzeptieren, was immer du bist, wer immer du bist; heißt: in Totalität und in tiefer Demut zu akzeptieren, daß dies eben die Art ist, wie du bist, daß Gott dich nun einmal so gewollt hat. Wir versuchen hier nicht, dich zu verändern, wir versuchen hier nicht, dich zu verbessern, wir sind nicht auf irgendeinem Egotrip. Wir wollen dir lediglich helfen, herauszufinden, wer du bist. Hier heißt „das Richtige“ also, sich keine Gedanken zu machen über richtig und falsch, sich keine Gedanken zu machen über dieses und jenes. Wir sind hier nicht darauf aus, einen Charakter festzulegen, eine Moral, einen Benimm-Kodex. Nein, wir wollen nur herausfinden, wer wir sind. Sobald du weißt, wer du bist, ist kein Benimm-Kodex nötig, sind keine festen Begriffe von richtig und falsch nötig. Sobald du weißt, wer du bist, ist alles, was du tust, richtig. Aber wenn du nicht weißt, wer du bist, ist alles, was du tust, falsch. Also kümmern wir uns nicht um richtig oder falsch.

Die siebte Frage:

Osho, bitte, was machst du mit mir?

Das ist von Madhuri.
Ich töte dich, Madhuri. Ich bin ein Mörder, und du bist in der Falle. Du kannst mir jetzt nicht entrinnen, denn wenn du erst einmal ein bißchen Tod gekostet hast, kannst du nicht entrinnen. Denn jetzt weißt du: Noch viel mehr erwartet dich. Wenn du erst einmal einen kleinen Ego-Tod gekostet hast, dann weißt du, dann kannst du dir vorstellen, kannst du dir im Traum vorstellen, was für ein großartiger Zustand das sein wird, wenn das ganze Ego verschwindet, wenn du in dich hineinschaust und du dort niemanden antreffen wirst, nur Leere, unendliche Leere. Wenn du auch nur eine kleine leere Ecke in dir gefunden hast, dann kannst du dich jetzt nicht mehr entfernen. Du hast Blut geleckt.
Jetzt kannst du nicht mehr zur gewöhnlichen Welt zurückkehren.

Ehe du nicht stirbst, gibt es keinen Weg zurück. Sobald du stirbst, schicke ich dich in die gewöhnliche Welt zurück, weil dich dann nichts mehr korrumpieren kann. Wer kann Leere korrumpieren? Wie soll Leere sich korrumpieren lassen? Sie ist offen, absolut verletzbar und dennoch unverletzbar, weil niemand sie korrumpieren kann. Sie ist unkorrumpierbar, sie ist jungfräulich.

Die achte Frage:

Was hat Jesus gemeint, als er in der Bergpredigt sagte: Gesegnet sind die Armen im Geiste?

Genau das ist es, was ich Leere, *shunya*, nenne, arm im Geiste: wie alle diejenigen, die nichts darstellen, die nichts beanspruchen, die keine Ansprüche zu stellen haben – die einfach nur Niemande sind.
Laß mich dir eine Anekdote erzählen:
Ein weiser Sufi bat einmal seine Schüler, ihm zu verraten, welche Eitelkeiten sie gehabt hätten, ehe sie ihre Studien bei ihm begannen. Der erste sagte: „Ich bildete mir ein, der hübscheste Kerl auf der Welt zu sein." Der zweite sagte: „Ich hielt mich, da ich religiös war, für einen der Auserwählten, der wenigen Erwählten." Der dritte sagte: „Ich glaubte alles zu wissen, und ich glaubte ebenfalls, lehren zu können." Und der vierte sagte: „Meine Eitelkeit war größer als all diese, denn ich glaubte, lernen zu können."
Der Weise bemerkte: „Und die Eitelkeit des vierten ist immer noch die größte, denn jetzt ist seine Eitelkeit die, zu beweisen, daß er einst die größte Eitelkeit hatte. Es bleibt nach wie vor die größte."
Du kannst selbst vor lauter Demut egoistisch werden. Arm im Geiste zu sein heißt einfach, niemand zu sein, nicht einmal demütig. Ein demütiger Mensch ist nicht etwa arm im Geiste, ein demütiger Mensch ist ein umgekehrtes Ego, ein Ego im Purzelbaum, im Kopfstand. Ein demütiger Mensch ist nicht wirklich demütig. Ein demütiger Mensch ist überhaupt nicht demütig, weil Demut ebenfalls eine Funktion des Egos ist. Wenn das Ego verschwindet, verschwindet auch die Demut. Wenn du weg bist, wohin soll dann der Schatten fallen? Wenn du weg bist, ist nicht einmal ein Schatten da. Wenn

das Ego weg ist, verschwindet auch die Demut. Sie ist ein Schatten derselben Krankheit.

Der Arme im Geiste ist jemand, der zu der Erkenntnis gekommen ist, daß er nicht ist. Wissen, daß man nicht ist, heißt wissen, daß man Teil des Ganzen ist: „Das Ganze ist, ich bin nicht." Der Ozean ist, der Tropfen ist nicht. Und der Arme im Geiste ist der Reichste, den man sich denken kann. Der Arme im Geiste ist deshalb der Reichste, weil der Leerste der Vollste ist. Hier heißt Tod Leben.

Und wenn ich sage, daß ich ein Mörder bin, meine ich damit nur, daß ich eine Hebamme bin. Hier heißt dich zerstören, daß ich dir zur Neugeburt verhelfe – zu einem neuen Dasein, einem Dasein ohne Ego.

Die neunte Frage:

Ohne jeden Grund verrichte ich einige Dinge in Eile, vor allem Essen.

Das ist von Vishnu Chaitanya.

Vishnu Chaitanya, irgendwas frißt dich: Irgendeine tiefe Sorge ist in dir, die Eile erzeugt; irgendeine tiefe Spannung, die dir nicht gestattet, dich zu entspannen.

Wenn du also das nächste Mal etwas ißt, dann schau hin, was dich ißt. Wenn du's eilig hast, gib gut acht! Willst du vor irgendetwas davonlaufen? Willst du etwas nicht sehen, was in dir ist? Willst du etwas unterdrücken? Ist da irgendeine Sorge, und du willst nicht einmal zugeben, daß sie existiert? Ist da irgendeine Wunde, die du mit Blumen verdeckst? Beobachte tief in dir. Alle Leute, die es eilig haben, beweisen nur, daß sie irgendeine tiefe Sorge mit sich herumschleppen und nicht einmal den Mut haben, sich ihr zu stellen. Hole sie hoch, laß sie an die Oberfläche kommen. Stelle dich ihr, und du wirst dich wundern. Jedes Problem, dem du dich Auge in Auge – unmittelbar – stellst, verschwindet. In der inneren Welt bedeutet das Erkennen eines Problems, bedeutet das Wissen, worum es sich genau handelt, bedeutet die Diagnose die Heilung. Es gibt keine andere Arznei in der inneren Welt. Ein Problem existiert nur solange, wie du es immerzu unterdrückst. Solange du nicht zuläßt, daß es bloßgestellt wird, existiert es. Und die Leute häufen immer gleich eine Menge Probleme an, und da sind sie freilich immer in Eile. Durch die Eile wollen sie immerzu ausweichen. Denn wenn sie sich ruhig verhalten, still dasitzen, werden sie sich stellen müssen. Also sind sie *unentwegt* in Eile, am Rennen, am Machen, egal was. Nur wenn sie in Schlaf versinken, geben sie anscheinend Ruhe – aber untendrunter tun sie's nicht einmal dann. Dann laufen sie in ihren Träumen und Alpträumen herum und hetzen und hetzen sich ab.

Viele Leute kommen zu mir und erzählen, daß ein bestimmter Traum ständig wiederkehre. Und folgender Traum ist einer der häufigsten: daß man im Traum zum Bahnhof eilt und der Zug in dem Moment abfährt, wo du auf dem Bahnsteig ankommst. Das ist ein sehr geläufiger Traum. Was bedeutet er? Er bedeutet, daß dir immer und ewig der springende Punkt entgeht, daß du das Ziel verfehlst. Und der ganze springende Punkt mit den Sorgen ist, daß sie erkannt sein wollen, daß sie Aufmerksamkeit brauchen, daß sie ins Bewußtsein gehoben werden müssen.

All die Gruppentherapien, die wir hier machen, sind nur dazu da, alles zum Vorschein zu bringen, was verdrängt wird – allem zu helfen, an die Oberfläche zu treten, damit es ins Bewußtsein dringen kann. Sobald irgendein Problem ins Bewußtsein tritt, verschwindet es. Es ist genau so, wie wenn du zuschaust, dich an einen Fluß setzt und zuschaust. Wenn das Wasser sauber ist, kannst du Bläschen aufsteigen sehen. Ein paar Bläschen, ganz unten am Boden, klammern sich noch fest, sie werden bleiben. Wenn eine Blase hochsteigt, wird sie immer größer, je näher sie der Oberfläche kommt; denn bei geringerem Wasserdruck wird sie größer. Wenn sie an die Oberfläche kommt, ist sie am größten. Sie mag nur ein winziges Bläschen am Flußbett gewesen sein, aber an der Oberfläche ist sie eine große Blase. Aber dann platzt sie binnen Sekunden und ist weg. Das gleiche, genau das gleiche passiert, wenn du etwas unterdrückst. Es mag nur eine kleine Sache sein, aber du hast Angst, sie ins Bewußtsein zu lassen, weil sie immer größer wird, je näher sie der Bewußtseinsschwelle kommt. Die Unterdrückung wird immer geringer, und der Druck immer weniger. Sie wird größer, und du bekommst Angst. Du drängst es wieder zurück. Viele Leute, die hier zu meditieren anfangen, kommen zu mir und sagen: „Wir waren noch nie so besorgt wie jetzt". Oder sie sagen: „Wir waren noch nie so traurig" oder „Wir waren noch nie so unglücklich" oder „Wir haben noch nie solche Seelenängste und Qualen ausgestanden". Ihre Bläschen werden nur größer, weil sie sich der Oberfläche nähern. Das ist ein gutes Zeichen, ein gesundes Anzeichen dafür, daß etwas passiert. Ich sage ihnen: Seid froh, seid dankbar, daß etwas in Bewegung kommt. Die Blasen verlassen den Boden eures Daseins und steigen an die Oberfläche. Sobald sie an der Oberfläche sind, zerplatzen sie, weil sie dann keinen Druck mehr aushalten müssen und nicht weiterexistieren können.

Ein Problem kann nur durch Druck existieren. Kein Problem kann ohne Druck existieren; es verschwindet. Der ganze Zweck all dieser Therapien hier ist, all eure Probleme an die Oberfläche zu holen. Erkennt, beobachtet, werdet euch bewußt, und das Problem verschwindet. Es kennen – oder besser erkennen – heißt Transformation. Fragt nicht: „Wenn wir wissen, daß das Problem da ist, was muß dann geschehen?" Wenn ihr es *wirklich wißt*, ist es nicht mehr da.

Das ist das Schöne der inneren Welt: Sobald du eine Sache *erkannt* hast, ist sie nicht mehr da. Sie hält sich nur so lange, wie du sie weiter verdrängst, unterdrückst, jedes Erkennen vermeidest, jedes Durchschauen vermeidest.

Probleme existieren aufgrund eurer Unwissenheit, aufgrund eurer Unbewußtheit. Bewußtsein ist die Lösung.

Merkt euch: Ich nenne es *die* Lösung. Es hat nichts mit einem spezifischen Problem zu tun. Jedes, aber auch jedes Problem verschwindet durch Bewußtsein. Es ist *die* Lösung.

Die zehnte Frage:

Dir sind schon so viele Fragen gestellt worden. Gibt es eine Grenze, nach der keine neuen Fragen mehr auffindbar sind?

Wenn deine Frage authentisch ist, dann ist da eine Grenze. Aber wenn deine Fragen geborgt sind, von Büchern geborgt sind, von anderen geborgt sind, von Wissen und Information geborgt sind, dann ist da keine Grenze. Wenn deine Frage wahr ist, relevant für dein Dasein ist, dann ist da eine Grenze. Früher oder später wirst du an sie stoßen: Es sind keine mehr da. Aber wenn du gelehrtenhaft bist, dann gibt es da keinerlei Grenze.

Laß mich dir eine Anekdote erzählen.

Es geschah einmal: Die Dame des Hauses war ausgegangen, als das neue Dienstmädchen zu ihrer Haustüre kam und klingelte. Der heißgeliebte Papagei antwortete und rief: „Wer da?"

„Ich bin das neue Dienstmädchen", kam die Antwort. Dann gab es eine Pause. Dann klingelte das Mädchen noch einmal, und der Papagei rief: „Wer da?" – „Das neue Dienstmädchen!" kam die Antwort noch einmal.

Sie war ein bißchen verärgert. Das ging so weiter, bis das verzweifelte Mädchen bewußtlos zu Boden sank. Denn jedesmal, wenn sie sagte: „Das neue Dienstmädchen", kam von dem Papagei als Antwort: „Wer da?" – denn das war die einzige Frage, die er stellen konnte. Es war eine geborgte Frage, es war nicht seine Frage. Er wußte nicht einmal, was sie bedeutete.

Als die Hausbesitzerin zurückkam, stieß sie auf die Bewußtlose und rief aus: „Wer ist das?"

„Das neue Dienstmädchen", antwortete der Papagei – denn allmählich hatte er es gelernt.

Die elfte Frage:

In der Liebe scheinst du zu raten, man solle sich total dem anderen widmen, sich aber nicht binden – egal, ob es sich nun um Meister oder Partner handelt.

Ich verstehe nicht, wie man gleichzeitig total für den anderen da und doch ungebunden sein kann.

Beides geht im Gegenteil immer zusammen, es kann gar nicht getrennt auftreten. Es ist unmöglich, beides zu trennen, weil es die zwei Seiten der gleichen Medaille sind: total für den anderen da zu sein und sich doch nicht zu binden. Wenn du gebunden bist, bist du nicht total für den anderen da. Dann benutzt du den anderen für deine eigenen Zwecke, weil es eine Bindung ist.

Ihr liebt einen Menschen und ihr sagt: „Ich bin total für dich da und binde mich deshalb." Aber was heißt Bindung? Bindung heißt, daß du den anderen für dich selbst mißbrauchst, den anderen als Mittel zum Zweck benutzt. Wie kannst du für ein Mittel zum Zweck total da sein? Total kannst du dich nur einem Zweck widmen, nicht einem Mittel. Du kannst dich nicht total einem Auto widmen, du kannst dich nicht total einem Haus widmen. Das sind Mittel, man muß sich ihrer bedienen. Total da sein kann man nur für einen lebenden Menschen, denn jeder Mensch ist ein Selbstzweck.

Liebe benutzt den anderen nicht für den Eigengenuß. Es geht mit ihr zwar viel Genuß einher, aber das ist eine Begleiterscheinung. Du liebst den anderen um seiner selbst willen, du gibst dich ihm hin. Du kannst selbst dein Leben für den anderen hingeben, aber da ist keine Bindung, weil Bindung heißt, daß du den anderen um deiner selbst willen benutzt. Hingabe ohne Bindung heißt, daß jetzt der andere das Ziel geworden ist, der Zweck, der Selbstzweck. Beides geht immer Hand in Hand, und wenn es nicht so ist, dann stimmt etwas nicht. Wenn die Hingabe mit Bindung einhergeht, dann machst du dir nur vor, daß es Hingabe sei. Früher oder später, wenn der andere stirbt, wirst du dir jemand anders suchen – weil du den anderen nur benutzt hattest. Nun, da er nicht mehr zur Verfügung steht, wirst du dir einen anderen Menschen suchen.

Hingabe ist ewig. Deine Frau stirbt: An jenem Tage verschwinden alle Frauen für dich von der Erdoberfläche. Du hast sie um ihrer selbst willen geliebt. Jetzt kannst du dir nicht einmal mehr vorstellen, daß du je eine andere lieben kannst. Es war so total, daß kein Rest zurückblieb. Und es war so total, daß für dich nur der Körper, nicht aber die Seele jenes Wesens sterben kann. Der Tod kann zwei Liebende nicht trennen. Wenn sie wirklich geliebt haben, dann hatten sie den Tod bereits besiegt. Liebe ist unsterblich. Aber wenn es nur Bindung war, dann ist die Wunde nach ein paar Wochen oder ein paar Tagen verheilt. Du liebtest den anderen um deinetwillen, zu deinem eigenen Vergnügen. Jetzt wirst du einen anderen finden. Es geht sogar so weit, daß du deinen Mann liebst oder wenigstens sagst, daß du ihn liebst, und jetzt stirbt er, oder deine Frau stirbt, und während die Frau stirbt, noch auf ihrem Sterbelager liegt, schmiedest du bereits Pläne – es bräuchte nur jemand ein Fenster in deinen Kopf zu machen und einen Blick hineinzuwerfen! –, wie du wohl eine neue Frau finden kannst.

Der Verstand beutet allenfalls aus. Er kann nie eine tiefe Hingabe werden. Tiefe Hingabe ist Sache des Seins. Sie kennt keine Zeit, sie kennt keinen Tod. Ich sage nicht, daß sie von Dauer ist – denn Dauer gehört ins Reich der Zeit. Sie ist ewig. Sie hat den Duft der Göttlichkeit.

Laßt mich euch eine Anekdote erzählen.

Ein Politiker namens Seltsam lag im Sterben. Ein Freund fragte ihn, was auf seinem Grabstein stehen solle. „Schreib einfach", antwortete der Politiker, „hier liegt ein ehrlicher Politiker."

„Aber", wandte der Freund ein, „dann weiß doch kein Mensch, wer das ist."

„Oh doch", antwortete der Politiker. „Jeder, der vorbeikommt, wird sagen: ‚Das ist seltsam – ein Politiker, und ehrlich!' "

Wozu also den Namen nennen? Die Passanten werden von sich aus sagen: „Das ist Seltsam."

Bindung und Liebe schließen sich aus. Hingabe und Bindung schließen sich aus. Liebe geht mit Ungebundenheit einher. Dann hat die Liebe eine Reinheit, die nicht von dieser Welt ist. Dann ist Liebe absolute Essenz, absolute Reinheit, Unschuld. Und dann ist Hingabe da. Diese Hingabe ist ewig.

Die zwölfte Frage:

Du scheinst jeden Tag etwas anderes hervorzuheben: gewöhnlich zu sein, bewußt zu sein, meditativ zu sein und so weiter. Wenn ich all das zu üben versuche, komm ich ganz durcheinander und kann keine Harmonie zwischen ihnen allen hinkriegen. Sollte ich es einfach vergessen und spontan sein?

Du hast den Nagel auf den Kopf getroffen. Genau. Darum allein geht es: Sei spontan. Und was immer ich auch sage, es ist nicht

widersprüchlich. Es verwirrt euch nur deswegen, weil ihr ohnehin schon verwirrt seid. Und in eurer Verwirrung stiften meine Worte, wenn sie eindringen, noch mehr Verwirrung – weil ein verwirrter Kopf nur noch mehr Verwirrung stiften kann und sonst nichts.
Was ich sage, ist kein bißchen widersprüchlich. Es mag euch manchmal so scheinen, aber so ist es nicht.
Laßt mich euch eine Sufi-Geschichte erzählen – die Antwort eines Sufis an jemanden, der gefragt hatte: *Wonach soll man sich richten, wenn sich zwei Sufi-Weisheiten widersprechen?*
„Sie widersprechen sich nur, wenn man sie getrennt betrachtet. Wenn du in die Hände klatschst und nur die Bewegung der Hände beobachtest, scheinen sie als Gegensätze aufeinanderzuprallen. Aber dann entgeht dir, was passiert. Der Zweck des Aufeinanderprallens ist natürlich der, das Händeklatschen hervorzubringen. Wenn ich in die Hände klatsche, prallen sie aufeinander, aber im Ton vereinigen sie sich. Der Gegensatz erzeugt eine Synthese."
Ich rede immerzu über so viele Dinge, um einen gewissen Ton in euch zu erzeugen. Dieser Ton ist Spontaneität. Wenn du das verstanden hast, hast du richtig verstanden.

Die letzte Frage:

Lieber Osho – hallo!

Ich will euch eine Anekdote erzählen.
Ein hartnäckiger Mann behauptete, einem Papageien binnen einer Stunde beibringen zu können, „hallo" zu sagen. Er näherte sich dem Käfig des Papageien und fing an, „hallo, hallo" zu sagen. Das ging eine volle halbe Stunde so weiter, ohne daß ihm der Papagei die geringste Beachtung schenkte. Schließlich neigte der Papagei sein Haupt etwas zur Seite, hob langsam sein Lid vom Auge und sagte: „Leitung besetzt."
Mehr will ich dazu nicht sagen.
„Hallo" sagst du? Du weißt nicht, daß mir das nur durch dein Sein gesagt werden kann. Andernfalls ist die Leitung besetzt. Bloße Wörter dringen nicht zu mir durch. Du wirst es durch dein ganzes Sein sagen müssen. Andernfalls ist die Leitung besetzt.

Kapitel 11

SEHT MEINE HÄNDE UND MEINE FÜSSE

Lukas 24

36 *Während sie noch darüber redeten, trat er selbst in ihre Mitte und sagte zu ihnen: Friede sei mit euch.*

37 *Sie erschraken und hatten große Angst, denn sie meinten, einen Geist zu sehen.*

38 *Da sagte er zu ihnen: Was seid ihr so bestürzt? Warum laßt ihr in euren Herzen solche Zweifel aufkommen?*

39 *Seht meine Hände und meine Füße an: Ich bin es selbst. Faßt mich doch an und begreift: Kein Geist hat Fleisch und Knochen.*

40 *Bei diesen Worten zeigte er ihnen seine Hände und Füße.*

41 *Sie staunten, konnten es aber vor Freude immer noch nicht glauben. Da sagte er zu ihnen: Habt ihr etwas zu essen hier?*

42 *Sie gaben ihm ein Stück gebratenen Fisch und ein wenig Honigwabe.*

43 *Er nahm es und aß es vor ihren Augen.*

45 *Darauf öffnete er ihnen die Augen für das Verständnis der Schrift.*

46 *Er sagte zu ihnen: So steht es in der Schrift: Der Messias wird leiden und am dritten Tag von den Toten auferstehen,*

47 *Und in seinem Namen wird man allen Völkern, angefangen in Jerusalem, verkünden, sie sollen umkehren, damit ihre Sünden vergeben werden.*

48 *Ihr seid Zeugen dafür.*

Das größte Problem, das sich einem Mann wie Jesus stellt, ist, daß was immer er sagen wird, den Leuten unwahr erscheinen muß – weil sich die Wahrheit nicht sagen läßt und, sobald du sie sagst, sie verfälscht wird. Die Wahrheit läßt sich nicht aussprechen. Die Sprache, in der ihr sie aussprecht, ist nicht groß genug. Sie tötet die Wahrheit, sie kann nur das Unwahre ausdrücken.

Dennoch, aus Mitgefühl wird ein Jesus, ein Buddha versuchen, das zu sagen, was sich nicht sagen läßt. Aber dann werden sie mißverstanden. Sie bringen Nachrichten vom Jenseits. Ihr habt noch nicht einmal davon geträumt, wie solltet ihr da verstehen? Ihr habt keinen Begriff davon; wie solltet ihr verstehen? Es ist natürlich, mißzuverstehen. Niemand ist tatsächlich schuld. Jesus bringt etwas aus dem Jenseits – ihr wart nie dort –, etwas aus der anderen Welt. Ihr hört ihm zu: „Dieser Mann scheint authentisch. Sein ganzes Wesen verleiht dem, was er sagt, Autorität." Aber das ist ein Gefühl – verstehen könnt ihr das, was er sagt, nicht. Ihr könnt ihm höchstens vertrauen, was sehr schwer ist, fast unmöglich.

Wie denn vertrauen? Wie denn einem anderen in Dingen vertrauen, von denen man nichts weiß? Nicht nur das – sondern in Dingen vertrauen, die diametral gegen die eigene Erfahrung gehen?

Ich las neulich abend eine kleine Geschichte.

Ein Mann ging spazieren, und er sah eine Schnecke in einem Spalt in einer Mauer sitzen, und ohne jeden Grund sagte er: „Hallo Schnecke!"

Und komischerweise konnte die Schnecke sprechen und konnte die Schnecke hören, und sie sagte: „Hallo!" Und sie drehte ihre Augen so gut sie konnte auf ihren Stielen herum, um ein bißchen klarer zu sehen, was sich da vor sie hingestellt hatte.

Der Mann sagte also: „Kannst du mich hören?"

Und die Schnecke sagte: „Ja, natürlich. Wer oder was bist du überhaupt?"

Der Mann sagte: „Nun ja, ich bin ein Mensch."

Und die Schnecke sagte: „Was in aller Welt ist das?"

Also sagte der Mann: „Hmm. Wir sind sowas ähnliches wie du. Zum Beispiel hast du Augen auf Stielen, und wir haben Stiele am anderen Ende."

Die Schnecke sagte: „Am anderen Ende?"
Und der Mann sagte: „Ja – weil nämlich... unsere Füße sind daran festgemacht, siehst du? Diese Füße hier."
Die Schnecke sagte: „Wozu sollen diese Füße denn gut sein?"
Und der Mann sagte: „Die Füße dienen dazu, sich ganz schnell vorwärts zu bewegen."
Die Schnecke sagte: „Tatsächlich? Du erstaunst mich. Gibt es da noch andere Dinge an dir, die merkwürdig sind?"
Und der Mann sagte: „Na ja, du weißt doch, daß du dein Haus auf dem Rücken trägst?"
Die Schnecke sagte: „Ja sicher, sicher."
Und der Mann sagte: „Nun, wir können sowas nicht. Weißt du, wir haben unheimlich viele Häuser, und da gehen wir rein und raus, fast nach Belieben."
Die Schnecke sagte: „Du bist wirklich eine höchst erstaunliche Kreatur. Hast du noch andere seltsame Sachen zu bieten?"
Und der Mann sagte: „Also denn: Wir sind Menschen, und ein Mensch kann so eine Art Blatt nehmen... du weiß doch – ein Blatt?"
Und die Schnecke sagte: „Ja. Sicher weiß ich, was ein Blatt ist."
Der Mann sagte: „Nun, er kann Zeichen auf dieses Blatt machen und sogar das Blatt einem anderen Menschen geben, der das Blatt einem dritten geben kann, der von den Zeichen auf dem Blatt ablesen kann, worüber der erstere nachgedacht hat."
„Aha", sagte die Schnecke, „ich seh schon. Du bist einer von denen. Hmm..."
Der Mann sagte: „Wie meinst du das?"
„Du bist ein Lügner", sagte die Schnecke. „Das Problem mit euch Lügnern ist, erst fangt ihr mit einer Lüge an, und dann erzählt ihr noch eine größere Lüge, und am Ende übertreibt ihr maßlos."
Das ist das Gefühl, das man vor einem Mann wie Jesus bekommt. Die gewöhnliche Menschheit fühlt genau so: daß Jesus maßlos übertreibt. Er mag eine magnetische Persönlichkeit haben, ein Charisma ausstrahlen. Er mag ein gewaltiger Mann, ein schöner Mensch sein. Es mag eine gewisse Überzeugungskraft in ihm stecken. Er ist ein Mensch, der es verdient, geliebt zu werden – aber er übertreibt maßlos.

Alles, was er sagt, liegt jenseits vom gesunden Menschenverstand – ja, jenseits vom Menschenverstand überhaupt. Er holt Dinge aus der Welt des Nicht-Verstandes in die Welt des Verstandes herein. Das ist eine fast unüberbrückbare Kluft. Er muß zwangsläufig mißverstanden werden.

Aus Mißverstehen wurde er gekreuzigt. Und als er am Kreuz sagte: „Vater, vergib diesen, denn sie wissen nicht, was sie tun", war das nicht nur Mitgefühl, war das nicht nur Liebe. Es *war* Mitgefühl, es *war* Liebe; es war *auch* eine Tatsache. Diese Leute, die ihn kreuzigten, schliefen tatsächlich tief, waren unbewußt. Sie hatten keine Ahnung, was sie da taten. Sie hatten nie darüber nachgedacht, worum es eigentlich ging. Sie kreuzigten nicht Jesus, sie kreuzigten lediglich einen Lügner, sie kreuzigten einfach einen, der ihr ruhiges, friedliches Leben durcheinandergebracht hatte, der sie gegen ihren Willen in ein Abenteuer hineinziehen wollte, das gefährlich schien; der von Gott geredet hatte – von dem doch jeder weiß, daß es ihn nicht gibt und an den jeder nur glaubt, weil es in der Gesellschaft so Sitte ist.

Jesus versuchte zu beweisen, daß Gott existiert – nicht als eine Konvention, nicht als ein Stützpfeiler der Moral, nicht als Hypothese, um Unerklärliches zu erklären...

Gott existiert. Tatsächlich existiert *nur* Gott: Er ist die endgültige Tatsache. Wann immer Leute wie Jesus damit anfangen, von der entgültigen Tatsache zu reden, regt sich im gewöhnlichen Menschenverstand ein Verdacht: „Die übertreiben maßlos. Es ist okay, an Gott zu glauben und an die Kirche und an den Tempel zu glauben. Es ist gut, so zu tun, als wäre man religiös. Das hilft – es ist ein gesellschaftliches Schmieröl. Es gibt dem Leben eine gewisse Glätte; es verleiht einem ein gewisses Ansehen. Aber man sollte diese Dinge nicht zu ernst nehmen. Dieser Mann Jesus scheint das alles zu ernst zu nehmen, als wäre es ein Problem auf Leben und Tod."

Für ihn ist es das einzige Problem überhaupt, dem es sich zu stellen lohnt, und das einzige Abenteuer, die einzige Forschungsreise, die es sich zu unternehmen lohnt. Aber den Leuten, zu denen er sprach, klang das alles wie Unsinn. Sie haben es vielleicht nicht gesagt; sie haben es vielleicht aus Anstand nicht gesagt. Sie haben vielleicht nicht gesagt, daß sie es nicht glaubten, weil sie vor den anderen nicht als Ungläubige dastehen wollten, aber im Grunde schien es einfach unwahrscheinlich, daß Gott existiert. Daß Gott existiert, war das Allerunwahrscheinlichste. Jesus wirkt unwahr, ein Buddha wirkt unwahr. Nur durch ihre schiere Magnetkraft faszinieren sie die Leute. Aber selbst Leute, die fasziniert sind, stehen nicht rückhaltlos hinter ihnen. Ihr tiefstes Innere bestreitet es weiterhin und sagt: „Du bist ja hypnotisiert. Dieser Mann hat etwas mit dir gemacht, so etwas wie Magie. Er hat dich in die Falle gelockt, du bist ein Gefangener geworden." Wenn die Leute so zu fühlen beginnen, nehmen sie Rache. Diese Rache spielt sich gleichsam automatisch ab. Die Leute, die Jesus töteten, töteten ihn im Schlaf, so als wäre es nur ein Traum.

Es gibt eine Sufi-Anekdote:

Eine Gruppe von Kaufleuten fragte einen Eingeweihten: „Wie kann dieser Sufi-Unsinn dir nur etwas bedeuten?"

Für den gewöhnlichen Verstand – den logischen, rationalen Teil von euch – ist alles, was unverständlich ist, sofort Unsinn. Tatsächlich ist es das auch, denn es liegt jenseits allen Sinns. Liebst du es, dann magst du es Über-Sinn nennen. Liebst du es nicht, magst du es Un-Sinn nennen. Aber eines steht fest: daß es etwas ist, was sich den Sinnen entzieht.

Eine Gruppe von Kaufleuten fragte einen gewissen Jünger: „Wie kann dieser Sufi-Unsinn dir nur etwas bedeuten?" Er sagte: „Weil es denen, die ich achte, alles bedeutet."

Weil es denen, die ich achte, alles bedeutet...

Genau das ist Vertrauen.

Jesus erzeugt einen Hof der Hochachtung um sein Dasein her. Aufgrund dieser Achtung glaubt ihr ihm alles, was er sagt. Aufgrund dieser Achtung entsteht ein gewisses Vertrauen, aber euer rationaler Verstand hämmert immerzu weiter in euch und sagt: „Das ist alles Unsinn. Was machst du?"

Und wenn ich das jetzt zu euch sage, könnt ihr es verstehen, weil es euch jeden Tag ganz genauso ergeht: Alles, was ich sage, ist für euch Unsinn. Das braucht euch nicht erst ein dritter zu beweisen, daß es Unsinn ist. Es ist Unsinn. Aber wenn ihr mich achtet und mich liebt, wird dieser Unsinn anfangen, euch als Übersinn zu erscheinen, als etwas, das den Verstand, die Vernunft, die Logik transzendiert – nicht darunter liegt, sondern darüber. Wenn ihr mich achtet und mich liebt, dann erlaubt ihr mir vielleicht, daß ich euch mit in eine andere Welt hinübernehme, an die ihr im Moment nicht einmal glauben könnt.

Fast jeden Tag kommen Leute zu mir und sie sagen: „Wie können wir glauben?“ Ich verstehe ihr Problem, ihre Qual. Sie würden gern glauben. Es ist ja nicht etwa so, daß sie gern *nicht* glauben. Glauben schenkt schließlich solch eine Heiterkeit, Glauben schenkt solch ein Gestilltsein, Glauben schenkt solch eine Zentriertheit und Verwurzelung – wer würde da nicht gern glauben? Selbst ein Atheist ist auf der Suche nach Glauben. Vielleicht ist er sehr verzweifelt, vielleicht ist ja all sein Reden von der Nichtexistenz Gottes nichts anderes als eine Anstrengung, jenem großen Ruf auszuweichen, der ständig im Innersten hörbar ist: „Wage das Abenteuer, suche und finde!“ Er will diesen Ruf nicht hören. Er sagt, daß es keinen Gott gibt.

Mir ist noch nie ein Atheist begegnet, der wirklich ein Atheist ist. Alle Atheisten sind auf der Suche, alle Atheisten sind auf einer tiefen Suche nach Zuversicht und Vertrauen. Aber sie haben Angst. Das Abenteuer scheint so gefährlich und riskant! Sie fangen an, an keinen Gott zu glauben, aber dieses „Kein Gott!“ ist auch ein Glaube. Er ist negativ, er kann dir nicht Nahrung sein, er kann dir kein Leben, keine Energie schenken, er kann dein Dasein nicht erheben, er kann dir nicht helfen, deine Mitte zu finden. Er kann dir nicht helfen, das Wahre und das Wirkliche zu sehen, weil es ein falscher Glaube ist, ein negativer Glaube. Aber ich sage: Es ist dennoch ein Glaube.

Es gibt nur Gläubige und Gläubige, weil kein Mensch im Nicht-Glauben, im Kein-Glauben, im Nicht-Vertrauen leben kann. Zu leben ohne zu glauben ist absolut unmöglich. Aber der erste Morgenstreif am Horizont kommt immer mit den Worten, die dieser Sufi-Jünger

sagt: „Weil es denen, die ich achte, alles bedeutet." Wenn du achtest, bist du offen dafür zu empfangen.
Das judäische Wort „Kabbala" bedeutet ursprünglich: „Fähigkeit zu empfangen". Es ist ein wunderschönes Wort. Mit anderen Worten: Alle, die zu empfangen fähig sind, sind Kabbalisten. Achtung erzeugt die Fähigkeit zu empfangen, schwanger zu werden. Ohne zu wissen, was werden wird, vertraust du dennoch jemandem, achtest du dennoch jemanden.
Das Volk achtete Jesus.
Sie fingen an, ihm zu folgen, aber trotzdem wurden sie innerlich das Gefühl nicht los, daß er die Sache übertreibe. Er trieb sie so Hals über Kopf so jenseits allen menschlichen Fassungsvermögens, daß sie allmählich Angst bekamen und sich vor diesem Mann fürchteten. Sie mußten ihn töten, es gab keinen anderen Weg.
Es muß sie erleichtert haben, als sie Jesus töteten. Sie müssen gespürt haben, wie sich eine Stille über sie legte, denn dieser Mann hatte ein Chaos entfesselt. Dieser Mann hatte für so viel Aufruhr gesorgt! Er mußte! – denn nur aus Chaos werden Sterne geboren. Und nur aus Chaos und Schmerzen und Qualen ist eine neue Geburt möglich. Aber er schaute in die Zukunft, und sie klammerten sich ans Vergangene, und so gab es keinen gemeinsamen Boden. Selbst heute ist zwischen Christus und Christ kein gemeinsamer Boden. Der gemeinsame Boden ist nur möglich, wenn auch *du* versuchst, dich zu transzendieren. Andernfalls ist kein gemeinsamer Boden möglich.
Ein Freund von mir, ein alter Flottenkaplan, erzählte von einem furchtbaren Sturm vor ein paar Jahren, einem so fürchterlichen Sturm, daß selbst alte Seeleute Angst bekamen.
Als alles vorbei war, sagte ein alter, salzverkrusteter Seemann: „Kaplan, als wir mittendrin waren, hab ich schwer gebetet. Ich bin kein Gebetsmensch, aber in dem Moment hab ich auf Deubel komm raus gebetet."
„Und was hast du gebetet?" wollte der Kaplan wissen.
„Ach", sagte der Seemann, „eigentlich nur eins: Herr, du weißt, ich hab dich seit fünfzig Jahren um nichts gebeten, und wenn du mich

lebend aus diesem Sturm rausholst, verspreche ich dir auch, dich in den nächsten fünfzig Jahren nicht wieder zu belästigen."

Nur in Schmerzen und in Qualen, nur in einem Chaos, wo sich alles in Luft auflöst, erinnert man sich an Gott. Ein Jesus muß ein Chaos entfesseln, ein Jesus muß euch eure Vorstellungen von Sicherheit, von einem bequemen Leben, muß einfach diese ganze Illusion zerstören. Er muß euch desillusionieren. Und darum wirkt er auch wie der Feind.

Dein Freund wirkt wie der Feind, der größte Freund wirkt wie der größte Feind, weil er dich desillusionieren muß. Er muß dich aus deinen Illusionen und Träumen herausholen. Er muß ein Chaos entfesseln, weil du nur in solcher Seelenqual zu beten anfängst.

Jesus tat beides. Er lebte ein Leben grenzenlosen Entzückens, er lebte ein Leben ständiger Feier, kaum ein Mensch auf Erden hat je so getanzt wie er.

Hört nicht auf die Christen, die sagen, er hätte nie gelacht: Das ist unmöglich. Wenn Jesus nie gelacht hat, dann möchte ich euch sagen, daß er nie existiert hat. Dann stimmt die ganze Geschichte nicht. Jesus und nie gelacht? – wer soll denn sonst lachen können? Er lachte – sein Lachen mag sehr leise gewesen sein, ihr mögt es nicht vernommen haben. Das kann ich noch verstehen. Sein Entzücken muß sehr unmerklich und tief gewesen sein. Ihr habt es vielleicht nicht sehen können – das kann ich verstehen. Sein Jubeln muß so tief gewesen sein, daß ihr in solche Tiefen nicht vordringen konntet und es nicht spüren konntet. Er lebte aus seinem Herzen heraus, er lebte aus seiner Tiefe heraus. Euch mag es entgangen sein, denn in die Tiefe eines Mannes wie Jesus oder Buddha hineinzuschauen, ist wie wenn man in einen Abgrund schaut: Einem wird schwindelig, man bekommt Angst, man schließt die Augen.

Es ist möglich, daß die Leute den Jubel eines Jesus nicht gewahr wurden, aber er war ein Mann, der zu feiern verstand. Er genoß die kleinen Dinge des Lebens. Er machte alles heilig. Er war kein Weltflüchtling, er kehrte der Welt keineswegs den Rücken. Vielmehr wurde alles heilig, was er berührte, und wohin er trat, wurde der

Boden geheiligt. Er konnte tun, was immer er wollte – einfach dadurch, daß *er* es tat, wurde die Qualität transformiert.

Er lebte also einerseits ein Leben der Feier, und auf der anderen Seite stürzte er euch ständig in ein Chaos. Er lebte an beiden Enden zugleich: Das ist sein Kreuz.

Genau das heißt es, wenn Jesus „sein Kreuz auf den Schultern trug“: daß er an zwei entgegengesetzten Polen zugleich lebt. Er ist ein Paradox, er stiftet Chaos, und mitten im Chaos könnt ihr ihn tanzen sehen. Denn dies sind die beiden Extreme, von denen her man sich Gott ins Gedächtnis rufen muß: Entweder erinnert ihr euch an ihn, wenn ihr tief in der Tinte steckt – und das ist die Art der gewöhnlichen Menschheit –, oder ihr erinnert euch seiner, wenn ihr auf dem Gipfel des Glücks, der Seligkeit steht – was nicht die Art der gewöhnlichen Menschheit ist.

Wenn ihr glücklich seid, vergeßt ihr Gott. Wann immer ihr unglücklich seid, erinnert ihr euch.

Jesus stellte beide Möglichkeiten zugleich her. Er sorgte für deine Desillusionierung, so daß du in Verzweiflung warst und beten konntest. Aus deiner Verzweiflung heraus können Tränen fließen, kannst du schmelzen bis zum Beten, kannst du Gott wieder „den Vater“ nennen, das Ganze. Und dann stellt er sich direkt neben dein Chaos hin und feiert! Wenn du in der Lage bist zu sehen und Augen dafür hast, dann wird dir bewußt werden, daß es zwei Möglichkeiten gibt zu beten: einerseits aus Unglück – dann geschieht es aus Hilflosigkeit; andererseits aus Glück – dann geschieht es aus Dankbarkeit.

Das Beten eines Jesus ist anders als euer Beten: Sein Beten geschieht aus tiefer Dankbarkeit, euer Beten geschieht aus Hilflosigkeit. Aber er vertrat beide Möglichkeiten zugleich.

Eines Tages kam ein zitternder Mann zu einem Sufi-Meister und flehte: „Bitte hilf mir, mich selbst zu finden.“

Während sie noch diskutierten, erschien ein Diener des bedrängten Mannes. „Ich dachte, es würde dich sicher interessieren“, sagte der Bote, „daß deine Geschäfte sich plötzlich glücklich gewendet haben.“

Der Besucher rief dem Meister zu: „Oh, jetzt geht es mir besser. Adieu.“

Einen Monat später kam der bekümmerte Mann mit dem gleichen

traurigen Anliegen wieder: „Bitte hilf mir! Ich halte diese Qual nicht mehr aus."

Der Bote erschien ein zweites Mal und sagte mit einem schlauen Grinsen: „Eine schöne Frau erwartet dich in deinem Hause."

Der Besucher sprang auf und keuchte: „Alles in Ordnung. Adieu."

Da fragte ein Freund den Meister: „Wie oft wird dieser zitternde Mann sein törichtes Verhalten noch wiederholen?"

Seufzte der Meister: „Bis er sieht."

Jesus stiftete Chaos für euch, weil nur in tiefem Unbehagen, in tiefer Desillusionierung, in totaler Hilflosigkeit euer Beten möglich wird. Und gleich daneben stellte er sich hin – glücklich, ungeheuer glücklich, voll Gebet, tiefer Dankbarkeit, reiner Daseinsfreude, Ekstase. Euer Gebet kommt aus Verzweiflung, sein Gebet kommt aus Ekstase. Und er stellte sich direkt daneben!

Wer sehen konnte, der konnte den Sprung tun. Dessen Gebet wäre dann nicht mehr ein Gebet aus Hilflosigkeit. Dessen Gebet wäre dann auch aus Dankbarkeit, aus gewaltiger Dankbarkeit.

Ihr seid nicht hilflos. Ihr seid nur deshalb hilflos, weil ihr euch selbst vom Ganzen abgetrennt seht.

Eure Illusion der Abgetrenntheit vom Ganzen ist es, was eure Hilflosigkeit erzeugt.

Diese Hilflosigkeit ist nur eingebildet. Sobald die Illusion fällt, bist du das Ganze. Jesus sagt immer wieder: „Ich und mein Vater, der im Himmel ist, sind eins." Dann bist du plötzlich nicht mehr hilflos. Du bist im Zentrum der Existenz. Wie kannst du da hilflos sein? Hilflosigkeit ist der Schatten des Egos. Jesus versucht, dich zu desillusionieren, damit der Schatten des Egos verschwindet.

Aber statt mit ihm zu gehen, statt seine Einladung anzunehmen und ihm zu folgen, kreuzigten ihn die Leute. Er war ein zu großer Störenfried. Er bedeutete zuviel des Guten, als daß man ihn dulden konnte.

Sigmund Freud hat in einem seiner gehaltvollen Briefe an einen Freund geschrieben: „Der Mensch kann ohne Illusionen nicht leben." Nimm einem Menschen seine Illusionen, und sein ganzes Leben wird sinnlos. Jeder hat eine Lebenslüge, um die herum er lebt. Nimm die

Lebenslüge weg, und der ganze Sinn verschwindet, und das ganze Leben bricht zusammen. Schau einfach genau in dein Inneres: Irgendwo mußt du da eine Lebenslüge haben, einen Traum, der nicht wahr ist. Und du weißt es, weil du ihn erzeugt hast. Aber das willst du nicht wahrhaben. Du gehst der Tatsache immerzu aus dem Wege, daß es nicht wahr ist. Du glaubst immerzu, daß es wahr ist.
Freuds Einsicht war richtig. Er mußte es wissen, denn fünfzig Jahre lang hat er sich mit den Lebensgeschichten der Leute beschäftigt, mit ihren geheimsten Gedanken. Er muß immer und immer wieder auf diese Tatsache gestoßen sein.
Das gleiche ist auch meine Beobachtung: Jeder lebt für irgendeine Illusion. Nimm ihm die Illusion, und das Leben bricht zusammen, und er wird dein Feind sein. Und genau das tat Jesus, genau das tat Buddha. Genau das tue ich hier: versuchen, euch eure Lebenslüge zu nehmen.
Freuds Einsicht war halbrichtig. Es stimmt: Nimm einem Menschen seine Lebenslüge weg, und sein Leben bricht in sich zusammen; aber das ist nur eine Halbwahrheit.
Hilf ihm, die Wahrheit zu sehen, und eine neues Leben steigt auf. Und solange das neue Leben nicht aufsteigt, vergeudest du nur eine große Gelegenheit. Ein Leben voller Fantasien ist überhaupt kein Leben.
Jeder muß durch dieses Kreuz hindurch. Das „Kreuz" bedeutet: das Kreuz der Lebenslüge. Und jeder muß zu einer Wiederauferstehung kommen. Die Wiederauferstehung bedeutet: ein Leben in Wahrheit, ein Leben, das sich ans Wirkliche hält. Der Mensch, der gewöhnliche Mensch, versucht immer nur, die Wirklichkeit zu zwingen, seiner Lüge zu folgen. Der mutige Mensch, der religiöse Mensch, läßt die Lüge fallen und folgt der Wirklichkeit. Versuche nicht, die Wahrheit dazu zu bringen, dir zu folgen – folge der Wahrheit.
Das ist der Sinn, wenn Jesus sagt: „Komm und folge mir." Er will damit sagen: „Laß deine Lebenslügen, laß deine Illusionen über Macht, Prestige, Geld, Habsucht, Eifersucht, Ego und tausendundeinerlei. Laß diese Lebenslügen. Komm und folge mir. Folge dem

Wahren, folge dem Wirklichen. Folge zu dir. Die Wahrheit befreit. Aber am Anfang ist das schmerzhaft.
Statt sich zu ändern, brachten die Juden Jesus um. Statt ihre eigenen Egos zu töten, fanden sie es leichter, diesen Mann zu töten. Niemand ist allerdings verantwortlich. Jesus mußte ihre Illusionen zerstören, und in ihrem Schlaf mußten sie reagieren. Also ist es natürlich.
Die Sutren.
Jesus ist nun gekreuzigt. Das Wunder ist ausgeblieben. Die Menge hatte gewartet und war dann frustriert nach Hause gegangen. Die Jünger warteten in der Menge versteckt, weil auch sie skeptisch waren und zweifelten. Sie achteten den Mann, sie hatten auch ein gewisses Vertrauen in den Mann, aber *so* viel nun auch wieder nicht. Sie konnten ihm folgen – vorausgesetzt, er hatte Erfolg. Jetzt war er ein Versager. Und niemand ist so gescheitert wie Jesus, weil sich noch niemand je solche Mühe gegeben hat, das Jenseits diesseits zu holen. Niemand hat sich so sehr verausgabt, die Ewigkeit in die Welt der Zeit hinein zu holen. Er versuchte Unmögliches – und scheiterte. Sein Scheitern ist schön.
Er scheiterte auf dem Weg der Wahrheit, und es ist besser, auf dem Weg der Wahrheit zu scheitern, als auf dem Weg einer Lüge Erfolg zu haben. Scheitern oder Erfolg besagen nichts. Die Anstrengung, der Elan besagen alles.
Die Jünger versteckten sich in der Menge. Sie wollten nicht offen zeigen, wer sie waren, weil sie Angst hatten. Ihr Lehrer, ihr Meister, wurde gehenkt. Wenn sie zeigten, wer sie waren, würde man sie ebenfalls aufhängen oder töten oder mißhandeln oder zumindest verprügeln. Sie hatten Angst. Sie warteten auf das Wunder: „Wenn der Meister gewinnt, wenn Gott vom Himmel herabsteigt oder Engel vom Himmel kommen und Jesus retten und er die Herrlichkeit offenbart, von der er immer gesprochen hat, und an die niemand so richtig geglaubt hat..."
Sie warteten ab. Sollte das Wunder geschehen, würden sie sich offenbaren. Dann würden sie rufen: „Wir sind die Jünger!" Aber wenn er scheiterte, würden sie sich einfach in der Menge verkriechen. Der gebrechliche, der schwache Menschengeist...

Da gibt es nichts zu verdammen. Man sollte nur Mitgefühl empfinden.

Es ist eine alte Geschichte. In Indien hat es einmal eine große Universität gegeben. Nalanda hieß die Universität. Ein Besucher kam und wollte die Universität sehen. Der Kanzler der Universität führte den Besucher herum. Der Besucher muß eine sehr wichtige Persönlichkeit gewesen sein. Er führte ihn herum. Es heißt, es gab mindestens zehntausend Studenten an dieser Universität. Fast aus der ganzen Welt kamen damals die Sucher an diese Universität. Der Gast war sehr beeindruckt.

Er sagte: „Sagen Sie, wieviele Studenten gibt es eigentlich an dieser Universität?" „Nun", antwortete der Kanzler in Gedanken, „vielleicht einer unter hundert."

Und wenn das die Zahl von Studenten ist, was soll man da erst von Jüngern sagen? – einer unter zehntausend. Wenn ihr zehntausend Jünger seht, ist die Wahrscheinlichkeit die, daß es darunter vielleicht – vielleicht aber auch nicht – einen Jünger gibt. Das ist das Verhältnis. Wenn nur einer unter hundert ein echter Student ist... und was hat ein Student schon zu verlieren? Er hat nur etwas zu gewinnen. Ein Jünger dagegen hat alles zu verlieren und nichts zu gewinnen, oder besser *nur* nichts zu gewinnen.

Jesus hatte Jünger, aber sie alle verschwanden. Er starb allein. Ja, tatsächlich lebte er allein und wandelte allein auf dieser Erde. Die Masse, die ihm folgte, und die Jünger, die um ihn waren, waren nur so lala: Lauwarm war ihr Vertrauen. Es war keine heiße Leidenschaft darin, denn als der Meister nun gekreuzigt wurde, war dies der Test. Sie versteckten sich. Sie müssen habgierige Leute gewesen sein – wie halt die sogenannten Frommen sind.

Noch kurz bevor Jesus gefangengenommen und ins Gefängnis gesteckt wurde, diskutierten die Jünger unter sich: „Im Himmel, wenn Jesus zur Rechten Gottes sitzen wird, wie wird dann die Rangfolge der Apostel sein, von uns zwölf? Wer wird direkt neben Jesus sitzen?" Natürlich durfte Jesus direkt neben Gott sitzen, soviel räumten sie ein, aber wer kam als nächster, nach Jesus? Darüber stritten sie sehr untereinander. Es waren habgierige Leute. Sie

verlängerten einfach ihre gewöhnlichen Vorstellungen in ihren angeblich religiösen Himmel hinein. Ihr Himmel war nichts als ein Anbau an diese Erde. Er war nichts Neues.
Jesus blieb allein, starb allein.
Versucht, dies zu verstehen. Denn sich nur einzubilden, man würde folgen, solange es ungefährlich ist, das reicht nicht. Wenn der Tod kommt, wenn Gefahr kommt, dann kommt es zum Test. Plötzlich bekannte sich kein einziger Jünger mehr zu ihm!
Ja, als Jesus gefangengenommen wurde, wollte Petrus ihm folgen. Jesus sagte zu ihm: „Nicht nötig, mir zu folgen, denn du wirst mich verleugnen." Petrus sagte: „Nie! Ich werde dich niemals verleugnen." Jesus sagte: „Du wirst mich verleugnen. Noch ehe der Hahn kräht und die Sonne aufgegangen ist, wirst du mich dreimal verleugnet haben." Und so war es. Alle Jünger flohen, nur Petrus folgte. Aber diese Leute, die ihn gefangengenommen hatten, schöpften Verdacht: War da nicht ein fremdes Gesicht unter ihnen? Sie fragten ihn: „Wer bist du? Bist du ein Jünger von Jesus?" Er sagte: „Nein, ich kenne diesen Menschen nicht. Wer ist es?" Und Jesus drehte sich um und sagte: „Der Morgen ist noch nicht gekommen." Und es geschah ein zweites Mal, und es geschah dreimal. Jesus lachte und sah sich zum Volk um und sagte: „Der Hahn hat noch nicht gekräht."
Es ist so schwer, einem Meister auch dann noch zu folgen, wenn er in den Tod geht. Und doch ist dies der einzige Weg, einem Meister zu folgen, denn ein Meister muß dich in den Tod führen – dies ist der einzige Weg, wiedergeboren zu werden. Es gibt keinen anderen. Erst wenn du stirbst, wirst du wiedergeboren werden können. Nur durch den Tod läßt sich ewiges Leben erlangen, nur indem du dich verlierst, gewinnst du.
Jesus starb. Kein Wunder geschah. Die Menge, frustriert, verlief sich.

Während sie noch darüber redeten, trat er selbst in ihre Mitte und sagte zu ihnen: Friede sei mit euch.

Die Jünger versammelten sich und sie redeten darüber, was nun zu tun sei. Sie fühlten sich absolut betrogen, getäuscht. Dieser Mann erwies sich einfach nicht als wahrer Sohn Gottes. Er hatte wieder und wieder versprochen, daß er wieder auferweckt würde, daß er aus dem Tod wieder herabsteigen würde, mit einem neuen, ewigen Lichtkörper. Und er war wie ein gewöhnlicher Mensch gestorben. Und er starb, indem er sich bei Gott beschwerte: „Mein Gott, mein Gott, warum hast du mich verlassen?“ Gott hatte Jesus also im Stich gelassen, Jesus hatte seine Jünger im Stich gelassen, und sie hatten keine Ahnung, was sie jetzt machen sollten. Sie müssen das Gespött der Stadt gewesen sein. Die Leute müssen sie ausgelacht haben: „Das da waren die Jünger Jesu – arme Tröpfe, Einfaltspinsel!“ Sie hatten einmal geglaubt, daß dieser Mann wieder aus dem Tod herauskommen würde, und dieser Mann starb einfach wie ein gewöhnlicher Mensch!“

Während sie noch darüber redeten... während die Jünger untereinander diskutierten, *trat er selbst in ihre Mitte und sagte zu ihnen: Friede sei mit euch.*

Sie waren tief bedrückt, zutiefst durcheinander. Ihr ganzes Leben war hin. Sie waren diesem Mann gefolgt, und dieser Mann starb einfach. Was also jetzt? Wohin jetzt? Wo sich verstecken, wie die Schlappe verkraften? Sie waren tief verstört. Sie müssen so durcheinander gewesen sein, daß Jesus mitten unter ihnen stehen konnte, ohne daß sie ihn sehen konnten.
Tatsächlich kann man nur das sehen, was man zu sehen erwartet. Sie erwarteten es nicht. Ja, sie dachten vielmehr: „Wir wußten, daß es so kommen würde. Dieser Mann ist gestorben, und es gab kein Wunder.“ Das Wunder war passiert, aber um das Wunder zu sehen, um fähig zu sein, es zu sehen, braucht man eine ganz andere Seinsqualität. Das Wunder gehörte nicht der gewöhnlichen Wirklichkeit an, es ist eine Wirklichkeit für sich. Das Wunder war geschehen: Jesus stand unter ihnen, aber sie konnten nicht sehen. Es war, als ob sie fast blind wären.
So sind wir – gleichsam blind, gleichsam betrunken. Wir sehen nur das, was wir zu sehen wünschen, wir sehen nur das, was wir zu sehen erwarten.
Habt ihr beobachtet, daß die Gestalt eurer Wahrnehmung ständig

wechselt? Wenn ihr hungrig seid, seht ihr andere Dinge. Geht mal zum Marktplatz, wenn ihr hungrig seid: Ihr werdet die Restaurants, die Hotels, die ausgestellten Nahrungsmittel, die Früchte sehen, ihr seht die Dinge durch den Hunger hindurch. Wenn ihr nicht hungrig seid und ihr geht zum Marktplatz, seht ihr die Restaurants nicht, seht ihr nicht, was es da alles zu essen gibt, die Gemüsestände, die Obststände. Ihr geht einfach an ihnen vorbei. Sie geraten nicht in euer Blickfeld. Wenn ihr sexuell ausgehungert seid, seht ihr ständig Frauen oder Männer an. Wenn ihr sexuell nicht ausgehungert seid, ist es einfach völlig egal, wer wer ist. Ob die Person, die euch entgegenkommt, Mann oder Frau ist, ist egal, wenn ihr nicht sexuell ausgehungert seid. Was immer man sieht – es ist nicht das Objekt allein, was man sieht; die eigene Subjektivität mischt sich mit ein.
Jesus stand unter ihnen und sagte zu ihnen: *Friede sei mit euch.* Warum? Er sagte: „Werdet einfach friedlich, seid still. Ich bin hier. Über wen redet ihr da? Friede sei mit euch."

Aber *sie erschraken.* Als sie ihn hörten, als sie den Mann, der da plötzlich mitten unter ihnen stand, gewahr wurden, *hatten sie große Angst, denn sie meinten, einen Geist zu sehen.*

Auf dieses Wunder hatten sie immer gewartet. Aber nur zu warten, genügt nicht. Man muß bereit dafür sein.
Folgendes geschah einmal: Ein alter Mann, der früher oft zu mir kam, sagte eines Abends – es muß etwa gegen elf Uhr gewesen sein, und er brach gerade auf –, und er sagte: „Ich würde Sannyas nehmen, ich würde mich dir total hingeben, wenn du nur ein einziges Wunder vollbringen könntest." Ich sagte: „Was für ein Wunder?" Er sagte: „Wenn du mir heute nacht im Traum erscheinen könntest, werde ich morgen Sannyas nehmen." Ich sagte: „Okay, aber erschrick nicht. Hab keine Angst, werd nicht bange!" Er sagte: „Ich hab keine Angst." Und an der Art, wie er das sagte, konnte ich sehen, daß er riesige Angst hatte. Danach ging er bis zum Gartentor, kam dann aber wieder zurück und sagte: „Es ist zu dunkel, und die Straße ist sehr still, und mein Haus ist weit weg, fünf, sechs

Meilen weit, und in dieser kalten Nacht mag ich nicht gehen. Ich möchte gern hier bleiben." Ich sagte: „Was ist denn los? Hast du Angst, nach Hause zurückzugehen? Hab keine Angst. Das Schlimmste, was dir passieren kann, ist, daß das Wunder passiert, daß ich dir im Traum erscheine." Aber er sagte: „Ich will's nur eingestehen. Ich hab Angst. Sogar im Traum!"

Wovor die Angst? – daß wenn *dies* möglich ist, sich dir eine andere Realität auftut und du dich dem Unbekannten stellen mußt. Er selbst hatte darum gebeten, aber er hatte Angst. Er sagte: „Du brauchst mir nicht zu erscheinen. Ich werde kommen und Sannyas nehmen!"

Wenn ich dir im Traum erscheinen kann, wirst du Angst bekommen. Ein Traum ist eine sehr private Sache. Niemand kann in den Traum eines anderen vordringen. Normalerweise ist dies nicht möglich. Selbst zwei Liebende haben keinen Zugang zum Traum des anderen. Träumen ist eine total private Sache, und wenn jemand in deinen Traum eindringen könnte, würde plötzlich deine Privatsphäre verletzt. Man bekommt Angst. Wenn jemand in deinen Traum dringen kann, dann kann jemand deine Gedanken beobachten, kann jemand deine Gefühle beobachten, kann jemand dein Inneres sehen... und schon ist die Angst da. Stellt euch das einmal bildlich vor! Wenn jemand in euch hineinsehen könnte und eure Gedanken und eure Gefühle sehen könnte, würdet ihr zu Tode erschrecken. Denn jeder schleppt so viel häßliches Zeug mit sich herum, und jeder könnte dann sehen, daß dort durchaus nicht alles in Ordnung ist.

„Wenn man einander ins Innere sehen könnte", sagen die Psychologen, „wenn die Leute einander in den Kopf hineinsehen könnten, dann wäre Liebe unmöglich, wäre Freundschaft nie möglich." Es würde nur Feinde auf der Welt geben. Denkt nur mal nach, was ihr alles schon über eure Liebsten gedacht habt: Ein bißchen Wut, und schon möchtet ihr den anderen umbringen! Wenn die Leute zuschauen könnten, was in den Köpfen anderer vor sich geht, würdet ihr euch völlig vergewaltigt vorkommen, gäbe es nur noch Angst.

Der Mann hatte Angst. Diese Leute hatten um ein Wunder gebeten.

Nun war es geschehen, aber sie waren nicht bereit. Denn um ein Wunder sehen zu können, braucht man entsprechende Augen, braucht man eine völlig andere Sehweise. Das Wunder geschieht jeden Moment – die ganze Existenz ist ein einziges Wunder, und jeder Moment des Lebens ist ein Wunder. Ihr könnt keine größeren Wunder finden als die, die schon überall um euch herum geschehen. Aber ihr habt keinen Zugang dazu, ihr könnt es nicht sehen, ihr seid nicht bereit dafür. Ihr lebt weiter in eurem trüben und stumpfen Verstand, wie schlafend.

Ich habe gehört: Eine Sozialarbeiterin sagte einmal zu einem eingefleischten Trinker: „Als ich dich das letzte Mal sah, war ich sehr glücklich, denn du warst nüchtern. Heute bin ich sehr unglücklich, dich wieder betrunken zu sehen." „Tja", sagte der Trinker, „heute bin ich mal der Glückliche von uns beiden."

Euer Glück besteht nur aus eurer Unbewußtheit. Wann immer ihr bewußt werdet, werdet ihr unglücklich. Und solange ihr nicht bewußt glücklich sein könnt, ist euer Glück der Mühe nicht wert. Ich arbeite an so vielen Menschen: Sobald sie bewußt werden, werden sie unglücklich. Sie kommen zu mir, und sie sagen: „Was machst du mit uns? Wir kommen her, um glücklicher zu werden, und je bewußter wir werden, desto unglücklicher fühlen wir uns." Weil das Glück, welches aus ihrer Unbewußtheit bestand, verschwindet – und das das einzige Glück war, das sie kannten. Sie haben noch kein Glück gekannt, das bewußt wäre. Sie werden unglücklich, desillusioniert.

Wenn sie davonlaufen, lassen sie sich ihre Chance entgehen. Wenn sie durchhalten, wird zuerst das Glück der Unbewußtheit verschwinden; und danach wird eine Zeit kommen, eine Übergangszeit voller Qual, voller Chaos, voller Anarchie, in der sie ihre ganze Identität verlieren werden. Sie werden nicht mehr sagen können, wer sie sind, weil alles, was sie von sich wußten, zum Bereich ihrer Unbewußtheit gehörte. Sie werden sich völlig verloren vorkommen, wie wahnsinnig. Aber wenn sie durchhalten, wird bald eine neue Art von Glück, eine neue Art von Seligkeit aufsteigen, die nichts mehr mit Illusionen und Unbewußtheit zu tun hat.

Solange du nicht bewußt glücklich sein kannst, ist dein Glück der

Mühe nicht wert, ist es nutzlos. Die Leute leben im Schlaf weiter – manchmal sind ihre Augen geschlossen, manchmal sind ihre Augen offen, aber der Schlaf geht weiter. Er wird selten gebrochen.
Diese Jünger standen also da und unterhielten sich über Jesus – und Jesus war da! Sehen konnten sie nicht. Es klingt unmöglich. Nein, es ist nicht unmöglich. Bei der Unbewußtheit des Menschen ist es nur natürlich.
Eines Tages passierte folgendes: Mulla Nasrudin kam mich besuchen. „Warum hast du einen Faden um deinen Finger gewickelt?" fragte ich den Mulla.
Er sagte: „Meine Frau hat ihn mir umgewickelt, um mich daran zu erinnern, daß ich einen Brief für sie zur Post bringen soll."
„Hast du ihn zur Post gebracht?"
„Nein", sagte der Mulla, „sie hat vergessen, ihn mir zu geben."
Genau so leben wir die ganze Zeit: ohne jegliche Selbsterinnerung, ohne jegliche Bewußtheit, ohne jegliches Bewußtsein.

Jesus sagte: *Friede sei mit euch...*
Aber sie erschraken und hatten große Angst, denn sie meinten, einen Geist zu sehen.
Da sagte er zu ihnen: Was seid ihr so bestürzt? Warum laßt ihr in euren Herzen solche Zweifel aufkommen?

„Könnt ihr mich nicht sehen? Warum kommen diese Zweifel in euren Gedanken und euren Herzen auf? Könnt ihr mich nicht sehen? Könnt ihr mich nicht erkennen? Ich habe jahrelang unter euch gelebt, und ihr habt jahrelang mit mir gelebt. Kennt ihr nicht mein Gesicht?"

Da sagte er zu ihnen: Was seid ihr so bestürzt? Warum laßt ihr in euren Herzen solche Zweifel aufkommen?
Seht meine Hände und meine Füße an: Ich bin es selbst.
Faßt mich doch an und begreift: Kein Geist hat Fleisch und Knochen.

Erbärmliche Menschheit... selbst Jesus muß Beweise liefern, daß er ist. Und die Beweise, die ihr fordert, sind materielle Beweise, Beweise stofflicher Art. Ein Jesus, selbst ein Jesus muß euch zeigen: „Seht meine Hände und meine Füße." Ihr könnt nicht sehen, ihr könnt die Realität nicht ertragen, die unendliche Realität, die ihr vor Augen habt. Hände und Füße, daran könnt ihr glauben; Materie ist nötig. Das Immaterielle hört zu existieren auf. *Faßt mich doch an und begreift: Kein Geist hat Fleisch und Knochen.*

Wie tief wir in Unbewußtheit gesunken sind! Wie ganz unempfindlich wir geworden sind! Wir können nur das Gröbste fühlen, wir können nicht das Feinstoffliche fühlen.

Bei diesen Worten zeigte er ihnen seine Hände und Füße…

Erbärmliche Menschheit, daß ein Jesus euch den Beweis liefern muß für seine Existenz und daß der Beweis materiell sein muß. Er zeigte seine Hände und Füße.

Aber sie konnten ihm noch immer nicht glauben… denn ihre Angst war groß: „Wer weiß? Dieser Geist treibt vielleicht seinen Schabernack mit uns? Wer weiß? Wie kann ein Toter zurückkommen?" Jesus war gekreuzigt, sie hatten ihn sterben sehen. „Wie könnte er kommen? Es ist unmöglich. Es ist ein Trick, irgendein Geist, der sein Spiel treibt."

Sie staunten, konnten es aber vor Freude immer noch nicht glauben. Da sagte er zu ihnen: Habt ihr etwas zu essen hier?

Dies sind sehr symbolische Worte. Jetzt kommt er zum Gröbsten, weil ihr das Feinstoffliche nicht sehen könnt. Selbst ein Jesus muß sich auf eure Ebene begeben, erst dann könnt ihr ihn sehen. Ihr könnt seinen Gipfel nicht sehen, ihr könnt nur seine Füße sehen, und selbst die sind kaum zu glauben.

Habt ihr etwas zu essen hier?
Sie gaben ihm ein Stück gebratenen Fisch und ein wenig Honigwabe. Er nahm es und aß es vor ihren Augen…

– weil ein Geist nicht essen kann. Essen braucht nur der Körper. Ein Geist hat keinen Körper.

Essen ist irrelevant. Und er aß Fleisch, die gröbste Form von Nahrung. Das ist rein symbolisch. Das ganze Leben von Jesus ist ein Leben reiner Stille, eingefangen in Gleichnisse.

Und er nahm es und aß es vor ihren Augen...

Erst jetzt konnten sie es glauben. Es heißt, sie hätten ihn beim Essen erkannt, aufgrund seiner Art – seiner Art zu essen. Niemand konnte essen wie Jesus. Sie hatten ihn beim Essen beobachtet, jahrelang hatte er mit ihnen gegessen. Erst drei Tage war das letzte Abendmahl her. Die Art dieses Mannes war völlig anders, sie war mit keinem sonst zu vergleichen. Wann immer er aß, aß er in einer so großen Andacht, in einer so tiefen Dankbarkeit, mit so grenzenlosem Entzücken, mit solcher Freude – sein Essen war eine einzige Feier.

Erst als er aß, konnten sie begreifen: „Ja, das scheint unser Jesus zu sein, denn niemand sonst kann so gewöhnlichen Dingen wie Essen eine solche Qualität abgewinnen." Was immer er berührte, wurde heilig; wo immer er ging, wurde der Boden heilig.

Ich habe eine Anekdote gehört.

Eine literarische Gesellschaft in Milwaukee gab einmal ein Gala-Diner. Am Ende fragte Madame Mordjeska, ob sie ihren Dank wohl in einer kleinen polnischen Gesangsdarbietung ausdrücken dürfe. Otis-Skinner, die zu Gast war, beschreibt, was folgte: „Ihre schmelzende Stimme wurde mal melancholisch und mal fröhlich, mal ungeduldig, mal tragisch, mal fliegend vor Glück und mal bitter vor Gram. Keine Note aus der ganzen Tonleiter der Gefühle fehlte. Sie endete mit einem wiederkehrenden Rhythmus, schicksalhaft und bedeutungsschwanger. Wir saßen erstarrt in ihrem Bann. Wir wußten nicht, worum es ging, aber wir wußten, es war etwas Ungeheures. Jemand fragte nach, was es war. Sie antwortete mit schlauem Lächeln: „Ach, ich hab nur das Alphabet gesungen."

Aber wenn du zu singen verstehst, kann selbst das Alphabet zu einem gewaltigen Gesang werden. Wenn du zu singen verstehst, wenn du zu tanzen verstehst, dann wird jede Bewegung deines Körpers ungeheuer bedeutsam. Dann wird jede Geste anmutig. Dann drückt jede Geste etwas aus, macht sie ein Stück Unbekanntes sichtbar. Selbst ein gewöhnliches Alphabet kann Gewaltiges zum Ausdruck bringen.

Jesus wußte zu essen. Er wußte zu leben, er wußte zu lieben.

Selbst aus dem gewöhnlichen Akt des Essens wurde etwas völlig anderes – einfach dank der ganzen Qualität. Niemand aß jemals so, ging jemals so, sah jemals so aus. Er hatte sich auf die allergewöhnlichste Stufe begeben, einfach weil er hoffte, seine Jünger würden dann erkennen können. Und sie erkannten.

Darauf öffnete er ihnen die Augen für das Verständnis der Schrift...

Sobald sie erkannten, waren sie glücklich. Warum versuchte er es, warum machte er sich die Mühe? – damit sie die Schrift verstünden. In den Schriften heißt es immerzu: Du bist todlos. Alle Schriften der Welt sagen das. Es hat nicht nur etwas mit den Schriften der Juden zu tun. Alle Schriften der Welt wiederholen ständig, daß du todlos bist. Niemand außer Jesus hatte je einen solchen Beweis dafür geliefert. Niemand war je nach dem Tod zurückgekehrt, um Zeugnis dafür abzulegen, daß diese Schriften recht hatten. Nicht einmal ein Buddha hatte diesen Beweis erbracht. Nicht einmal Krishna hatte diesen Beweis erbracht. Jesus allein blieb es vorbehalten, von den Pforten des Todes zurückzukehren, wieder auf die Welt herabzusteigen, Zeuge zu werden für alle Schriften. Jesus ist geradezu die Verkörperung des grundlegenden Lebensgesetzes – daß alles ewig und unsterblich ist, daß nichts stirbt, daß nichts sterben kann, daß es nur eines gibt, was eine Lüge ist, nämlich der Tod. Nur der Tod ist unmöglich, und alles andere ist möglich.

Darauf öffnete er ihnen die Augen für das Verständnis der Schrift
...für die Botschaft der Jahrhunderte, die wirklich einzige Botschaft jeglicher Religion – daß du todlos bist...
und sagte zu ihnen: So steht es in der Schrift: Der Messias wird leiden und am dritten Tag von den Toten auferstehen.

Dies ist sehr bedeutsam. Wenn du stirbst, wenn du ohne Bewußtsein stirbst – was fast immer bei jedem der Fall ist –, dann wirst du binnen drei Tagen in einen neuen Körper reinkarnieren, suchst du dir einen Mutterschoß. Darum gilt in Indien der dritte Tag nach dem Tod als sehr wichtig, weil der dritte Tag symbolisiert, daß der Betreffende jetzt reinkarniert ist, irgendwo eine Gebärmutter hat.

Wenn du bewußt stirbst, was nur ein Buddha oder ein Jesus tut, dann hast du es in der Hand. Dann wirst du dich kaum durch einen neuen Mutterschoß wiedergebären lassen. Jetzt hast du es in der Hand: Du bist völlig frei. Wenn du herabsteigen willst, kannst du den alten Körper benutzen, wenn du nicht wieder hineinsteigen willst, kannst du dich im All auflösen.

Im Falle von Jesus war der alte Körper aufbewahrt worden. Nach seiner Kreuzigung wurde sein Körper in eine Höhle gelegt, und vor die Tür zu der Höhle wurde ein Felsblock gewälzt. Heute ist es ein Mysterium, was da geschah, denn der Leichnam verschwand daraus. Jesus gehörte zu einer gewissen Sekte, die sich „Essener" nannte. Jesus selbst war von den Essenern erzogen worden, er war ein Zögling ihrer Schule. Sie hatten für ihn gearbeitet, sie waren seine Meister gewesen, sie hatten ihn vorbereitet. Die Essener waren eine esoterische Gruppe, die fast ganz im Geheimen arbeitete.

Als Jesus gekreuzigt war, nahmen sie seinen Körper ab, beschützten sie seinen Körper drei Tage lang. Sie versorgten ihn, denn wenn der Körper nicht gehegt wird, dann kann die Seele nicht in ihn zurückkehren.

In Indien verbrennen wir den Leichnam genau aus diesem Grunde – damit die Seele nicht in den alten Körper zurückkehren kann. Diese Neigung ist da, selbst in unbewußten Seelen – ein Sich-Klammern ans Alte, eine Angst vor dem Neuen. Und wenn du die Wahl hast zwischen deinem alten Körper und dem eines neuen Kindes in einem Mutterschoß, wird deine Erinnerung den alten wählen.

Daher also eine gewisse Angst, daß die Seele in den Leichnam zurückkehren könnte; aber dieser Körper ist jetzt abgewirtschaftet, morsch, alt. Er muß abgestreift und ausgewechselt werden. Das ist also der Grund, warum wir in Indien den Leichnam sofort verbrennen, damit die Seele durch sein Vorhandensein gar nicht erst in Versuchung gerät, wieder in ihn zurückzukehren.

Unter gar keinen Umständen sollte man dies zulassen. Nur die Körper von Heiligen – von Menschen, die bewußt sterben – werden in Indien nicht verbrannt. Sie werden in besonderen Gräbern verwahrt, die man „Samadhis" nennt. Es ist das gleiche Wort, das wir

für den vierten Zustand des Bewußtseins benützen, den Zustand der Transzendenz. Wir nennen das Grab eines Heiligen „Samadhi". Sein Leichnam wird dort aufbewahrt, als ein Bindeglied. Menschen, die nicht direkt mit dem Heiligen in Kontakt treten können, können zu dem Leichnam kommen, und der Leichnam kann als Medium dienen. Durch den Leichnam können sie nach wie vor in Kontakt mit der Seele sein, die sich im All aufgelöst hat, und auf diese Weise kann auch ihnen geholfen werden.
Der Körper von Jesus war drei Tage lang von den Essenern verwahrt worden, einer der wichtigsten Gruppen auf Erden, einer der wichtigsten esoterischen Gruppen. Nach drei Tagen trat Jesus wieder in seinen Körper ein. Drei Tage ist eine Zeitgrenze. Man muß drei Tage lang außerhalb des Körpers sein, um sich von aller Grobstofflichkeit, von allem Staub, der sich auf Bewußtsein und Seele gelegt hat, vollkommen rein zu machen.

So steht es in der Schrift: Der Messias wird leiden und am dritten Tag von den Toten auferstehen.

Und es gab eine Prophezeiung in den alten Schriften, daß genau dies geschehen werde, daß Christus am dritten Tage zurückkommen werde, nur um zu beweisen, daß das Leben unsterblich ist.

Und in seinem Namen wird man allen Völkern, angefangen in Jerusalem, verkünden, sie sollen umkehren, damit ihre Sünden vergeben werden.
Ihr seid Zeugen dafür.

...sie sollen umkehren, damit ihre Sünden vergeben werden: Jesus lieferte den Beweis, daß der Tod nur eine falsche Vorstellung ist. Nichts stirbt. Warum ist dieser Beweis nötig? Weil wenn die Seele unsterblich ist, sich dein ganzes Leben ändern muß! Dann mußt du dein Leben in einem völlig anderen Licht einrichten. Wenn dies Leben alles ist – du beginnst mit der Geburt und endest mit dem Tod –, was heißt dann Tugend oder Sünde? Dann ist es egal, was immer du tust. Eines Tages stirbt jeder, ob Sünder, ob Heiliger. Staub zu Staub – nichts bleibt, was ist also der Unterschied zwischen Tugend

und Sünde? Wenn das Leben sterblich ist, dann ist da kein Unterschied. Dann ist es nur ein gesellschaftliches Interesse, eine Umgangsform, aber sonst ohne großen Belang. Aber wenn die Seele dableibt, wenn nichts stirbt, dann ist da ein gewaltiger Unterschied zwischen Tugend und Sünde. Tugend heißt: so leben, als ob du ewig zu leben hast. Sünde heißt: leben ohne jedes Bewußtsein von deiner Ewigkeit. Sünde heißt in Unbewußtheit leben, Tugend heißt in Bewußtheit leben.

Wenn du bewußt wirst, wirst du dir des Todlosen in dir bewußt. Wenn du unbewußt bist, geistesabwesend, dann lebst du nur im Reich des Körpers, des Sterblichen. Und ein Mensch, der für den Körper, im Körper und allein für den Körper lebt, lebt in Sünde. Jesus lieferte den Beweis.

Und in seinem Namen wird man allen Völkern, angefangen in Jerusalem, verkünden, sie sollen umkehren, damit ihre Sünden vergeben werden.

Und er sagte zu seinen Jüngern: „Geht jetzt hin und verkündet das, was ihr gesehen habt, auf der ganzen Erde. Geht und berichtet jedem auf Erden davon. Verbreitet die gute Nachricht, daß es keinen Tod gibt, daß ein Mensch bewiesen hat, daß das Leben ewig ist, daß ein Mensch vom Tode zurückgekehrt ist, daß ein Mensch bewiesen hat, daß der Tod besiegt werden kann. Und wenn ihr das bezeugen könnt", sagte er zu seinen Jüngern, „werdet ihr den Menschen helfen können, nicht in der Sünde zu leben, nicht in der Unbewußtheit zu leben. Ruft sie auf, sich von allem, was sie in der Vergangenheit getan haben, abzukehren und um Vergebung zu bitten. Und sagt ihnen, weil ihr es bezeugen könnt, daß das Unmögliche möglich geworden ist: daß der Tod besiegt werden kann, weil es den Tod nicht gibt. Sagt ihnen, sie brauchen nur darum zu bitten, und ihnen ist bereits vergeben."

Das Christentum, das gesamte Christentum hängt von diesem einfachen Satz ab: „Wenn du bereust, kann dir vergeben werden." Das Christentum ist in dieser Hinsicht einmalig. Keine andere Religion, vor allem keine indische Religion, spricht von Umkehr, Reue und

Vergebung. Sie sind de facto wissenschaftlicher, technisch genauer. Sie sagen: Du hast etwas falsch gemacht, also mußt du es wiedergutmachen, mußt etwas Gutes tun, mußt alles ins Gleichgewicht bringen; niemand kann dir vergeben, sondern du mußt dein Leben ändern – deine Karmas, deine Handlungen.

Das Christentum hat die ungeheuer schöne Vorstellung der Vergebung. Das Christentum sagt: Wenn du darum bittest, daß dir vergeben werde, aus tiefstem Herzen, dann wird dir vergeben. Warum? Ist da etwa jemand, der dir vergeben kann? Nein. Aber wenn du in heißer Inbrunst darum bittest, daß dir vergeben werde, dann wird schon die Vorstellung der Reue selber zur Vergebung. Wenn du wirklich darum gebeten hast, erkannt hast, daß du etwas Falsches getan hast, wenn das zur völligen Erkenntnis gelangt ist und du die Verantwortung dafür übernimmst, daß es falsch war, und du bereit bist, dich davon abzukehren, und du es von ganzem Herzen bereust, dann wird die Reue selber zur Vergebung. Dann ist es nicht nötig, noch irgendetwas anderes zu tun, weil alle Sünden nichts weiter sind als unbewußte Akte. Reue macht dich bewußt, wach.

Sünde ist wie Dunkelheit. Du bringst ein Licht, eine Lampe ins Dunkel hinein, und die Dunkelheit verschwindet.

Sünde ist, weil du schläfst.

Wenn du bereust, weckst du dich selbst. Denn es gibt keine andere Möglichkeit zu bereuen, als dich selber zu wecken, als zu erkennen und zu sehen, was du bisher getan hast, wie du bisher gelebt hast, wie du gehaust hast, wie du wehgetan hast. Wenn du das endlich erkennst, fängt eine Flamme in dir zu brennen an, eine Wachheit; und in dieser Bewußtheit, in diesem Licht, verschwindet die Dunkelheit. Nicht etwa, daß da irgendwo ein personifizierter Gott sitzt, auf einem himmlischen Thron, der dir immerzu vergibt! Da ist niemand, der dir vergibt. Aber wenn du bereust, wenn du umkehrst, dann wird dir vergeben sein.

Gott ist keine Person. Gott ist alles zusammen.

Gott ist Existenz, die Totalität alles Seienden. Du brauchst also nicht zu IHM zu beten, auf daß ER dir vergebe, nein. In deiner Inbrunst ist dir vergeben. Das Gebet selbst, die brennende Erkenntnis, daß du es falsch gemacht hast und du es erkennst und bereust, ist genug. Alles, was du bis dahin warst, ist weggewischt, weggewaschen. Du bist davon reingewaschen. Das Alte ist fort, das Neue ist geboren. Das heißt Wiederauferstehung.

Und in seinem Namen wird man allen Völkern, angefangen in Jerusalem, verkünden, sie sollen umkehren, damit ihre Sünden vergeben werden.
Ihr seid Zeugen dafür.

Und Jesus trug ihnen auf: „Ihr seid Zeugen der wichtigsten Sache, die je geschah: der Auferstehung. Jetzt geht hin und verkündet die gute Nachricht allen, die nicht das Glück hatten, hier zu sein. Steigt auf die Hausdächer und laßt es alle wissen." Und jene Jünger zogen über die ganze Erde. Sie strahlten Autorität aus. Sie hatten etwas gesehen, das noch niemand vor ihnen gesehen hatte. In ihren Augen war der Abglanz der Rückkehr von Jesus aus dem Tode zu sehen. In jeder Geste war die Präsenz von Jesus zu spüren: Sie hatten gesehen, sie waren Augenzeugen von etwas. Von Jerusalem aus verbreitete es sich über die ganze Erde. Es ist genau so, wie wenn du einen Kieselstein in einen stillen See wirfst: Er fällt an einem bestimmten Punkt, und dann bilden sich Wellen, und die Wellen laufen bis an die entferntesten Ufer.
Jesus ist eine einzige Kunst der inneren Transformation. Ich sage Kunst, ich sage nicht Wissenschaft. Wenn ich über Patanjali spreche, kann ich sagen, daß alles, was Patanjali sagt, Wissenschaft ist. Wenn ich über Buddha spreche, kann ich sagen, daß alles, was Buddha sagt, Psychologie ist. Aber nicht bei Jesus. Er hat eine Kunst gebracht, weil er die Liebe gebracht hat, nicht das Gesetz. Wenn ihr Jesus versteht, werdet ihr nach und nach merken, daß es nicht darum geht, einer bestimmten Regel zu folgen, sondern vielmehr darum, einer gewissen Qualität der Liebe zu folgen. Liebe ist das einzige, was den Tod überwindet. Denn Liebe ist die einzige Sache, für die das Leben existiert. Liebe ist das innerste Zentrum des Seins. Wenn du liebst, ist alles vergeben. Wenn du liebst, bist

du umgekehrt. Wenn du liebst, wirst du selber früher oder später ein Zeuge dafür werden, daß es keinen Tod gibt.
Nehmt die Jesus-Einladung an. Er wird euch nichts nehmen. Er wird euch nur das nehmen, was ihr nicht habt, und er wird euch Leben in Hülle und Fülle, ewiges Leben geben.
Aber schert euch nicht groß um das Christentum. Jesus ist zweimal ermordet worden. Das eine Mal wurde er in Jerusalem ermordet, von Juden; aber die haben ihn nicht ermorden können. Er überlebte. Nach dem dritten Tage stand er wieder auf. Danach wurde er in Rom ermordet, im Vatikan. Und die haben ihn natürlich gründlicher ermordet, denn sie wußten ja, daß dieser Mann schon einmal aus dem Tode zurückgekommen war. Juden kreuzigten ihn, ohne zu wissen, daß dieser Mann aus dem Tod kommen konnte, also trafen sie nicht die nötigen Vorkehrungen. Christen töteten diesen Mann wieder, mit allen Vorkehrungen, und seither hat es Jesus nicht mehr geschafft, wieder zum Vorschein zu kommen.
Schert euch nicht ums Christentum. Das Christentum hat nichts mit Christus zu tun. Jesus ist für alle da. Jesus ist für alle da, die bereit sind, sich zu verwandeln. Jesus ist eine Kunst der inneren Transformation, der Neugeburt.
Hört auf seine Einladung. Er sagt nach wie vor: „Komm und folge mir.“

Ein Verzeichnis der lieferbaren Titel
von Osho ist erhältlich bei:

Osho Verlag
Venloer Str. 5-7, D-5000 Köln 1
Tel. 0221-5740743 · Fax 0221-523930

Für weitere Informationen über Osho:

Osho Commune International
17 Koregaon Park, Poona 411001 MS, Indien
Tel. 0091-212-660963